**Fotografieren lernen**
**Sehen lernen**

Auf der Treppe (Vogelperspektive).

Felix Freier

# Fotografieren lernen
# Sehen lernen

DUMONT

Erste Auflage 2004

Gedruckt auf säurefreiem und chlorfrei gebleichtem Papier
Druck und Verarbeitung: fgb · freiburger graphische betriebe
Printed in Germany
ISBN 3-8321-7474-5

# Inhalt

# Vorwort

Beinahe jeder von uns hat schon einmal auf den Auslöser eines Fotoapparates gedrückt und einige Zeit später – mit etwas Glück – eine verkleinerte Abbildung dessen in der Hand gehabt, was er zuvor in der Realität gesehen hatte. Die Technik und Elektronik moderner Kameras macht angeblich Fotografieren kinderleicht; dennoch wünschen sich viele Fotoamateure bessere Bilder als bisher und zusätzliche Tips und Informationen zur Kameragebrauchsanweisung. Für sie, die Anfänger und die Fortgeschrittenen, wurde dieses Buch geschrieben; denn es ist nicht der Apparat, der gute Bilder macht, sondern der Fotografierende selbst. Zu einer erfolgreichen Fotografie gehört mehr als ausgefeilte Kameratechnik. Die Gestaltung von Bildern mit vorgegebenen aufnahmetechnischen Möglichkeiten setzt eine Sensibilisierung des Fotografen für seine visuelle Umwelt voraus. Lernen wir also neu zu sehen und das Gesehene unserer bewußteren Sichtweise entsprechend im Foto darzustellen.

Die »Wege zum besseren Foto« sind von jedem begehbar. Dieses Buch will sie ebnen und begleiten, Hindernisse beiseiteräumen und Mißerfolge vermeiden helfen. Die Grundlagen und Zusammenhänge fotografischer Vorgänge werden anschaulich erläutert und illustriert. Die praxisnahen Beschreibungen regen an, die Ratschläge und Ideen im Fotoalltag zu erproben, nachzuahmen und weiterzuentwickeln.

Die Bildauswahl wurde wesentlich von didaktischen Gesichtspunkten bestimmt. Zahlreiche vergleichende Fotos verdeutlichen, wie Variationen in der Aufnahmetechnik die Bildwirkung verändern. Eine visuelle Demonstration verschiedener Aufnahmefehler und die Beschreibung ihrer Ursachen erspart dem Leser eigene mißlungene Fotos. Positive Bildbeispiele zeigen gleichzeitig, was auch mit einer einfachen Ausrüstung möglich ist. Die zahlreichen Hinweise auf die aktuellsten Entwicklungen der Fototechnik und Tips für den Fotoamateur als Verbraucher sind als geldsparende Empfehlungen gemeint.

Die Kameratechnik hat sich in den vergangenen Jahren deutlich verändert. Mit Recht kann man z. B. bei Spiegelreflexkameras von einer neuen Generation sprechen. Doch wie im wirklichen Leben existieren auch in der Technik verschiedene Generationen nebeneinander. Dabei wird der Leser mit etwas älteren Geräten keineswegs schlechtere Bilder machen als derjenige mit einer supermodernen Ausrüstung. In angemessener Weise wurden die Innovationen in dieser aktualisierten und überarbeiteten Auflage in Text und Bild berücksichtigt.

Die Fülle an Informationen über Fotogeräte, ihre Funktionen, ihre Anwendung in der Praxis, zur Aufnahmetechnik, Bildgestaltung und zu den einzelnen Motivbereichen wurde übersichtlich gegliedert. Hinweise zur Dunkelkammer bringt der Anhang mit einer Einführung in die Laborarbeit.

Der Anfänger sollte vor allem die erste Hälfte des Buches abschnittweise sorgsam lesen. Derjenige, der auf bereits vorhandene Kenntnisse und Erfahrungen aufbaut, kann hier sein Wissen vertiefen und rekapitulieren. Querverweise und ein ausführliches Stichwortverzeichnis erleichtern das Verständnis für Zusammenhänge.

Dank sei an dieser Stelle all jenen gesagt, die mir geholfen haben, dieses Buch zu realisieren: all den lernwilligen Teilnehmern aus zahlreichen Seminaren und Kursen, die immer wieder die aktuelle didaktische Aufbereitung fotografischer Themen forderten, und den fotografierenden Freunden, die mit Ratschlägen, Kritik und praktischer Hilfe die Erstellung des Manuskriptes und der Bilder förderten. Mein besonderer Dank gilt Ute Franke für ihre praktische Hilfe und aufmunternde Unterstützung.

# I Einführung

Die Fotografie ist zum Messenmedium unseres Jahrhunderts geworden. Wir begegnen ihr nicht nur täglich in Presse und Werbung, sondern auch Millionen Fotoamateure bedienen sich ihrer. Erinnerungen von Reisen und Familienfeiern werden im Bild festgehalten oder Menschen, Tiere, Landschaften, Gebäude u. a. mit der Kamera eingefangen, damit man sich später am Bild freuen kann. Da jedes gelungene Foto aber auch die Persönlichkeit des Fotografen widerspiegelt, kann es als Ausdruck erprobter Kreativität und ästhetischen Bewußtseins gesehen werden. Jedes Foto zeigt, wie der Fotograf die Wirklichkeit um sich herum wahrnimmt und interpretiert. Er muß allerdings mit Kamera und Zubehör umzugehen und sie im Sinne der jeweiligen Bildidee einzusetzen wissen. Die dazu notwendigen Informationen gibt dieses Buch.

Bei allem Bemühen um Sachlichkeit und Objektivität muß sich eine solche Anleitung immer auch an den subjektiven Erfahrungen des Autors orientieren. Die Auswahl der Themen, die Reihenfolge, die Vorschläge und kritischen Anmerkungen haben sich in der Praxis der Fotodidaktik bewährt. Dennoch sind zu einzelnen Teilen andere Auffassungen möglich und ebenso richtig.

Einige wenige Themen mußten verkürzt dargestellt werden. Der Leser wird dafür Verständnis haben, daß es heute nicht mehr möglich ist, *alles* Wissen über das komplexe Medium Fotografie in *einem* Buch zusammenzufassen. So bietet der vorliegende Band weder eine Geschichte der Fotografie noch theoretische Analysen. Nur am Rande einbezogen wurde auch die digitale Fotografie und die elektronische Bildverarbeitung, nicht weil diese Entwicklung für nicht relevant gehalten würde, sondern weil dieses Thema eine gesonderte Publikation erforderlich macht. Allerdings werden die Leser immer wieder auf entsprechende Aspekte der Fotografie verwiesen. In erster Linie geht es in diesem Buch darum, wie man als Fotoamateur bessere Bilder macht.

# 1 Der Stellenwert der Fotografie

Um eine wirkliche Vorstellung davon zu bekommen, was Fotografie für die heutige Gesellschaft bedeutet, stelle man sich einmal vor, es gäbe die Möglichkeit nicht, die uns umgebende Wirklichkeit im Hauch eines Momentes festzuhalten und zu speichern. Was wäre uns seit 1839, dem offiziellen Geburtsjahr der Fotografie, nicht alles entgangen.

Ohne die fotografische Reproduktionstechnik bezögen wir unsere Kenntnisse von der großen weiten Welt nur aus Zeichnungen und Gemälden, die natürlich kaum unser Verlangen nach objektiver Darstellung befriedigen könnten. In fast allen medizinischen und naturwissenschaftlichen Gebieten wäre die Entwicklung der Menschheit noch weit zurück, bestünde nicht die Möglichkeit, die unsichtbaren Röntgen- oder Wärmestrahlen aufzuzeichnen und

1 a Das Reportagefoto gehört *einer* Sparte der Fotografie an. Daneben gibt es andere, ebenso wichtige fotografische Aufgabenbereiche, die eher künstlerisch oder auch eher wissenschaftlich-technisch ausgerichtet sind.

ablaufende Prozesse in Bruchteilen von Sekunden zu dokumentieren. Aus unserer jüngsten Vergangenheit würden wir lediglich Textberichte kennen. Wie das Leben in der Kinderzeit der Eltern und Großeltern aussah, wäre weitgehend unbekannt, da als visuelle Erinnerung nur ein gemaltes Bild vorhanden wäre, das sich zu jener Zeit kaum jemand leisten konnte. Auch unsere eigene Kindheit würde allmählich ganz verblassen, und sicher können wir uns kaum vorstellen, daß die vielen Bilder, persönliche, dokumentarische oder künstlerische, sorgfältig gestaltete oder spontan eingefangene Fotos, die unser Leben begleiten, nicht existieren würden (vgl. Abb. 1).

## 2 Fotografie als Hobby

Die Fotografie spielt jedoch nicht nur für jeden von uns im täglichen Leben eine wichtige Rolle, sie ernährt auch zahlreiche Berufsgruppen. Die Starfotografen der Modemagazine und Werbekampagnen, die viel bewunderten Meister der Kamera, die Prominente mit ebensolcher Souveränität ablichten wie kriegerische Auseinandersetzungen in Lateinamerika oder ein Wetterleuchten in der Antarktis, stehen nur an der Spitze derer, die sich in irgendeiner Weise beruflich mit der Fotografie befassen. Viele Amateure betrachten die Bilder solcher Spitzenfotografen als Vorbild für das eigene Schaffen. Doch Vorbild und Nachahmung sind zweierlei.

Wenn in diesem Buch gelegentlich vom Amateur im Gegensatz zum Profi gesprochen wird, dann bezieht sich diese Unterscheidung nicht auf Qualitätsunterschiede. Daß Amateure ebenso hochwertige Fotos liefern können wie Berufsfotografen, zeigen Ausstellungen, Prämierungen bei Wettbewerben und Publikationen in Fotozeitschriften.

Im folgenden wird daher der Amateur als jemand verstanden, für den die Fotografie zwar Freizeitbeschäftigung und Liebhaberei, nicht Verdienstquelle ist, der aber dennoch qualitative Ansprüche stellt und wissen will, welche Kenntnisse er haben muß, um solche Ambitionen zu befriedigen. In der Regel wird er einen Beruf ausüben, so daß er sich seinem Hobby nur begrenzt widmen kann.

Gegenüber den meisten Berufsfotografen hat er jedoch den Vorteil, daß er nicht nach häufig bis ins kleinste Detail vorkonzipierten Aufträgen arbeiten muß. Der Amateur ist völlig frei, was und wie er fotografiert, schreibt ihm niemand vor. Diesen Freiraum kann er schöpferisch nutzen.

1 b Fotografieren als Muße, Entspannung und Meditation.

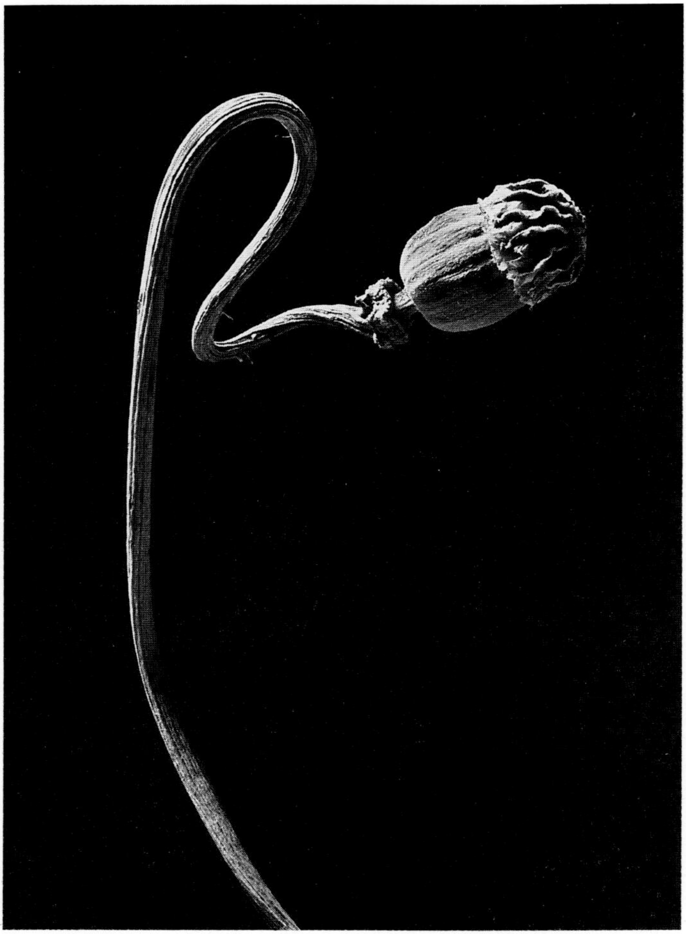

# II Fotogeräte

## 1 Die Kamera

Bei dem Versuch, die Kamera näher kennenzulernen, empfiehlt es sich, zunächst einmal alles über ihre Mechanik, Elektronik und Funktionsweise jemals Gehörte für einen Augenblick zu vergessen. Wenn wir uns sämtliche technische Raffinessen unseres Präzisionsgerätes wegdenken, bleibt ein schwarzer Kasten mit einem Loch übrig. Auf die Ausmaße eines Zimmers vergrößert, in welches das Licht durch ein kleines Loch in den Fensterläden fiel, erstaunte diese »Camera obscura« – dieser dunkle Raum – schon vor vielen Jahrhunderten griechische und arabische Gelehrte. Es zeigte sich nämlich, daß sich auf der dem Loch gegenüberliegenden Wand jene Landschaften und Gebäude abbildeten, die außerhalb des Raumes, jenseits des Loches lagen. Die Abbildung allerdings stand auf dem Kopf und zeigte sich seitenverkehrt; viel unangenehmer allerdings war, daß sich das Abbild als sehr dunkel erwies, weil das Loch nur winzig klein sein durfte, um ein scharfes Bild hervorzurufen. Wollte man ein einigermaßen scharfes Bild bei einer Öffnung bekommen, die dem Durchmesser unserer heutigen Objektivanschlüsse entspricht, müßte der entsprechende dunkle Raum etwa die Ausmaße eines Kirchenschiffes besitzen. Um eine hellere Abbildung zu erreichen, wurden bald die winzigen Öffnungen trotzdem vergrößert und Linsen in diese eingesetzt, die das eintretende Licht bündelten. Die »Camera obscura« wurde später auf die Größe eines Kastens verkleinert und als Zeichenhilfe von Malern benutzt. Erst in der ersten Hälfte des 19. Jahrhunderts gelang es, jene Abbildungen der Natur auf der Rückwand mit Mitteln der Fotochemie festzuhalten.

Was aber geschieht optisch in jenem geheimnisvollen schwarzen Kasten? Jeder Punkt eines beleuchteten Objektes reflektiert mehr oder minder nach allen Seiten hin. Ein Bruchteil der reflektierten Lichtstrahlen ist auf die Öffnung in dem Kasten gerichtet. Da das Loch sehr klein ist, kann es nur, sehr vereinfacht ausgedrückt, *ein* Lichtstrahl von jedem Punkt des Gegenstandes sein, der genau durch die Öffnung trifft. Daran wird deutlich, warum das Bild auf dem Kopf steht und seitenverkehrt ist (Abb. 2).

Genau nach diesem Prinzip funktionieren unsere Fotoapparate auch heute noch (vgl. Abb. 3). Zugegeben, sie sind um einiges aufwendiger geworden. Neben dem lichtdichten Gehäuse und einer bzw. einigen Linsen, dem Objektiv, besitzen sie als wesentlichste Teile außerdem

- eine *Blende,* die die Öffnung noch verkleinern kann;
- einen *Verschluß,* mit dem die Zeit, in der Licht auf das lichtempfindliche Material, den Film, fällt, reguliert wird;

2 Die »Camera obscura« war ursprünglich nichts anderes als ein dunkler Raum mit einem Loch in der Wand. Die Abbildung von 1650 zeigt eine größere, aber tragbare »Camera obscura« in Form einer Sänfte, in die man hineinsteigen konnte, um zu zeichnen.

3 Das Foto entstand in einer modernen Variante der »Camera obscura«. Das Objektiv einer Spiegelreflexkamera wurde durch einen schwarzen Deckel mit einem winzigen Loch in der Mitte ersetzt. Jeder kann dieses Experiment wiederholen. Das Motiv entstand in Anlehnung an das erste, noch erhaltene Foto der Welt (1826), »Blick aus dem Fenster« von Nicephore Niepce (s. auch S. 40). Es dauerte allerdings noch bis 1839, bis die Fotografie ihren unzulänglichen Kinderschuhen entwachsen war.

- eine Einrichtung, mit der ein belichtetes Filmstück ausgewechselt oder *weitertransportiert* werden kann;
- einen *Sucher*, durch den der Ausschnitt des aufzunehmenden Motivs kontrolliert werden kann.

Glücklicherweise sind unsere heutigen Kameragehäuse kleiner und handlicher als in der Vergangenheit. Ihre Größe wird hauptsächlich durch das maximal nutzbare Filmformat bestimmt. Das unterschiedlich konfektionierte Aufnahmematerial und seine verschiedenen Aufgaben sowie die Varianten in der technischen Konstruktion lassen an Vielfalt nichts zu wünschen übrig. Das Angebot ist sogar kaum mehr zu überschauen.

Die wichtigsten Kameratypen sollen im folgenden kurz dargestellt werden.

## *a) Kleinstbildkameras* (Abb. 4)

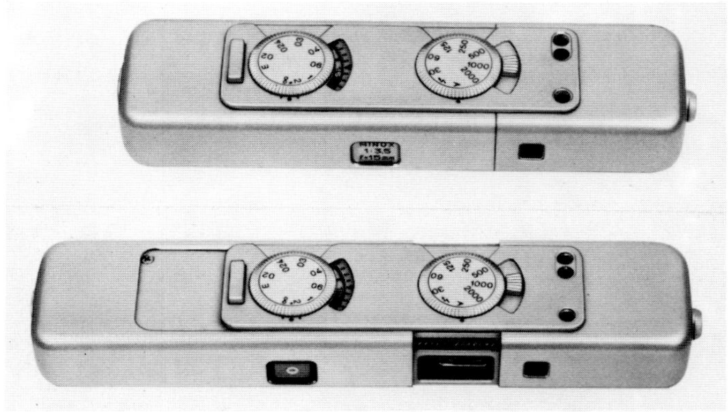

4 Die Minox LX ist im Original nur 10,8 cm lang. Die Abbildung zeigt die Kleinstkamera zusammengeschoben und in Bereitschaftsstellung (Foto: Minox, Gießen).

Abseits von speziellen, winzigen Geheimkameras im Kopflochformat ist die knapp 11 cm lange Minox erwähnenswert. Die winzigen Negative (8 × 11 mm) lassen natürlich nur sehr begrenzte Vergrößerungsmaßstäbe zu. Der Vergangenheit gehören die etwas größeren Pocket-, Disc- und Instamatikkameras an, die sich auf dem Markt letztlich nicht durchsetzen konnten; sie sollen daher auch hier nicht weiter behandelt werden.

## *b) APS-Kameras*

Auf besondere Möglichkeiten bei der späteren Bildverarbeitung in den Großlaboren zielen APS-Kameras (APS = Advanced Photo System). Es gibt sie als Sucherkameras und als Spiegelreflexkameras in allen Qualitäts- und Ausbaustufen; sie sind allerdings meist erheblich kleiner als die Modelle für normale Kleinbildfilme, auch wenn sich ihre grundsätzliche Funktionsweise kaum von diesen unterscheidet. Kernstück ist eine eigene spezielle kleine, in sich nahezu geschlossene Filmpatrone (Negativformat: 17 × 30 mm), die u. a. ein fehlerhaftes Einlegen des Films ausschließt; bedeutend ist, daß sich auf einer Magnetbeschichtung des Films sowohl Kamera- bzw. Aufnahmedaten wie auch Labordaten elektronisch speichern lassen (z. B. Brennweite, Datum oder Bildformate der Abzüge). Damit soll eine bessere und dann auch gleichbleibend gute Qualität der Abzüge erreicht werden.

### *c) Sucherkameras / Kompaktkameras (Abb. 5)*

5 Neue Sucherkameras verfügen über Belichtungsvollautomatiken inclusive automatischer Scharfeinstellung, Blitzzuschaltung und Zoomobjektiv; viel elektronische Ausstattung im Verhältnis zur stabilen Variante im Hintergrund.

Sucherkameras haben einen Durchsichtssucher neben/über dem Objektiv. In die hier besprochenen Typen passen normale Kleinbildfilme (Aufnahmeformat 24 × 36 mm). Je nach Preis sind sie mit den meisten Aufnahmefunktionen vollautomatisch ausgestattet (automatische Scharfeinstellung, motivabhängige Belichtungsprogramme usw.) und verfügen zudem oft über ein eingebautes Blitzgerät und ein Zoomobjektiv, gelegentlich auch über ein Weitwinkelobjektiv. Auf einem kleinen Datenmonitor werden die jeweiligen Einstellungen angezeigt. Die Modellvielfalt ist fast unüberschaubar. Die einfachsten Modelle sind oft ihr Geld nicht wert; in den mittleren Preiskategorien reichen sie aber für gute Schnappschüsse und

Urlaubsfotos völlig aus. Oft ist hier auch die Objektivleistung recht gut. Einige Modelle arbeiten sehr leise; Nachteil: die Vollautomatiken erlauben wenig Eingriffsmöglichkeiten, Blitzleistung und Objektivlichtstärke bei Zoomobjektiven sind für engagiertes Fotografieren zu schwach.

Als Sonderfall der Sucherkameras sind die traditionsreichen Leica-M-Modelle zu erwähnen. Statt durch digitalisierte Automatiken zeichnen sie sich durch präziseste mechanische Fertigung und exquisite Wechselobjektive aus. Die ausgezeichnete Leistung dokumentiert sich allerdings auch sehr deutlich im Preis. Der Vollständigkeit halber bleibt zu erwähnen, daß es auch einige Sucherkameras für das Rollfilmformat gibt, die allerdings speziellen Anwendungsgebieten dienen.

### *d) Spiegelreflexkameras*

6 Spiegelreflexkameras veränderten sich im Laufe der Jahre nicht nur in ihrer Technik und Ausstattung, sondern auch augenfällig im Design. Einstellräder und Hebel sind bei neuen Kamerageneration durch eine Tipptastatur und einen Datenmonitor ersetzt.

8 a–d Das Motiv wird über den Sucher anvisiert (a). Sofort nach dem Auslösen schließt sich die Blende und der Spiegel klappt hoch (b). Der Verschluß öffnet sich, und der Film wird belichtet (c). Danach schließt sich der Verschluß wieder, der Spiegel klappt herunter, und die Blende öffnet sich. Der Blick durch den Sucher ist wieder freigegeben (d). ▷

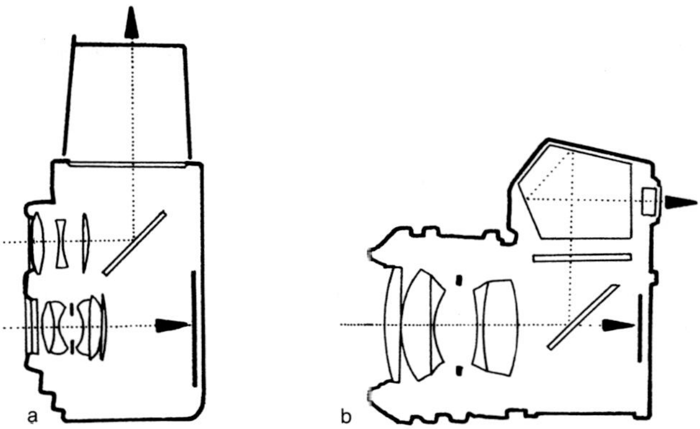


7 a) Die zweiäugige Spiegelreflexkamera besitzt zwei Objektive. Durch das obere, einfach konstruierte wird das Licht über einen Spiegel in den Lichtschacht gelenkt. Das Betrachtungsbild ist seitenverkehrt. Durch das untere Objektiv wird der Film belichtet – b) Über einen Spiegel und ein fünfseitiges Prisma gelenkt, kann bei der einäugigen Spiegelreflexkamera das Motiv seitenrichtig betrachtet werden.

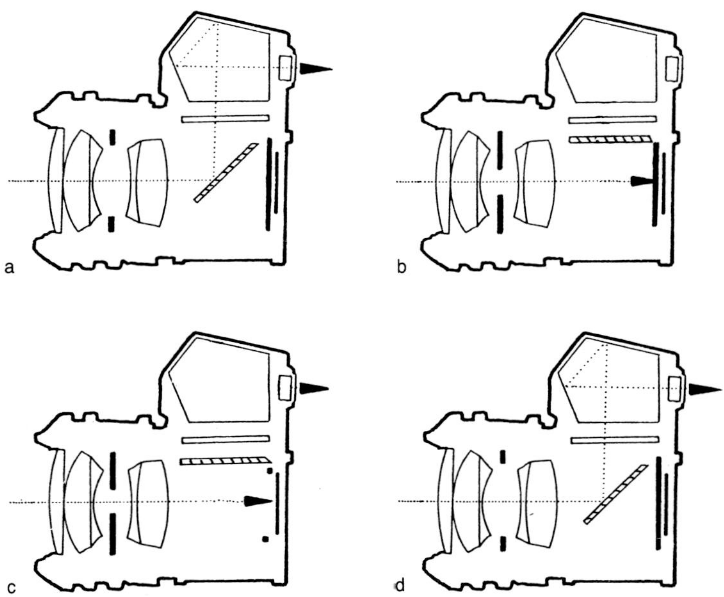

Als der wohl technisch ausgefeilteste Kameratyp muß die einäugige Spiegelreflexkamera bezeichnet werden. Der Fotograf kann das Motiv über einen Spiegel durch das Objektiv anvisieren und zugleich auf einer Mattscheibe die Schärfe kontrollieren (Abb. 7b). Im Augenblick des Auslösens laufen dann eine Reihe komplizierter Vorgänge ab (vgl. Abb. 8).

Die Spiegelreflexkamera ist universell einsetzbar und beinahe unbegrenzt ausbaufähig (unzählige Wechselobjektive, Motoranschlüsse, Zubehör für Makro- und Mikroaufnahmen u. a.). In den folgenden Kapiteln wird noch im einzelnen darauf eingegangen werden. Der Nachteil liegt im nicht gerade niedrigen Preis bei den meisten besseren Modellen und in ihren etwas klobigen Ausmaßen. Bei den modernen Typen der Spiegelreflexkameras nimmt eine immer perfekter arbeitende Elektronik dem Fotografen zunehmend Denk- und Arbeitsschritte ab. Die Handhabung ähnelt dann fast der Bedienung eines Computers. Das geschwungene Design dieser Kameras der neuen Generation verdeutlicht die totale Abkehr von den kantigen Fotowerkzeugen der Vergangenheit.

### *e) Mittelformatkameras*

Diese Gruppe von Kameras zeichnet sich durch ein größeres Bildformat aus. Gemeint ist ein Dia-/Negativformat von 4,5 × 6 cm bis 6 × 9 cm auf Rollfilm. Die größeren Filmbilder können bei Vergrößerungen ein Vielfaches an Schärfe geben. Darin liegt der Hauptvorteil der Mittelformatkameras, der allerdings durch zusätzliches Gewicht, unförmige Gestalt und höheren Preis erkauft werden muß. Die meisten arbeiten mit einem Spiegelreflexsystem, ähneln allerdings eher einem Würfel mit einem Objektiv an der Frontseite. Prominentestes Beispiel ist sicherlich die schwedische Hasselblad mit dem Format 6 × 6 cm. Es gibt jedoch für den Amateur preiswertere Alternativen (z. B. Mamiya 645). Besonderheit vieler Mittelformatkameras ist die Anschlußmöglichkeit unterschiedlicher Filmmagazine sowie Sofortbild- und oft auch digitaler Rückteile. – Einige ältere Modelle sehen aus wie überdimensionierte Spiegelkameras und sind entsprechend laut, ein paar wenige Varianten gibt es als große Sucherkameras. Zweiäugige Spiegelreflexkameras gehören eigentlich bereits einer vergangenen Epoche an. Trotzdem finden sich noch zahlreiche Freunde dieses Kameratyps. Sein Gehäuse ist in zwei gleiche Teile geteilt und verfügt über zwei gleiche Objektive. Über einen Spiegel wird durch das obere Objektiv auf einer Mattscheibe die Schärfe eingestellt; Verschluß und Blende befinden sich im unteren Teil. Der Wechsel der Objektive ist nur bei wenigen Modellen möglich, ihre Ausbaufähigkeit ist begrenzt. Da dieser Kameratyp mechanisch relativ einfach konstruiert ist, ist die Störanfälligkeit sehr gering. Durch den starren Spiegel bleibt das Sucherbild auch während der Belichtung sichtbar. Allerdings ist es seitenverkehrt (Abb. 7 a).

### f) *Großbildkameras* (Abb. 9a)

Die heutigen Großbildkameras sind eigentlich nichts anderes als modernisierte Versionen der alten Plattenkameras. Sie erlauben ein Negativformat von 9 × 12 cm und größer und bieten damit ein

9 a) Großbildkamera (Foto: Plaubel, Frankfurt)

Höchstmaß an Schärfewiedergabe. Da sich Objektiv- und Filmplatte in sämtliche Richtungen verstellen lassen, kann ein erfahrener Fotograf die Wiedergabe des Fotoobjekts in einzigartiger Weise beeinflussen. Dieser Kameratyp wird hauptsächlich für Arbeiten im Studio, die Porträt- und Sachfotografie sowie für Architekturfotos benutzt. Größe, Gewicht, Anwendungsprobleme und Preis bestimmen die Großformatkameras jedoch eher zum Gerät für Profis oder Spezialisten.

### g) *Sofortbildkameras* (Abb. 9b)

Die Sofortbildkamera ist sicherlich ein Sonderfall. Konstruktion und Verfahren wurden 1947 von Dr. Edwin Land entwickelt. Bereits wenige Sekunden nach der Aufnahme liefert sie einen fertigen Bildabzug in Schwarzweiß oder Farbe (vgl. Farbabb. 31). Die Firma Polaroid hat ein Patent auf dieses Verfahren und bietet Filme und automatische Kameras an. (An einigen Mittelformatkameras und allen Großbildkameras können Polaroidkassetten über

9 b Zusammenklappbare Sofortbildkamera mit Autofocus (Foto: Polaroid, Frankfurt).

entsprechendes Zubehör angeschlossen werden. Im Kleinbildbereich gibt es speziell gefertigte Kamerarückteile.)

### *h) Digitalkameras*

Der grundsätzliche Unterschied besteht in der Art der Bildaufzeichnung. Statt in einem materiellen, analogen Silberkornbild wird die Motivabbildung in digitalisierten, immateriellen Bilddaten gespeichert. Dazu verfügen entsprechende Kameras über einen Chip, dessen Größe und Leistungsfähigkeit die Qualität der Bildaufzeichnung bestimmt. Die Aufnahmen lassen sich auf einem kameraeigenen kleinen Monitor betrachten. Die Bilddaten werden je nach Modell in einem Festspeicher oder einem transportablen Wechselspeicher abgelegt und später auf typenspezifische Weise auf einen Rechner übertragen. Dort können Sie bearbeitet und dann über einen Drucker ausgedruckt werden.

Neben den beschriebenen Geräten gibt es noch Spezialkameras für wissenschaftliche Zwecke, für Unterwasser-, Panorama- und Stereoaufnahmen u. a. Nach diesem groben Überblick über das Kamera-Angebot stellt sich natürlich die Frage, für welchen Kameratyp man sich entscheiden sollte. Vor der Diskussion dieser Frage (vgl. Kap. III) wollen wir zunächst die Funktionsweisen des Fotogerätes detaillierter erläutern.

## 2 Das Objektiv

Das Objektiv ist das Auge der Kamera. Mehrere unterschiedliche Linsen, je nach Schliff verschieden angeordnet, befinden sich in einer Kunststoff- oder Metallfassung, die in der Regel auch noch die Blende beherbergt. Moderne Objektive sind komplizierte, computerberechnete Gebilde, die die Schärfe, durch ihren »Sehwinkel« aber auch die Gestaltung der Bilder entscheidend mitbestimmen. Um mit ihnen umgehen zu können, sollten einige Objektiveigenheiten bekannt sein. Hauptinformationen über ein Objektiv liefern Brennweite und Lichtstärke.

180° 12 mm

94° 20 mm

64° 35 mm

46° 50 mm

12° 200 mm

6° 400 mm

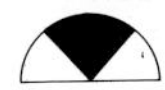 83° 24 mm

 75° 28 mm

 29° 85 mm

 18° 135 mm

 3° 800 mm

10 Brennweitenreihe: Die Brennweiten verschiedener Objektive bestimmen den Bildwinkel und damit den Motivausschnitt. Das 50 mm-Objektiv entspricht etwa dem natürlichen Augeneindruck. Je länger aber die Brennweite gewählt wird, desto kleiner wird der Aufnahmewinkel. Die Fotos dieser Serie entstanden vom gleichen Aufnahmestandpunkt.

### *a) Brennweite*

Die Brennweite wird zwischen der Lage des Films in der Kamera (Filmebene) und der Hauptebene des Objektivs gemessen. Die Hauptebene ist, vereinfacht gesagt, eine errechnete Fläche im Linsensystem. Angegeben wird die Brennweite in Millimeter. In Verbindung mit dem benutzten Negativformat sagt sie etwas über den Blickwinkel aus, den das Objektiv erfaßt (vgl. Abb. 10). Dies wird im folgenden näher erläutert.

Bei einer Kleinbildkamera hat ein Objektiv mit einer Brennweite zwischen 45 und 55 mm die »Normalbrennweite«. Sein Bildwinkel beträgt ca. 45°, was ungefähr dem Sehwinkel des Auges entspricht, daher die Bezeichnung Normalobjektiv oder auch Standardobjektiv. Die Normalbrennweite entspricht zugleich etwa der Länge der Diagonalen des Aufnahmeformates. Objektive, die über einen größeren Blickwinkel verfügen (Weitwinkelobjektive), sind durch eine kürzere Brennweite gekennzeichnet, Objektive mit einem engeren Aufnahmewinkel (Teleobjektive) haben eine längere Brennweite. Genauer lassen sich die Objektivtypen wie folgt unterteilen:

| *Objektivtyp* | *Bildwinkel* | *Brennweite* |
|---|---|---|
| Fisheye und Ultraweitwinkel | ca. 180° und kleiner | ca. 6– 16 mm |
| Superweitwinkel | 100°–84° | 21– 24 mm |
| Weitwinkel | 76°–63° | 28– 35 mm |
| Standard | 56°–41° | 40– 58 mm |
| Tele | 33°– 8° | 75– 300 mm |
| Supertele | 6°– 1° | 400–2000 mm |

Neben solchen »Festbrennweiten« gibt es »Zoomobjektive« mit variablen Brennweiten (vgl. S. 60).

Durch die unterschiedlichen Bildwinkel beeinflussen die verschiedenen Brennweiten die Abbildungsgröße des Fotomotivs. Wenn also bei einem Objektiv mit der Brennweite von 50 mm ein Gegenstand 1 × 1 cm groß auf dem Film abgebildet wird, so ist es gleich, ob es sich um das Objektiv einer Pocketkamera oder um dasjenige einer Großbildkamera handelt. Der Bildgegenstand wird immer die Maße von 1 × 1 cm auf dem Negativ haben. Die Brennweite bestimmt also die Größe der Abbildung, und zwar unabhängig vom Negativformat. Während der Gegenstand allerdings etwa die Hälfte eines Pocketnegativs (13 × 17 mm) ausfüllt, nimmt er nur einen winzigen Teil eines 6 × 6-Negativs ein. Je größer das Negativ ist, desto mehr wird bei gleicher Brennweite von der Umgebung des Gegenstandes abgebildet. Demzufolge entspricht einer 50 mm-Brennweite für eine Pocketkamera ein Teleobjektiv, für das Kleinbildformat ein Standardobjektiv und für eine Mittelformatkamera ein Weitwinkelobjektiv. Die Brennweite sagt also nur in Zusammenhang mit dem Kameratyp etwas über den Aufnahmewinkel aus. Die folgende Tabelle führt einige weitere Beispiele auf:

| *Brennweite* | *Bildwinkel bei 24 × 36 mm* | *Bildwinkel bei 6 × 6 cm* | *Objektiv-Bezeichnung* |
|---|---|---|---|
| 35 mm | 63° | 91° | Superweitwinkel |
| 50 mm | 46° | 76° | Weitwinkel |
| 85 mm | 28° | 50° | Normalobjektiv |
| 180 mm | 14° | 25° | Teleobjektiv |

Diese Angaben besagen, daß z. B. ein 35 mm-Objektiv beim Kleinbildformat im Winkel von 63°, beim Mittelformat aber im Winkel von 91° sieht. Objektive, die als Weitwinkel bezeichnet werden, verfügen aber immer nur über einen Bildwinkel von 76°–63°.

Aus diesem Vergleich ist aber leider nicht zu folgern, daß z. B. ein 50 mm-Kleinbildobjektiv an einer Mittelformatkamera als Weitwinkelobjektiv verwendet werden kann. Jedes Objektiv ist auf einen bestimmten Abstand zur Filmebene hin berechnet und zeichnet immer nur die Fläche eines Kreises scharf und gleichmäßig aus. Kleinbildobjektive sind auf eine Fläche hin konstruiert, in die das

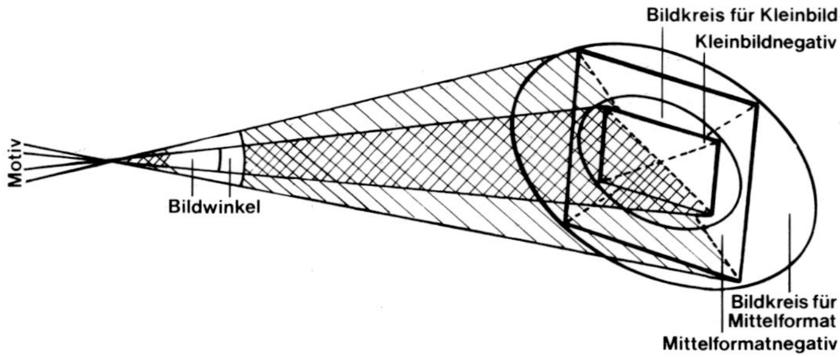


11 Jedes Objektiv wird nur für einen fest begrenzten Bildkreis gefertigt, dessen Durchmesser der Diagonale des Negativs entspricht. Da der Bildkreis eines Kleinbildobjektivs kleiner als der Bildkreis eines Objektivs für eine Mittelformatkamera ist, lassen sich die Objektive verschiedener Formatsysteme nicht ohne weiteres austauschen.

Format 24 × 36 mm gerade hineinpaßt (Abb. 11). Bei Mittelformatobjektiven hat dieser Bildkreis größer zu sein. Sein Durchmesser muß ebenfalls mindestens die Länge der Diagonale des Negativs betragen. Je größer der Bildkreis aber ist, desto aufwendiger ist die Konstruktion des Objektivs. Umgekehrt ist es wohl möglich, ein Mittelformatobjektiv an eine Kleinbildkamera anzuschließen (mit gewissen Einschränkungen und vorausgesetzt, man besitzt einen entsprechenden Anschlußring). Es ist also notwendig, bei Angabe der Brennweite darauf hinzuweisen, auf welches Format man sich bezieht. *In der Regel ist aber* – so auch in diesem Buch – *immer die Brennweite für das Kleinbildformat gemeint, sofern nicht ausdrücklich auf einen anderen Kameratyp hingewiesen wird.*

Daß ein Objektiv mit einem Bildwinkel von ca. 46° als verbindliche Standardbrennweite anzusehen sei, hat etwas mit dem Blickwinkel des menschlichen Auges zu tun, ist aber sonst ziemlich willkürlich festgelegt. Jahrelang bauten Kamerahersteller diese als »Normalobjektive« in die Kameras ein. Zwischenzeitlich wurden dann Weitwinkelobjektive *normal* verwendet, heute finden sich in Sucherkameras sehr häufig, an Spiegelreflexkameras (im Set) stets Zoomobjektive (vgl. S. 60) mit variabler Brennweite von 35–70 mm oder ca. 28–105 mm. Dennoch gilt die 50 mm Brennweite weiterhin vielfach als Vergleichsnorm.

## *b) Lichtstärke*

Die Lichtstärke ist ein Maß für den maximalen Lichtdurchlaß (genauer: das relative Öffnungsverhältnis) eines Objektivs. Sie errechnet sich, indem man den äußersten Blendendurchmesser durch die Brennweite teilt, z. B.: 20 mm (weiteste Blendenöffnung) : 80 mm (Brennweite) = Lichtstärke 1:4 = f/4, wobei »f« für »focus« steht. Wenn der Blendendurchmesser bei einem anderen 80-mm-Objektiv kleiner ist, ist natürlich auch der Lichtdurchlass geringer, der daraus resultierende absolute Wert allerdings höher. Ein Objektiv mit der Lichtstärke f/4 läßt also mehr Licht hindurch (höhere Lichtstärke) als ein Objektiv mit f/8. Die Lichtstärke ist damit gleichzeitig der Wert für die voll geöffnete Blende.

Bei üblichen Weitwinkel- und Telebrennweiten nimmt die Lichtstärke sowohl mit abnehmender wie mit zunehmender Brennweite ständig ab. So besitzt ein 200 mm-Teleobjektiv oft nur eine Lichtstärke von f/4 oder 5,6. Nur die voluminösen Objektive der Profis bieten dann bessere Werte zum deutlich höheren Preis. Einfachste Sucherkameras mit eingebauter Festbrennweite besitzen eine Lichtstärke von etwa f/5,6, bei Zoomobjektiven variiert sie oft bis zu einem Wert von f/11. Bei Spiegelreflexkameras werden serienmäßig meist Zoomobjektive mit einer Lichtstärke von ca. f/4–f/5,6 angeboten. Gegen Aufpreis sind alternativ Festbrennweiten mit Lichtstärken bis zu f/1,2 erhältlich. Von Leitz gibt es sogar ein Objektiv mit f/1 (Noctilux, allerdings nur für die Leica-Sucherkameras). Auf das Problem der geringeren Lichtstärken üblicher Zoomobjektive wird noch einzugehen sein (vgl. S. 60).

Was bedeutet aber nun eine mehr oder weniger große Lichtstärke für die Aufnahmepraxis? Dazu sollte man einiges über die Blende und die Blendenstufen wissen.

## *c) Blende*

Durch die Blende läßt sich der Lichtdurchlaß des Objektivs regeln. Bei Einfachstkameras, teilweise aber auch bei Spezialobjektiven, wird eine *Lochblende,* bei den meisten Kameras aber eine *Irisblende* verwendet (vgl. Abb. 12). Die verschiedenen Öffnungen sind durch

12 Die Lochblende gibt es als Revolverblende oder seltener als Steckblende (Metallstreifen mit unterschiedlich großen Löchern, der in das Objektiv geschoben wird). Zwischenblendenwerte sind dabei nicht möglich. Anders dagegen bei der Irisblende mit ihren ineinandergeschobenen Lamellen.

folgende Werte gekennzeichnet: 1 – 1,4 – 2 – 2,8 – 4 – 5,6 – 8 – 11 – 16 – 22 – 32 – 45 usw. Zwischenwerte sind möglich. Mit jeder Stufe halbiert bzw. verdoppelt sich die Fläche der Blendenöffnung. Damit kann jeweils die halbe bzw. doppelte Menge Licht auf den Film treffen. Mit zunehmenden Zahlenwerten wird die Blendenöffnung verkleinert. Bei Blende 5,6 wird also nur halb soviel Licht durchgelassen wie bei Blende 4. Blende 5,6 läßt aber doppelt soviel Licht durch wie Blende 8. Dies ist vielleicht einfacher zu verstehen, wenn man sich vergegenwärtigt, daß es sich bei den Blendenzahlen eigentlich um rechnerische Brüche handelt, also: 1/2,8; 1/4; 1/5,6 usw., von denen aber nur der Nenner angegeben wird. Mit zunehmendem Nenner werden ja auch die Brüche – ebenso wie die Blendenöffnung – immer kleiner. Die Wahl der Blende für die Aufnahme hängt von den Lichtverhältnissen und der Empfindlichkeit des Filmmaterials ab, sie beeinflußt aber auch entscheidend die Verschlußzeit, die Bildschärfe und den Schärfebereich.

### *d) Schärfebereich*

Die Entfernungsangaben sind in Meter und englischen »feet« auf den Objektiven eingraviert. Über einen Schneckengang wird die notwendige Meterzahl eingestellt, d.h. die Distanz zwischen den Linsen und dem Film verändert, um das Bild scharf erscheinen zu lassen. Die Reichweite der Skalen ist abhängig von der Brennweite, wobei die weiteste Einstellung bis ∞ (unendlich) reicht (vgl. Abb. 13). Die geringstmögliche Entfernungseinstellung entspricht etwa dem Elffachen der Brennweite.

Wenn die Entfernungsskala z. B. auf 5 m eingestellt ist, wird man in der Regel erwarten, daß auf dem Foto nicht nur das 5 m entfernte Motiv scharf abgebildet wird, sondern auch noch einiges davor oder dahinter. Dieser Bereich der Schärfe läßt sich mit der Blende steuern. Er wird häufig auch mit den Begriffen »Tiefenschärfe« oder »Schärfentiefe« belegt. Bezeichnen wir ihn als das, was er wirklich ist, als Bereich der Schärfe oder als Schärfebereich. Einschätzen läßt sich dieser Bereich in absoluten Werten oft nur anhand von Schärfebereichstabellen. Nur noch wenige Objektive verfügen über eine Blendenskala mit entsprechenden Markierungen, an denen der Bereich, in dem das Motiv scharf wiedergegeben wird, abgelesen werden kann.

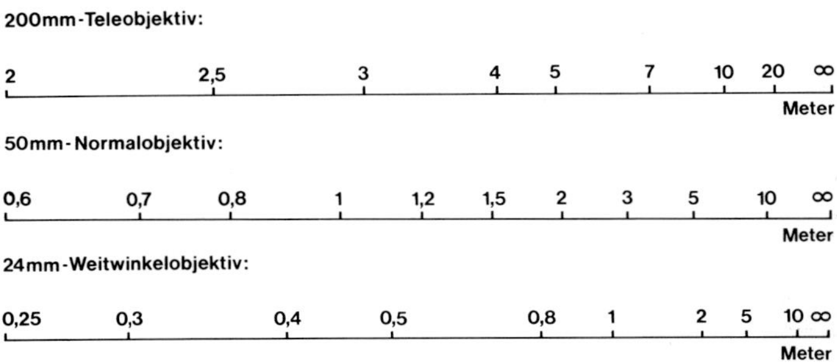


13 Die Meterangaben auf den Objektivskalen liegen im nahen Bereich wesentlich weiter auseinander als bei Einstellungen größerer Aufnahmedistanzen. Bei Weitwinkelobjektiven sind die Skalenwerte enger angeordnet als bei Teleobjektiven. (In der Skizze wird vorausgesetzt, daß die Gesamtlänge der Entfernungsskalen von verschiedenen Objektiven gleich lang ist.)

14 a–c Die Blende hat den größten Einfluß auf den Schärfebereich: a) 50 mm, Bl. 2 – b) 50 mm, Bl. 5,6 – c) 50 mm, Bl. 22. Mit kleiner werdender Blendenöffnung vergrößert sich der Schärfebereich zusehends. ▷

15 a–c Je kürzer die Brennweite eines Objektivs ist, desto größer ist sein Schärfebereich. Das Motiv wurde bei Blende 2,8, Entfernungseinstellung 7 m aufgenommen: a) 135 mm, minimaler Schärfebereich – b) 35 mm Brennweite, woraus eine Ausschnittvergrößerung c) angefertigt wurde. Dabei zeigt sich der weitaus größere Schärfebereich. ▷▷

14a

b

c

15a

b

c

In der Praxis ist der Schärfebereich eine recht variable Größe. Folgende Zusammenhänge sind dabei zu berücksichtigen; er ist abhängig

- von der *Blende*: Mit zunehmender Blendenöffnung (kleiner Blendenzahl) nimmt der Schärfebereich ab, oder: je höher der Blendenwert (kleine Öffnung), desto größer der Schärfebereich (Abb. 14);
- von der *eingestellten Meterzahl*: Reicht er z. B. bei einer Einstellung von 10 m (50 mm-Objektiv, Blende 8) von 6,5 m bis 25 m, so mißt er bei 2,5 m nur von 2,1 m bis 3,2 m; der Schärfebereich reicht also im ersten Fall über insgesamt 18,5 m, im zweiten Fall nur über 1,1 m; er wird – absolut – größer mit zunehmender Aufnahmedistanz; zugleich fällt auf, daß der Bereich der Schärfe vor dem Motiv immer kleiner ist als dahinter:
- von der *Brennweite*: Bei einer Einstellung auf 3 m (Blende 5,6) reicht bei einem 28 mm-Objektiv der Schärfebereich etwa von 1,8 m bis ∞, bei einem 50 mm-Objektiv von 2,4 m bis 4 m und bei einem 135 mm-Teleobjektiv von 2,9 m bis 3,1 m (Abb. 15).

Wegen des engen Zusammenhangs zwischen Schärfebereich und Blende neigt man zunächst dazu, eine möglichst geschlossene Blende anzustreben. Zwar vertuscht ein großer Schärfebereich ungenaue Entfernungseinstellungen, doch gilt es neben später zu besprechenden gestalterischen Gründen auch optisch-physikalische Gesichtspunkte zu berücksichtigen. Infolge Strahlenbeugung und Lichtbrechung verschlechtert sich – zumindestens theoretisch – mit zunehmenden Abblenden die allgemeine Schärfeleistung des Objektivs. Allerdings können auch bei voll geöffneter Blende Randunschärfen, Reflexe, Abbildungsfehler u. a. auftreten. Das Ausmaß all dieser Fehler hält sich aber in der Praxis in Grenzen und ist sicherlich auch abhängig von der Qualität des Objektivs. Trotzdem: *Fast jedes Objektiv bietet bei den mittleren Blenden seine beste Schärfeleistung.*

## *e) Nochmals Lichtstärke*

Bei der Beantwortung der Frage, ob sich die Anschaffung eines besonders lichtstarken Objektivs lohnt, sind also folgende Überlegungen zu berücksichtigen:

*Vorteile:*
Ob ein Objektiv Lichtstärke f/1,4 oder f/2 besitzt, macht einen ganzen Blendenwert aus, bei f/1,4 bis f/1,2 etwa einen halben Wert. Trotzdem kann in der Dämmerung oder auch bei Sportaufnahmen diese eine bzw. eineinhalb Blende die Rettung der Aufnahme sein. Außerdem bedeutet eine größere Anfangsöffnung auch eine größere mittlere Blende, bei der die optimale Schärfeleistung des Objektivs erreicht wird.

*Nachteile:*
Genaugenommen sagt eine große Lichtstärke nichts über die Leistung eines Objektivs bei offener Blende aus. So werden gelegentlich Tele- oder Weitwinkelobjektive angeboten mit erstaunlich hohen Lichtstärken zu erstaunlich niedrigen Preisen. Leider bieten diese dann erst eine akzeptable Schärfe bei zwei Stufen Abblendung. Also: Eine wirklich nutzbare Schärfeleistung bei hoher Lichtstärke muß für teures Geld erkauft werden. Da außerdem der Schärfebereich mit zunehmender Blendenöffnung abnimmt, wird bei Nutzung der offenen Blende eines lichtstarken Objektivs der Schärfebereich so gering, daß eine exakte, schnelle Einstellung bei Aktionsaufnahmen schwierig ist.

# 3 Die Funktionen

Die zunehmende Elektronisierung hat den verschiedenen Kameras immer mehr Tasten, Knöpfe, Schalter und Leuchtpunkte beschert, die man als Fotograf nach den Vorgaben der Gebrauchsanweisung betätigen soll. Was dabei in der Kamera passiert, welche Zusammenhänge zu berücksichtigen sind, kurzum, wie eigentlich dieses mehr oder weniger komplizierte Gebilde Fotoapparat funktioniert, sollte man wissen, um sowohl beim Kamerakauf wie auch beim praktischen Fotografieren eine kompetente Entscheidung treffen zu können. So ist es ein zentrales Interesse des Fotografen, den Film richtig zu belichten, wobei ihm die Kameratechnik mittlerweile eine Menge Mühe abnimmt.

## *a) Belichtungszeit*

Die Lichtmenge, die auf den Film trifft, wird nicht nur bestimmt durch die am Objektiv eingestellte Blende, sondern zusätzlich durch die Zeitdauer, in der das Licht durch die Blendenöffnung fällt. Für eine bestimmte, für die korrekte Belichtung notwendige Lichtmenge ist es demnach gleichgültig, ob die Blende geschlossen und die Belichtungszeit lang oder aber die Blende offen und die Belichtungszeit kurz ist; die Lichtmenge bleibt immer die gleiche. Sie läßt sich folglich bei Bedarf auch über die Zeiteinstellung verändern.

Im Fotoapparat wird die Belichtungszeit über den Kameraverschluß geschaltet. Unsere Urgroßväter steuerten die Zeit ihrer unförmigen Kameras mit einer Kappe, die sie vom Objektiv entfernten und nach einigen Augenblicken wieder aufsetzten. (Beim ersten bekannten Foto der Welt, 1826, dauerten diese Augenblicke immerhin acht Stunden.) Erst als eine Steigerung der Empfindlichkeit des Filmmaterials kurze Belichtungszeiten ermöglichte, wurden Zentralverschluß und Schlitzverschluß entwickelt. Der *Zentralverschluß* ähnelt der Irisblende (schließt sich aber völlig) und befindet sich in (seltener auch hinter) dem Objektiv. Er wird heute hauptsächlich bei Objektiven für Kameras ab Mittelformat aufwärts

16 a) Schlitzverschluß: Direkt vor der Filmebene öffnet sich ein Rollo, das das Bildfenster freigibt. Durch ein zweites nachfolgendes Rollo wird das Bildfenster wieder geschlossen. Moderne Schlitzverschlüsse arbeiten nach dem gleichen Prinzip mit mehreren Lamellen – b) Zentralverschluß: Der Zentralverschluß arbeitet mit eigenartig geformten Metallamellen, die im geschlossenen Zustand jeden Lichteinfall verhindern. Die Abbildung zeigt ihn halbgeöffnet.

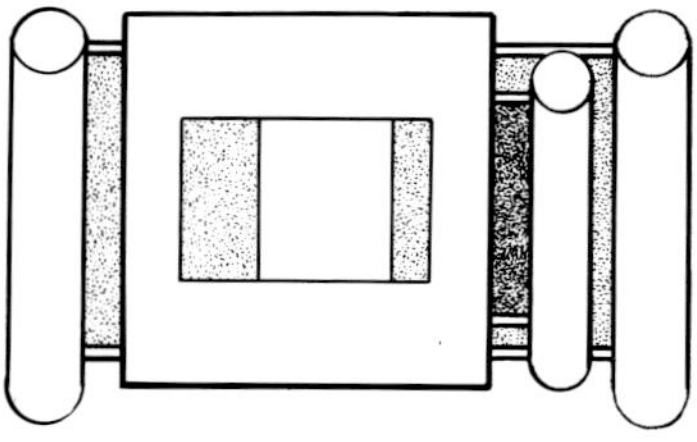
a

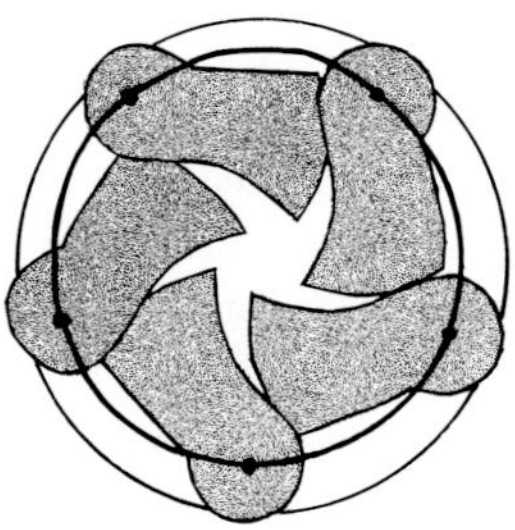
b

verwendet. Die Herstellung entsprechender Objektive wird dadurch kostspieliger. Ein Vorteil ist in der verkürzten Synchronisationszeit für Blitzaufnahmen zu sehen (vgl. Kap. II 4 f).

Der *Schlitzverschluß* (Abb. 16) ist in Kameragehäuse eingebaut. Direkt vor dem Film öffnet sich ein Rollo aus Gummituch oder aus gelenkig miteinander verbundenen Metallstreifen. Ein zweites Rollo deckt das Bildfenster nach Ablauf der Belichtungszeit wieder ab. Bei sehr kurzen Belichtungszeiten folgt das zweite Rollo sofort dem ersten, so daß der Film eigentlich sukzessiv belichtet wird. Bei einigen Kameras wird der Verschluß noch mechanisch bewegt, zunehmend sorgt aber die Elektronik für eine entsprechend genauere Steuerung. Der Nachteil allerdings: Bei Ausfall der Batterie wird die Kamera völlig funktionsuntüchtig.

Für die Dauer der möglichen verschiedenen einstellbaren Belichtungszeiten hat sich eine Abstufung als praktisch erwiesen, die die vorherige Zeit jeweils verdoppelt: 1/1000 s; 1/500 s; 1/250 s; 1/125 s; 1/60 s; 1/30 s; 1/15 s; 1/8 s; 1/4 s; 1/2 s; 1 s und B. Bei Stellung »B« bleibt der Verschluß so lange offen, wie der Auslöser gedrückt wird. Einige Kameras verfügen außerdem über eine Zeiteinstellung von bis zu 1/8000 s (die ich im Amateurbereich für überflüssig halte) und verschiedene Steigerungen im Langzeitenbereich. Leider kaum noch bei modernen Kameras vorhanden ist die früher übliche Stellung »T«, bei der die erste Betätigung des Auslösers den Verschluß öffnete und eine zweite diesen wieder schloß. Der gleiche Effekt ist aber auch bei »B« möglich, wenn man einen Fernauslöser oder Drahtauslöser mit Feststellmöglichkeit verwendet (vgl. S. 55).

Belichtungsabstufungen und Blendenreihe arbeiten also beide mit einem Verdoppelungs- bzw. einem Halbierungsfaktor. Folglich ist diejenige Lichtmenge, die z. B. bei 1/125 s und Blende 5,6 auf den Film trifft, die gleiche, die bei halber Belichtungszeit und doppelter Öffnungsfläche, also bei 1/250 s und Blende 4, für eine exakte Belichtung sorgt. Bei einer vorgegebenen Filmempfindlichkeit von ISO 400/27° und einem bestimmten Aufnahmelicht (verdeckte Sonne) gibt es z. B. folgende Belichtungsalternativen:

| | | | | | | | |
|---|---|---|---|---|---|---|---|
| Belichtungszeit | 1/15 s | 1/30 s | 1/60 s | 1/125 s | 1/250 s | 1/500 s | 1/1000 s |
| Blende | 16 | 11 | 8 | 5,6 | 4 | 2,8 | 2 |

a

b

17 a und b Beide Fotos sind mit der gleichen Lichtmenge belichtet worden: a) mit 1/1000 s, Blende 2: Die Bewegungen sind eingefroren, der Schärfebereich ist gering. Bei b) wurde die Zeit auf 1/15 s verlängert und die Blende auf 16 geschlossen: Die Bewegungen sind verwischt, der Schärfebereich aber ist größer.

Zwar ergeben alle Kombinationen dieselbe, richtige Belichtung, dennoch unterscheiden sich die Bilder voneinander (Abb. 17). Genau wie die Wahl der Blende wird die Wahl der Belichtungszeit von verschiedenen Faktoren (Bewegung des Motivs u. a.) bestimmt (vgl. Kap. IV 1 e). Die Zeit/Blenden-Kombination regelt also die Dosierung der notwendigen Lichtmenge. Wie aber gelangt man an eine solche Kombination?

## *b) Belichtungsmesser*

Weil das menschliche Auge die richtige Belichtung für ein Motiv nur mit größter Routine genau schätzen kann, verwendet man Belichtungsmesser. Ihr Herz ist eine lichtempfindliche Zelle. Üblich sind Selenzellen, CdS (Cadmiumsulfid)-Widerstände, neuerdings zunehmend Siliziumzellen und andere Meßelemente.

Folgende Kriterien sollte ein Belichtungsmesser erfüllen:

- verzögerungsfreie Messung;
- farbenunabhängige Meßergebnisse;
- großer Meßbereich;
- präzise Messung.

Letzteres ist keineswegs selbstverständlich. Ein Motiv zeigt in der Regel helle und dunkle Bereiche, der Belichtungsmesser reagiert aber nur auf Licht. Eigentlich müßte man jeden Punkt eines Motivs anmessen, um ein Bild von der gesamten Lichtsituation des Aufnahmegegenstandes zu bekommen. Allerdings werden einzelne gemessene Bereiche des gemessenen Aufnahmefeldes für das Motiv möglicherweise unwichtig sein. Eine technisch richtige Messung kann so für den Fotografen durchaus zu einem unbefriedigenden Ergebnis führen. Um dies zu vereinfachen, haben sich mehrere Methoden in der Belichtungstechnik herauskristallisiert.

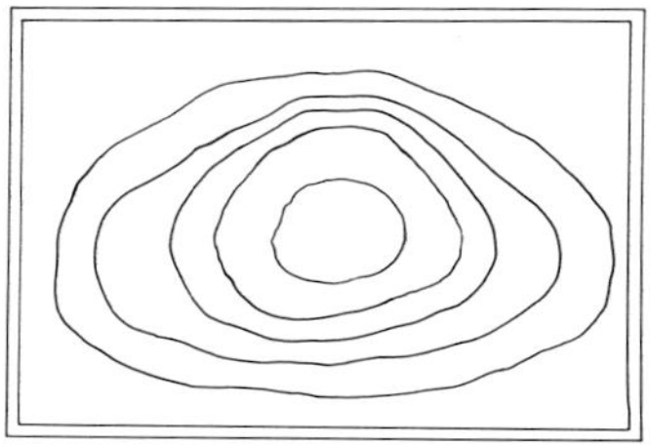
a

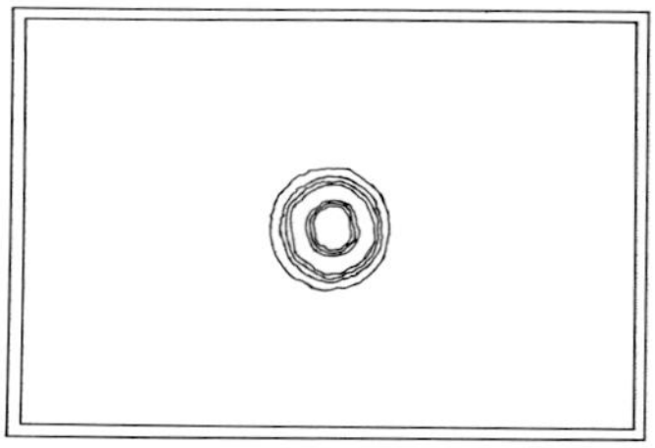
b

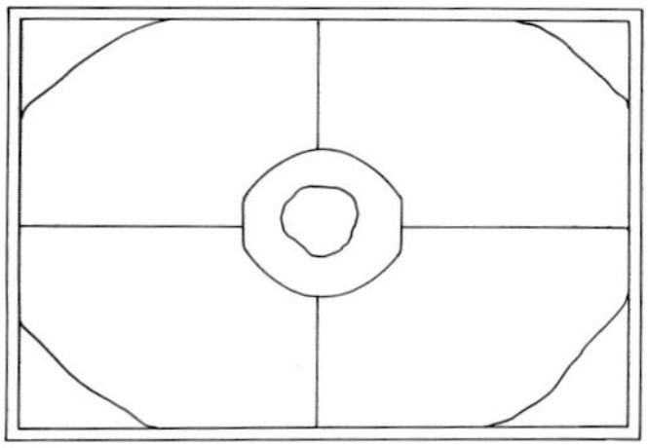
c

18 Die mittenbetonte Integralmessung mißt zwar das gesamte Bildfeld aus, doch die Lichtsituation wird zur Mitte hin immer stärker gewichtet (a). Bei der Selektiv- und der Spotmessung wird nur ein Bereich in der Bildmitte gemessen; bei der Spotmessung etwas kleiner als bei der Selektivmessung (b). Bei der Mehrfeldmessung werden die einzelnen Felder integral gemessen, ein kameraintegrierter Rechner ermittelt dann die Helligkeitsverteilung innerhalb des gesamten Bildes. – Die hier gezeigten Kennlinien weichen bei einzelnen Kameramodellen voneinander ab. Sie sind bei allen Meßmethoden im Sucher *nicht* zu sehen.

*Integralmessung:*
Das gesamte Motivfeld wird gemessen und ein Durchschnittswert angegeben. Bei Spiegelreflexkameras, bei denen die Messung durch das Objektiv erfolgt (TTL-Messung; engl. »Trough The Lens« = durch die Linse), wird der Meßwinkel durch die Brennweite bestimmt, bei anderen in die Kamera eingebauten oder externen (Hand-)Belichtungsmessern beträgt der Meßwinkel ca. 30°.

*Mittenbetonte Integralmessung:*
Zwar wird auch hier das gesamte Motivfeld gemessen, aber die Lichtsituation in der Mitte des Bildes wird stärker berücksichtigt als die am Rand. Man geht dabei in der Regel mit Recht davon aus, daß sich das wichtigste Motivdetail etwa in der Mitte des Bildausschnittes befindet (Abb. 18).

*Selektivmessung und Spotmessung (Punktmessung):*
Hier wird die Belichtung in einem winzigen Feld in der Bildmitte ermittelt (Selektiv ca. 7 %, Spot ca. 2 % des Bildfeldes). Belichtungsprobleme z. B. bei Motiven mit hohen Lichtkontrasten sind damit einfach zu lösen, da nur der Detailausschnitt, auf den es wirklich ankommt, erfaßt wird. Entsprechende Kameras und Handbelichtungsmesser gehören meist der höchsten Preisklasse an.

*Mehrfeldmessung:*
Das im Sucher sichtbare Bild ist in mehrere Zonen aufgeteilt, die automatisch einzeln angemessen werden. Der Kamerabelichtungsmesser gewichtet unter Berücksichtigung eingespeicherter »Motivbeispiele« und ermittelt den richtigen Blendenwert.

In Sucherkameras erfolgt die Messung meist durch ein Auge neben dem Objektiv, bei Spiegelreflexkameras durch das Objektiv. Üblich ist die sogenannte Offenblendenmessung: Die Belichtung wird bei voll geöffneter Blende ermittelt, (die Blende schließt sich erst im Augenblick der Belichtung automatisch). Für die Verwendung von älteren Objektiven, zahlreichen Superteleobjektiven und einigem Spezialzubehör sollte auch bei eingestellter »Arbeitsblende« eine Messung möglich sein. Dabei wird die Blende so lange von Hand geschlossen (wobei das Sucherbild natürlich dunkler wird), bis ein Signal eine bestimmte Markierung erreicht (Kameragebrauchsanweisung).

## *c) Automatische Belichtungssteuerung*

Ein Belichtungsmesser kann nur Angaben über die Lichtmenge machen, dieser ordnet er entsprechend Blenden-/Zeit-Kombinationen zu. Während am Handbelichtungsmesser *alle* möglichen Varianten gleichzeitig abzulesen sind, zeigen Kamerabelichtungsmesser immer nur eine der möglichen Kombinationen an. Die Entscheidung, welche Kombination verwendet wird, hängt mit der Übertragung der Meßergebnisse auf die Funktionselemente der Kamera zusammen. Diese Übertragung kann manuell oder auf verschiedene Weisen automatisch erfolgen.

*Manuelle Nachführmessung*
Wahlweise wird Blende oder Belichtungszeit vorgegeben und anschließend der jeweils andere Faktor so lange manuell verändert, bis die Kontrollinstrumente im Sucher die richtige Einstellung signalisieren.

*Blendenautomatik (Halbautomatik mit Zeitvorwahl)*
Sie ist in einige Spiegelreflexkameras eingebaut. Die gewünschte Belichtungszeit wird dabei manuell, die dazu gemessene Blende gleichzeitig automatisch eingestellt. Falls die Zeit selbst bei offenster Blende zu kurz ist, zeigt eine Warnmarkierung dies an.

*Zeitautomatik (Halbautomatik mit Blendenvorwahl)*
Die gewünschte Blende wird manuell eingestellt (und damit auch der Schärfebereich vorgegeben), die gemessene Zeit stellt sich automatisch ein. Dabei hält sich die Kamera nicht mehr unbedingt an die anfangs genannten Schritte der Belichtungszeiten, sondern arbeitet stufenlos. Die genutzten Zeiten befinden sich im Bereich der möglichen Zeiten der Kamera.

*Programmautomatik*
Die Kamera wählt aus einer vorgegebenen Reihe von Blendenwerten und Belichtungszeiten unter verschiedenen Kombinationen die »ideale« Variante nach eingespeicherten Präferenzen aus. Angestrebt werden kann dann z. B. entweder eine möglichst kurze

Belichtungszeit oder eine möglichst geschlossene Blende. So wird versucht ein Verwackeln der Aufnahme zu verhindern oder einen großen Schärfebereich zu erzielen. Die Programmfunktionen sind oft zusätzlich an jeweils genutzte Brennweiten und Objektivlichtstärken gekoppelt und werden daher häufig als Weitwinkel- bzw. Teleprogramme bezeichnet. Bei höherwertigen Kameramodellen lassen sich mit einem *»Programmshift«* die ermittelten Werte stufenweise variieren. Ergänzend dazu gibt es Programmautomatiken, die auf bestimmte Motivbereiche zielen und dazu u. U. sogar automatisch einen eingebauten Blitz oder andere Funktionen zuschalten. So können z. B. auch der Autofokus oder die Belichtungsmeßfelder der Mehrfeldmessung in ihrer Berücksichtigung für die jeweilige Belichtung unterschiedlich gewichtet werden (Matrixmessung). Dazu sind im Kamerarechner Kriterien für die Gestaltung unterschiedlicher Motive eingespeichert (z. B. hier vereinfacht die Vorgabe bei einem ›Porträtprogramm‹: *bei Porträtfotos befindet sich der Kopf in Bildmitte, der Hintergrund kann unscharf sein, ein schwacher Blitz wird das Gesicht aufhellen*). Andere Vorgaben haben ein ›Sportprogramm‹, oder ein ›Makroprogramm‹ bis hin zum ›Kinderprogramm‹. Einige Kameras verfügen über 10 und mehr solcher Programme.

Bei dieser Vielfalt taucht natürlich die Frage auf, wann welche Belichtungssteuerung wie am besten genutzt wird?

1. Wer beim Fotografieren nicht einen kühlen Kopf behält, kann angesichts der vielfältigen Möglichkeiten seiner Kamera im Gegenüber mit den spannendsten Motiven schon einmal den Überblick verlieren. Es ist schon schwierig genug, sich mit einer Steuerung völlig vertraut zu machen; inwieweit die Vielfalt der Programme wirklich zu besseren Bildern führt, ist zumindest fragwürdig. Richtig ist, daß eine Belichtungsautomatik in vielen Fällen das Fotografieren vereinfacht, weil man sich als Fotograf nur auf sein Motiv konzentrieren kann und sich nicht mit Blendeneinstellungen u. ä. belasten muß. Probleme entstehen aber dann, wenn Motive, Beleuchtungssituationen oder spezielle Bildkonzepte nicht zu den Vorgaben der Automatik passen. Die Bedienungsanleitungen der Kameras informieren hier nur sehr

unzureichend, so wird man für schwierigere Aufnahmen nicht um Testserien herumkommen.

2. Die Zeitautomatik eignet sich besonders für ruhigere und statische Motive. Mit der Blende wird der Schärfebereich vorgegeben, und die Länge der Belichtungszeit sollte nicht so problematisch sein (zu lange Belichtungszeiten, bei denen Verwackelung droht, zeigen die meisten Zeitautomatiken an). Da diese Automatik nur mit dem Verschluß, nicht aber mit der Objektivblende gekoppelt ist, arbeitet sie außerdem bei allen möglichen Wechselobjektiven, Adaptern, Zwischenringen und anderem Zubehör weiter.
3. Vor Verwackelungen und Verwischungen bei Sport- oder Aktionsaufnahmen schützt die vorgegebene Zeit der Blendenautomatik. Wie bei der Zeitautomatik im Falle eines schnellen Wechsels von hellem und schattigem Aufnahmelicht die Belichtungszeit in ungünstige Bereiche springen kann, so kann ähnliches hier mit der Blende geschehen. Gerät man dann in den Bereich großer Blendenöffnungen, ist wegen des geringen Schärfebereiches eine sehr exakte Scharfeinstellung notwendig.
4. Belichtungsmesser messen immer nur einen (wenn auch noch so genauen) Durchschnitt. Bei extremen Lichtsituationen (Gegenlicht, hoher Motivkontrast u. ä.) bekommt man auf diese Weise Belichtungsschwierigkeiten. Aus diesen und anderen bildgestalterischen Gründen sollte immer die Möglichkeit bestehen, absichtlich gegen den Belichtungsmesser zu arbeiten. Dazu muß eine Automatik korrigierbar bzw. abschaltbar sein, um mit einer manuellen Einstellung die gewünschten Belichtungswerte frei eingeben zu können. Das setzt allerdings etwas Erfahrung voraus.

Entscheidend für oder gegen den Kauf einer Kamera sollte aber nicht nur die Art der Belichtungssteuerung sein (vgl. Kap. III 1).

### *d) Kontrolle im Sucher*

Bereits beim Blick durch den Sucher ist es wichtig zu sehen, ob das Licht für das Motiv für ein Foto ausreicht oder nicht. Entsprechende Anzeigenvarianten gibt es beinahe ebenso viele wie Kameras. Statt irgendwelcher flackernden Leuchtdioden, Kreisen, Kreuzen, markanten Pieptönen oder tanzenden Pfeilen sollte besser die jeweilige Blende und Belichtungszeit deutlich im Sucher zu sehen sein. Oft bereitet das Ablesen solcher Informationen bei dunklen Motiven oder nachts einige Probleme. Manche Sucher lassen sich deshalb zusätzlich beleuchten. Bei vielen modernen Kameras werden diese für das Fotografieren so wichtigen Angaben zunehmend auf den Datenmonitor auf der Kameraoberseite ausgelagert. Hier lassen sich alle mit Hilfe einer Tipptastatur bzw. eines Einstellrades eingegebenen Kamerafunktionen ablesen. Nachteil: man muß die Kamera dazu vom Auge nehmen; Vorteil: man hat alle Informationen auf einen Blick.

### *e) Entfernungseinstellung*

Um zu einem scharf eingestellten Foto zu kommen, wird der Abstand der Linsen zum Film am Objektiv verändert. Verkürzt gilt: je geringer der Abstand zum Motiv, desto geringer der Abstand zwischen Linsen und Film. Dies geschieht entweder über einen Schneckengang (drehbar) oder über einen Schiebemechanismus. Bei Uraltkameras oder einigen Spezialanwendungen wird dies von einem (Ziehharmonika-)Balgen übernommen. Das Scharfstellen wird auch als ›Fokussieren‹ bezeichnet.

Einfachste Plastikkameras verfügen über eine sogenannte Fixfocus-Einstellung, bei der durch eine kleine Blendenöffnung ein großer Schärfebereich von ca. 2 m bis ** gewährleistet wird. Sonst unterscheidet man zwischen MF-Kameras mit ihrer manuellen und AF-Kameras mit ihrer automatischen Scharfeinstellung. Bei Kameras mit einem Durchsichtssucher ist nicht sichtbar, ob das Foto korrekt scharfgestellt ist oder nicht (Ausnahme: teure Meßsucherkameras), bei Spiegelreflexsystemen (ebenso wie bei Großbildkameras) ist die Kontrolle über das Mattscheibenbild im Sucher möglich, das das Bild so zeigt, wie es später auf dem Film abgebildet ist.

#### *Manuelle Scharfeinstellung*

Bei einfachen und/oder älteren MF-Kameras wird die Entfernung über Symbole (Blume, Landschaft o.ä.) vorgegeben oder visuell

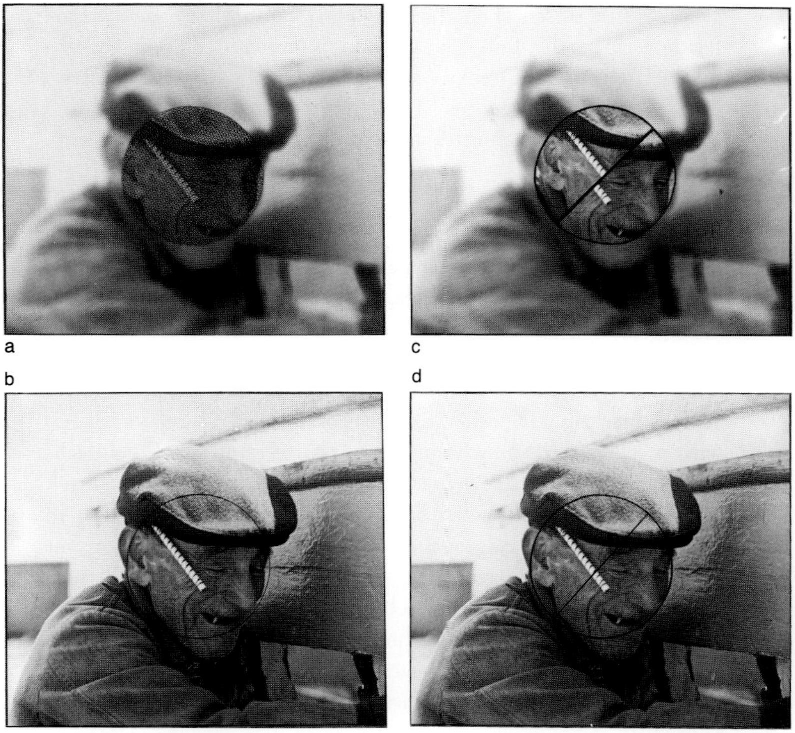


19 a und b) Mikroprisma – c und d) Schnittbildindikator.

geschätzt und über eine Meter-Scala am Objektivring eingestellt. Bei Spiegelreflexkameras hilft die erwähnte Mattscheibe, das Bild am Objektivring richtig zu focussieren. Zwei Einstellhilfen in der Mitte des Sucherbildes unterstützen dabei die Präzision der Einstellung:

Das *Mikroprisma* (Abb. 19a, b) besteht aus unzähligen winzigen Prismen, die das Motiv so lange im Sucher flimmern lassen, bis die Entfernungseinstellung stimmt. Bei kontrastlosen Motivflächen und bei schwachen Lichtverhältnissen findet das Mikroprisma seine Grenzen. Der *Schnittbildindikator* (Abb. 19c, d) hat die Form eines in Hälften untergliederten Kreises. Bei unscharfer Einstellung schneidet die Trennlinie das Motiv in zwei seitlich versetzte Teilstücke. Das Bild ist scharf eingestellt, wenn sich durch drehen des Entfernungsringes die Teilstücke genau zusammenfügen. Diese Technik verlangt für das Objektiv mindestens eine Lichtstärke von etwa f/5,6, sonst bleibt eine der Meßhälften schwarz. Fast immer sind Mikroprisma und Schnittbildindikator in einer Kreisfläche integriert.

*Automatische Scharfeinstellung*

Eine automatische Scharfeinstellung wurde in der Fotografie zunächst bei Diaprojektoren bekannt (vgl. S. 332; Abb. 129) und ist seit ca. 1980 auch bei Kameras selbstverständlich geworden. Bei den AF-Spiegelreflexkameras kann oft noch zusätzlich auf MF umgeschaltet werden. Für die AF-Funktion befindet sich in der Suchermitte ein kleines, offenes Rechteck. Hier (und nur hier!) wird in einer Art Spotmessung die Schärfe ermittelt. Vereinfacht dargestellt wandert dabei das vom Motiv reflektierte Licht durch das Aufnahmeobjektiv (bei Spiegelreflexkameras), wird quasi in zwei Lichtstrahlen aufgespalten und trifft auf einen Sensor mit einem Minirechner, der mittels eines Kontrastvergleiches (Phasen-Vergleich) den Grad der (Un-)Schärfe analysiert. Die Korrektur für ein scharfes Bild wird blitzschnell an einen Micromotor in der Kamera bzw. im Objektiv (je nach System) weitergeleitet.

Eine automatische Scharfeinstellung taugt für die gestaltende Fotografie natürlich nur, wenn ein wichtiges scharfes Motivteil auch außerhalb der Bildmitte liegen kann. Dazu ist die Möglichkeit erforderlich, die AF-Einstellung zu speichern. Man schwenkt also die Kamera so, daß das Hauptmotiv vom mittigen Meßfeld erfaßt wird und läßt die Kamera scharfstellen. Mit einer Taste speichert man diese Scharfeinstellung und richtet dann sein Motiv nach Belieben aus. Als Alternative haben die Kamerahersteller bei höherwertigen Kameras mittlerweile den Meßpunkten unterschiedliche Formen gegeben und/oder bis zu 50 einzelne Autofocusmesspunkte dezentralisiert auf dem gesamten Motivfeld verteilt, die per Einstelltasten oder Augenkontrolle durch die Blickrichtung der Pupille aktiviert werden.

Die automatische Scharfeinstellung bietet weitere Spezifikationen, die oft in sich noch variabel sind:

*Schärfepriorität* – Die Kamera löst erst aus, wenn der Autofocus scharf gestellt hat.
*Auslösepriorität* – Die Kamera löst sofort aus, auch wenn die Kamera noch nicht scharf eingestellt hat.
*Schärfeprädiktion (Schärfevoraussage)* – Der Autofocus mißt bei bewegten Motiven das Motiv zweimal an und errechnet aus der Abweichung die voraussichtliche Entfernung für den Moment des Auslösens.
*Schärfenachführung (Tracking)* – Nach jeder Messung erfolgt automatisch eine weitere, bis der Auslöser völlig niedergedrückt wird; dies geschieht u.U. synchron zum Filmtransport bei hoher Bildfrequenz.
*Schärfefalle* – Der Autofocus wird auf eine bestimmte Motiventfernung eingestellt, läßt sich aber erst auslösen, wenn ein Objekt im Entfernungsbereich auftaucht.

Aktuelle Autofocussysteme benötigen für den Meßvorgang nur wenig Licht. In Problemfällen kann ein Infrarotblitz zugeschaltet werden; dann ist Autofocus sogar bei Dunkelheit möglich. Probleme ergeben sich manchmal bei kontrastarmen Motiven (Hautflächen, Wände usw.).

Es sei schon jetzt darauf verwiesen, daß in der Anwendungspraxis das Verhältnis von Bildschärfe und Scharfeinstellung viele gestalterische Möglichkeiten eröffnet (vgl. Kap IV 1 c).

## *f) Batterien*

Die meisten Kameras benötigen für das Funktionieren der elektrischen Funktionen eine Stromquelle, die Batterie. Praktisch bedeutet der Ausfall der Batterie damit auch in vielen Fällen den Ausfall der Kamera. Gerade der Autofocus und der motorische Filmtransport einerseits, winterliche Kälte andererseits entpuppen sich dabei als wahre Stromfresser, die nach immer leistungsfähigeren und damit auch oft sehr teuren Batterien verlangen. Ob Lithium-Block, Knopfzelle, Akku oder Trockenbatterie in jeweils unterschiedlichen Bauformen ist aber stets vom Kameramodell vorgegeben, und daran sollte man sich der Elektronik zuliebe auch halten. Eine stets mitgeführte Reservebatterie kann allerdings so manchen Fototermin retten. Es lohnt sich auch einmal zu testen, inwieweit die Batterieladekontrolle, über die jede Kamera verfügen sollte, auch wirklich aussagekräftig ist. Denn je nach Kameratyp und Grad der Nutzung kann eine Batterieladung zwei Jahre oder auch gerade fünf 36-er Filme halten (vgl. S. 67).

Obwohl die Arbeitsweisen der verschiedenen Kameras vom Funktionsprinzip her meist gleich sind, unterscheiden sie sich doch in der Art und Weise ihrer Handhabung, Nutzung und gelegentlich auch Benennung. Was bei der einen ein Hebel, ist bei der anderen ein Knopf oder Rädchen. Erforderlich ist, daß die Bedienungselemente nicht zu klein, sondern sicher zu handhaben sind. Prüfen Sie auch, ob die gesamte Kamera fest in der Hand liegt. Eine gute Kamera sollte außerdem über eine Auslösesperre, eine deutlich lesbare Anzeige der Filmempfindlichkeit, eine Abblendtaste, Blitzkontakte, Selbstauslöser und Mehrfachbelichtungshebel verfügen. Die Anschlußmöglichkeiten für Zubehör sollten möglichst universell genormt sein. Zur Nutzung der einzelnen Kamerafunktionen sei auf die verschiedenen Kapitel des Buches verwiesen.

## 4 Das Zubehör

Ob Kamerazubehör notwendig ist, hängt vom Fotomotiv ab. Ebenso vielfältig wie die Motive und Aufnahmegebiete ist auch das Angebot jener Dinge, die die Arbeit erleichtern und manchmal auch erst möglich machen. Die gängigsten und sinnvollsten Zubehörteile, die für die verschiedensten Aufnahmesituationen nützlich sind, sollen anschließend beschrieben werden.

### *a) Stative*

Die *Dreibeinstative* ersparen es, die Kamera in der Hand halten zu müssen und sollen meistens dazu dienen, bei längeren Belichtungszeiten und langen Teleobjektiven für einen festen Stand des Fotogerätes zu sorgen. Leider tun sie gerade dies meistens nicht! Ziemlich wackelfest ist z. B. das Stativ einer Großbildkamera oder einer TV-Studiokamera, leider aber auch sehr schwer. Angenehm, leicht und bequem dagegen sind jene drahtig-dürren Dreibeine, die gelegentlich als Billigstangebote die Fotokataloge zieren. Wehe aber, wenn man sie auf ihre volle Länge auszieht und mit massiver Kamera plus schwerem Zoom bestückt. Der kleinste Windstoß bringt die Konstruktion zu ausladenden Schwingungen. Denn erst bei vollem Auszug und hoher Stellung der Mittelsäule plus Fotogerät läßt sich die Standfestigkeit eines Dreibeins untersuchen. Kurzum, die Anschaffung eines Stativs wird immer eine Kompromißentscheidung bleiben müssen.

Neben der Standfestigkeit ist zu beachten, ob Stabilisierungsstützen, Metallspitzen *und* Gummifüße sowie ein guter *Stativkopf* vorhanden sind und ob ein schneller und sicherer Aufbau gewährleistet ist. Es ist recht praktisch, wenn die Mittelsäule über eine Kurbel bewegt werden kann, sinnvoll auch, wenn sich der Stativkopf für Reproduktionen und Nahaufnahmen von unten an die Mittelsäule ansetzen läßt. Beim Stativkopf ist die Präzision ausschlaggebend. Ist die Kamera auf der beweglichen Stativkopfplatte in einem bestimmten Winkel eingestellt (Winkeleinteilung!), darf sie nicht von selbst verrutschen. Dies ist leider auch nicht selbstverständlich. Das umständliche Auf- und Abschrauben der Kamera wird überflüssig durch eine *Stativkupplung*. Ein Teil dieses Gerätes wird auf den Stativkopf, der andere Teil an den Kameraboden geschraubt. Mit einer Bewegung sind beide fest miteinander verbunden (Abb. 20).

Für Brennweiten ab 400 mm empfiehlt sich manchmal wegen der Länge der Objektive, z. B. bei Sport- oder Tieraufnahmen, ein *Schulterstativ,* mit dessen Hilfe man die Kamera ähnlich wie ein Gewehr halten und stützen kann. Die Anschaffung von *Autostativen,* mit denen der Fotoapparat an die Windschutzscheibe »geheftet« wird, ist wohl nur für Spezialaufnahmen (und die Polizei) sinnvoll. Gelegentlich überträgt sich übrigens die Vibration des Autos auf die Kamera.

*Einbeinstative, Klemmstative* und *Tischstative* sind besser als gar nichts. (Mit einem Einbein als Stütze gelingen eventuell noch Fotos mit 1/8 s.) Weiterhin gibt es noch *Winkel-* und *Pistolengriffe,* die die Kamerahaltung erleichtern. Sie sind sehr nützlich bei den etwas unförmigen Mittelformatkameras (ideal: der Winkelhandgriff zur Mamiya 645).

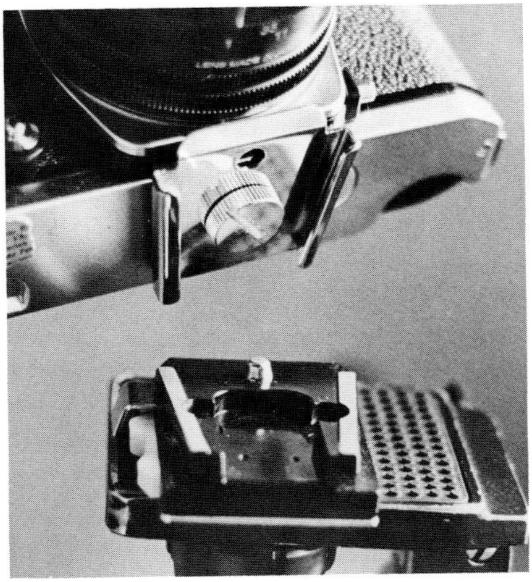

20 Die Stativkupplung ist nützlich für denjenigen, der häufiger ein Stativ benutzt: Der eine Teil wird auf den Stativkopf, der andere Teil an die Kamera geschraubt. Ineinandergeschoben rasten beide Teile ein.

21 Um die Kamera auf dem Stativ in alle Richtungen schwenken zu können, gibt es unterschiedliche Stativköpfe. Je nach Vorliebe verwendet man einen 2- bzw. 3-Wege-Neiger oder einen Kugelneiger.

## *b) Winder und Motor*

Wie in vielen anderen Kamerabereichen schreitet auch beim Filmtransport die Automatisierung fort. Winder oder Motoren übernehmen das Weiterdrehen des Films.

Ein *Winder* transportiert bis zu 3,5 Bilder pro Sekunde, je nach Modell. Einem geschickten Fotografen mag dies gelegentlich auch annähernd gelingen. Allerdings werden zehn Bilder in gut drei Sekunden per Handbetrieb kaum möglich sein. Der automatische Filmtransport hat den Schnellschalt-Transporthebel an modernen Kameras abgelöst. Statt dessen ist ein Winder für Einzelbild- oder Serienschaltung in die Kamera eingebaut. Ansonsten gelten die Winder aber noch als Zubehör.

Für Spezialaufgaben ist ein *Motor* unerläßlich. Er läßt sich nur bei wenigen hochwertigen Spiegelreflexkameras anschließen. Vier bis maximal zehn Bilder pro Sekunde transportieren diese Geräte. Sie sind konzipiert für den wissenschaftlichen Gebrauch und den professionellen Einsatz bei der Sport- und Reportagefotografie. Ein Motor hat den Preis einer durchschnittlichen Spiegelreflexkamera.

Die Vorteile des automatischen Filmtransportes liegen nicht nur in der Bequemlichkeit. Die verbesserten Möglichkeiten für Serienaufnahmen erhöhen gleichzeitig die Wahrscheinlichkeit, daß sich in einer Aufnahmeserie ein Spitzenbild befindet, welches gerade den richtigen Moment einfängt. Andererseits sind gerade die Transportmotoren regelrechte Filmschlucker: In neun bis vier Sekunden ist damit ein ganzer Kleinbildfilm belichtet!

## *c) Externe Auslöser*

Drahtauslöser werden in das Gewinde des Auslöseknopfes geschraubt oder als elektrische Auslöser in eine Kontaktbuchse der Kamera gesteckt. Bei Fotos vom Stativ und langen Belichtungszeiten sind sie erforderlich. Für die Verschlußstellung »B« sollten sie sich feststellen lassen. Es gibt sie in Längen bis zu zehn Metern und mehr. In ausreichender Länge ersetzen sie z. B. auch einen Selbstauslöser.

Für Tieraufnahmen oder für Bilder von gefährlichen Situationen (z. B. Sprengungen) gibt es *Fernauslöser,* die bis zu mehreren hundert Metern reichen. Sie werden pneumatisch oder elektrisch betrieben. Für Spezialisten existieren sogar *ferngesteuerte Auslöser,* die allerdings nur bei einer Kamera mit automatischem Filmtransport benutzt werden sollten. Meist ist für den Gebrauch der Fernsteuerung eine Genehmigung der Bundespost notwendig.

## *d) Taschen und Köcher*

Die verschiedenen Taschen sollen Fotogeräte vor Schmutz, Schlag und Feuchtigkeit schützen. Oft aber hindern sie den Fotografen nur daran, sein Gerät ein- und auszupacken.

Für die einzelne Kamera mit Objektiv gibt es als Zubehör Weichledertaschen, die zwar nicht gegen Schlag schützen, aber dennoch

22 Ein stabiler Fotokoffer kann häufig auch für ungewöhnliche Aufnahmesituationen von Nutzen sein; doch denken Sie bei der Auswahl seiner Größe daran: bei einer Wanderung müssen Sie die gefüllte Tasche u. U. sehr lange Zeit tragen!

verschiedene Beschädigungen vermeiden helfen. In einige dieser Taschen paßt die Kamera sogar mit einem längeren Objektiv (außerdem sieht man einer Weichledertasche nicht sogleich an, daß es sich um eine Fototasche handelt).

Für ganze Ausrüstungen mit Wechselobjektiven und Zubehör werden *Universaltaschen* und *Systemkoffer* angeboten. Bei Universaltaschen ist die ideale Größe sehr sorgfältig auszuwählen. Es ist ganz nützlich, wenn die Taschenkonstruktion so stabil ist, daß man sich auch einmal darauf setzen oder stellen kann (Abb. 22), was z. B. auch bei den silberglänzenden, metallenen Systemkoffern möglich ist, die durch ihre variablen Schaumstoffeinlagen unendlich viele Fotogeräte fassen. Ihr Design ist allerdings nicht jedermanns Sache. Für eine kleine Ausrüstung reicht aber oft eine unauffällige Umhängetasche aus unempfindlichem Material, in der die Kamera mit einem zweiten Objektiv gut abgepolstert gesteckt werden kann. In Wüsten- und anderen Sandgebieten, ebenso wie am Meer, sollten die Fotogeräte zusätzlich in dichte Plastikbeutel gepackt sein. Wirklich schützen aber hier nur spezielle *Klarsichttaschen,* in denen die Kamera abgesichert ruht und dennoch von außen bedient werden kann. Die meisten dieser Taschen (z. B. »ewa-marine«) sind auch für den Unterwassereinsatz geeignet.

## e) *Wechselobjektive*

Bei einer Kamera mit fest eingebauter Optik kann der Bildwinkel nur über Tele- oder Weitwinkelvorsätze verändert werden. Bei allen Spiegelreflexkameras ist ein Wechsel des Objektivs möglich. In den damit verbundenen Vorteilen liegt die eigentliche Bedeutung dieses Kameratyps.

Das Angebot an Objektiven hat mittlerweile unüberschaubare Dimensionen erreicht. Es reduziert sich indes durch den jeweiligen Objektivanschluß der Kamera. Früher gab es das allgemeingültige, sogenannte M 42-Gewinde.

Viel schneller als mit einem Gewinde lassen sich aber Objektive mit einem *Bajonett* an das Gehäuse anschließen. Leider besitzt jede

Kameramarke ihr eigenes Bajonett, so daß Nikon-Objektive nicht zu Minolta, Minolta-Objektive nicht zu Canon usw. passen. Durch die Einführung der Autofocus-Systeme haben selbst innerhalb einiger Marken Bajonettwechsel stattgefunden, so daß ältere, bereits vorhandene Objektive nicht ohne weiteres (teilweise gibt es Adapter) an die neue Kamera angeschlossen werden können.

Neben den eigenen Objektiven der Kamerafirma gibt es sogenannte *Fremdobjektive* von speziellen Objektivherstellern. Jedes dieser Objektive ist mit einem Festanschluß oder einem Adapter ausgerüstet. Objektive mit einem kameraspezifischen Adapterbajonett haben den Vorteil, daß sie bei einem Adapterwechsel an unterschiedliche Kameramarken angeschlossen werden können. Hersteller von Fremdobjektiven, die eine Alternative zu den Originalobjektiven der Kameraproduzenten bieten, sind z. B. Tamron, Vivitar, Tokina u. v. a. Diese Fremdobjektive sind häufig günstiger im Preis, was nicht geringere Qualität bedeutet. Selbst namhafte Kamerahersteller sollen gelegentlich Objektivreihen von fremden Objektivherstellern einkaufen, mit eigenem Objektivring versehen und unter eigenem Namen für einen höheren Preis verkaufen. (Diese Praxis ist leider bei vielen technischen Konsumgütern üblich.) Gelegentlich versuchen die Kamerahersteller nachzuweisen, daß sie diese Fremdobjektive einer besonders kritischen Fertigungskontrolle unterzogen hätten. Tatsächlich gibt es bei Fremdobjektiven etwas größere Fertigungstoleranzen, wie sich gezeigt hat. Häufig sind diese Toleranzen aber auch nur meßbar, nicht aber am Bild nachzuweisen, worauf es ja schließlich ankommt. Ein renommiertes Fremdobjektiv ist genauso ein Markenartikel wie ein gutes Kamerasystem. Gewarnt sei nur vor dubiosen unbekannten Objektivfirmen, die ihre Produkte im Ramsch anbieten. Gerade bei der Qualität von Kameraobjektiven müssen Ansprüche, Qualität und Preis im Verhältnis gesehen werden (vgl. Kap. III 1). Neben der Unterscheidung von Original- und Fremdobjektiven, sind noch die Unterschiede zwischen Festbrennweiten und Zoomobjektiven zu berücksichtigen (siehe auch S. 32). Einen Sonderstatus nehmen Konverter ein.

23 a–c Bei kleinen Albumabzügen sieht man (fast) keine Unterschiede in der Abbildungsschärfe verschiedener Objektive (a). Erst bei Ausschnitt- oder Großvergrößerungen werden Qualitätsunterschiede deutlich (b und c). ▷

a

b

c

*Konverter:*
Sie können nur an einäugigen Spiegelreflexkameras angebracht werden. Zwischen Kamera und Objektiv gesetzt, verdoppeln oder verdreifachen sie die Brennweite. Leider schlucken diese Systeme dabei auch zwei bis drei Blendenstufen des aufgesetzten Objektivs, wirken also wie ein Filter. Zudem verringert sich die Abbildungsqualität. Konverter sind aber relativ preiswert und für gelegentlichen Gebrauch durchaus geeignet.

*Zoomobjektive:*
In diesem Objektivtyp sind mehrere Brennweiten vereinigt, so daß sich vom gleichen Aufnahmestandpunkt der Bildausschnitt stufenlos variieren läßt. Zoomobjektive sind ursprünglich vom Filmen her bekannt. Als Wechselobjektive bei Fotogeräten gibt es eine größere Auswahl nur für Kleinbildspiegelreflexkameras. Sie lassen sich grob in drei bzw. vier Gruppen unterteilen: *Telezooms* verfügen über einen Brennweitenbereich von ca. 70–210 mm, *Standardzooms* reichen etwa von 35–70 oder gar 28–105 mm und *Weitwinkelzooms* füllen den Brennweitenbereich von etwa 20–35 mm aus. Dann gibt es noch eine Gruppe, die weit größere Bereiche erfaßt, was bis zu einem Zoombereich von 28–300 mm reicht.

*Vorteile:* Stufenlose Brennweitenverstellung meint letztlich unzählige Brennweiten in einem Objektiv. Selbst als Alternative zur Anschaffung von zwei oder drei Festbrennweiten bedeutet ein Zoom eine Ersparnis an Gewicht und Geld. Zudem erspart man sich einen ständigen, zeitraubenden Objektivwechsel.

*Nachteile:* Das große Brennweitenspektrum fordert konstruktionsbedingt in anderen Bereichen Beschränkungen. So sind Zoomobjektive deutlich lichtschwächer als vergleichbare Festbrennweiten. Dabei erweist sich bereits ein Standardzoom mit der üblichen Lichtstärke von 4–5,6 für viele Aufnahmesituationen als zu lichtschwach. Ganz zu schweigen von den Lichtstärken 5,6–11, wie sie einige kompakte Sucherkameras aufweisen. Da hilft dann oft nur noch das Ausweichen auf eine höhere Filmempfindlichkeit. Die variablen Angaben bei der Lichtstärke bedeuten übrigens vereinfacht, daß die Lichtstärke im genannten Bereich umso höher ist, je näher die aktuell eingestellte Brennweite des jeweiligen Zoomobjektives an dem alten Normalwert von 50 mm heranreicht.

24 a und b Telezoom 80–200 mm: Beide Fotos wurden vom gleichen Standpunkt aufgenommen: a) mit Einstellung 200 mm – b) mit 80 mm. Sämtliche Zwischenstufen sind möglich. Der Vergleich zeigt die Variationsmöglichkeiten eines solchen Objektivs.

b

Eine weitere Einschränkung betrifft die kürzeste Entfernungseinstellung. So ist bei einem 80–200 mm-Objektiv der kleinste Aufnahmeabstand ca. 2 m, was für ein 200 mm-Objektiv normal, für ein 80 mm-Objektiv aber sehr weit ist. Eine dies kompensierende zusätzliche Makro-Einstellung ist unter Gesichtspunkten der Abbildungsqualität eher kritisch zu beurteilen. Die optische Leistung von Zoomobjektiven ist ständiger Diskussionspunkt. Sie scheint nach wie vor etwas schlechter zu sein als bei entsprechenden Festbrennweiten; die Unterschiede werden aber mit fortschreitender Technik immer geringer. Fairerweise muß man bei Beurteilung und Vergleich immer in wirklich vergleichbaren Preis- und Qualitätskategorien bleiben.

Trotz dieser Nachteile sollte der Faktor der Bequemlichkeit und der universellen Nutzung nicht unterschätzt werden. Eine Entscheidung wird auch immer von den konkreten Anwendungsabsichten abhängen. Die Hersteller haben sich eindeutig für Zoomobjektive entschieden.

## *f) Blitzgeräte*

Wenn das normale Aufnahmelicht nicht ausreicht, greift man zur zusätzlichen Lichtquelle – bei Fotografen das Blitzgerät. In vielen Kompaktkameras und einigen Spiegelreflexkameras ist ein kleines Blitzgerät eingebaut, das aber oft nur für sehr geringe Entfernungen ausreicht. Als Kamerazubehör werden größere und leistungsstärkere Blitzgeräte angeboten, die gerade bei modernen Spiegelreflexkameras als Systemblitzgeräte arbeiten, was bedeutet, daß viele der oft recht umfangreichen Funktionen nur mit wenigen Kameras eines Herstellers funktionieren. Diese Zubehör-Blitzgeräte werden auf die Kamera aufgesteckt; die Verbindung funktioniert über die Kontakte im Sucherschuh der Kamera; diese gewährleisten dann auch, daß eine vielfältige Kommunikation zwischen Kamera und Blitzsteuerung möglich wird. Alternativ sollte eine zumeist einfache Verbindung über ein Kabel zur X-Kontaktbuchse an der Kamera aufgebaut werden können (die Einstellung M bei alten Kameras ist nur für früher übliche Blitzbirnen nutzbar).

*Synchronisationszeit:*
Das Blitzgerät gibt praktisch sofort mit dem Auslösen der Kamera seine Energie ab. Zu berücksichtigen dabei ist, daß der Schlitzverschluss von Kleinbildkameras (vgl. Abb. 16 a) sukzessiv arbeitet, d. h. daß mit dem Auslösen der Film nach und nach freigegeben und anschließend wieder abgedeckt wird. Bei sehr kurzen Belichtungszeiten geht dies so schnell, daß der zweite Schritt schon einsetzt, wenn der erste noch gar nicht vollständig abgeschlossen ist. Der Blitz muß aber in dem Moment aufleuchten, wenn das Film-

25 a–d Blitzaufnahmen: a) Zu kurze Verschlußzeit bei Schlitzverschluß; bei noch kürzerer Zeit wird der schwarze Streifen breiter – b) Direkter Blitz: harte Schatten, weiße Wand, zu heller Vordergrund, Reflexion im Glasrahmen des Bildes auf dem Tisch – c) Der Blitzreflektor leuchtet nur etwa den Bildwinkel eines Normalobjektivs aus; hier wurde statt dessen eine 24mm-Brennweite aufgesetzt. Die Folge sind Abschattungen an den Rändern – d) Hier wurde indirekt gegen die helle Decke geblitzt. So wird die Szene weicher ausgeleuchtet.

a

b

c

d

fenster *komplett* geöffnet ist. Deshalb muß die Belichtungszeit für den Blitz ausreichend lang sein. Diese Synchronisationszeit ist kameraspezifisch und liegt meist bei 1/60s oder 1/125s, auch 1/30s bei alten oder 1/250s bei modernsten Kameras ist möglich (bei Zentralverschlußkameras 1/500s). Man hält sich an die Bedienungsanleitung oder wählt in Zweifelsfällen die längere Verschlußzeit, bitte aber nie eine zu kurze (siehe Abb. 25 a)!

*Leitzahl und Blitzintensität*

Die maximale Lichtintensität, die Blitzgeräte abgeben können, ist je nach Modell sehr unterschiedlich. Sie wird mit einer Leitzahl angegeben. Damit dieser Wert im Vergleich mit anderen Geräten aussagekräftig bleibt, muß er sich auf eine bestimmte Filmempfindlichkeit beziehen, da die gleiche Leuchtkraft z. B. bei einem niedriger empfindlichen Film eine andere Wirkung hinterläßt als bei einem höher empfindlichen Material. Wichtig ist ebenfalls der Leuchtwinkel des Blitzgerätes (vgl. Abb. 25 c). Bezugsgrößen sind nun in der Regel eine Filmempfindlichkeit von ISO 100/21° und ein Leuchtwinkel, der dem Aufnahmewinkel eines 50 mm-Objektives entspricht. (Problematisch ist dabei, daß sich einige Hersteller nicht an diese Konvention halten, sondern mit anderen Bezugsgrößen höhere Leitzahlen vortäuschen.) Ausgehend von den klassischen Werten liegen die Leitzahlen der Geräte um 14 bei Blitzen, die in Kameras eingebaut sind, und zwischen 20 und 40 bei aufsteckbaren Blitzgeräten. Profigeräte reichen bis zur Leitzahl 65.

Für die Belichtung des Films kann über die Leitzahl die erforderliche Blendeneinstellung errechnet werden, wobei gilt:

*Leitzahl : Entfernung in Meter = Blende.*

Bei einem Blitzgerät mit der Leitzahl 36 und einem Aufnahmeabstand von 4 m errechnet sich so der Wert 9 (also praktisch Blende 8). Die Formel macht dabei auch recht schnell klar, daß die in Kameras eingebauten kleinen Blitzgeräte nicht weit reichen.

Die Berechnung gilt aber nur bei einem ISO 100/21°-Film; bei der doppelten Filmempfindlichkeit, also bei ISO 200/24° ist die Leitzahl mit dem Faktor $\sqrt{2}$ (ca. 1,4) zu multiplizieren. Bei den auf diese Weise ermittelten Blendenwerten ist jedoch zu berücksichtigen:

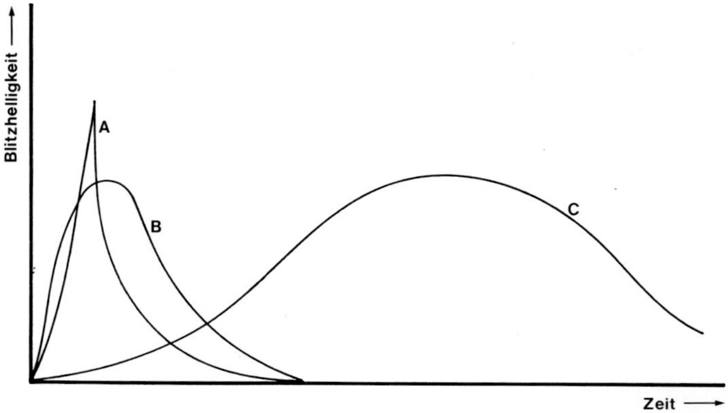


26 Die Skizze verdeutlicht vereinfacht den Zusammenhang zwischen Blitzhelligkeit und Blitzdauer: A = Computerblitz – B = konventioneller Elektronenblitz – C = Blitzbirnen (Zeichnung: R. Loch, Bochum).

- daß sie nur für einen *normal beleuchteten Raum* Gültigkeit besitzen. Bei sehr hellen oder sehr dunklen Aufnahmesituationen sind diese Angaben nach oben oder unten zu korrigieren
- daß die *Entfernung* natürlich immer den Abstand Blitzlicht – Motiv, genauer den Leuchtweg des Blitzes zum Motiv meint (vgl. Abb. 28)
- daß diese Rechnung nicht mehr im Nahbereich unter 1 m Aufnahmeentfernung stimmt (vgl. Kap. V. 7 d)

Man wird nun heute nur noch selten die genutzte Blende über die Leitzahl berechnen (in der Praxis übernimmt die Rechnerei eine Rechenscheibe am Blitzgerät bzw. eine Elektronik in der Kamera). Das Begreifen der Zusammenhänge ist aber wichtig, um die Funktionsweisen der modernen Blitzgeräte überhaupt noch zu durchschauen.

*Elektronische Steuerung*
Die Energie eines Blitzgerätes ist in einem speziellen Kondensator gespeichert. Während alte ›Elektronenblitzgeräte‹ mit jedem Auslösen ihre volle Ladung abgaben und damit den Kondensator leerten, paßt sich die Leuchtkraft (genauer: die Leuchtdauer) von modernen Blitzgeräten dank komplizierter elektronischer Steuerung den gegebenen Lichtverhältnissen und den Wünschen der Fotografen an. Dabei wird dann nur der jeweils erforderliche Teil der gesamten Kondensatorladung verbraucht. Mehrere schnell auf-

27 Die Bewegung des fließenden Wassers wird mit dem Elektronenblitz eingefroren. Für ähnliche Aufnahmen sollte das Raumlicht nicht zu hell sein, um Fremdlichteinfluß zu vermeiden. Blitzentfernung 1 m, 50 mm-Objektiv, schwarzer Hintergrundkarton.

einander folgende Blitze mit entsprechenden Teilladungen sind so möglich. Damit die erforderliche Lichtmenge vom Gerät ermittelt werden kann, wird die Filmempfindlichkeit, die gewünschte Kamerablende bzw. die Entfernung am Blitzgerät voreingestellt (hochtechnisierte Kameras übertragen diese Einstellungen auch direkt an den Blitz). Da das Zusatzlicht nur sehr kurz aufleuchtet, kann es von üblichen Kamerabelichtungsmessern nicht direkt gemessen werden. Spezielle zusätzliche Steuerungen in einigen Kameras und Blitzgeräten ermöglichen eine Belichtungsmessung aber dennoch. Eine solche lichtempfindliche Zelle im Blitzgerät selber und/oder in der Kamera mißt das Licht am Aufnahmeort, zündet gleichzeitig den Blitz und bricht dann dessen Leuchtdauer ab, sobald die Beleuchtung für das Motiv bei vorgegebener Blende ausreicht. Während die volle Leuchtdauer bei einem Kompaktblitzgerät etwa 1/300 s. beträgt, kann sie durch die elektronische Steuerung bis auf ca. 1/50000 s. gekürzt werden.

*Weitere Ausstattung*

In die Steuerung der kameraintegrierten Kleinblitze kann man in der Regel nur minimal eingreifen. Aufsteckbare Zusatzblitzgeräte steuerten bei alten MF-Kameras die Lichtmenge über eine kleine lichtempfindliche Zelle im Blitzgerät. Modernere Spiegelreflexkameras verfügen über eine zusätzliche TTL-Blitzsteuerung durch das Kameraobjektiv. Geeignete Blitzgeräte gibt es mit unterschiedlicher Leistung als *Systemblitzgeräte* (herstelleridentisch, oft an einen Kameratyp gekoppelt) oder als *Fremdblitzgeräte,* an die man dann allerdings einen Adapter für das jeweilige Kameramodell anschließen muß, um ähnliche Funktionen wie bei den Systemblitzgeräten zu erhalten. Klassisch hat sich dafür das SCA-System (SCA = Spezial Kamera Adapter) von Metz etabliert. Mit einer systematischen Koppelung von Kamera und Blitzgerät wird ein Zusammenspiel unterschiedlichster Geräteeigenschaften erreicht. So stellt sich dann nicht nur die richtige Synchronisationszeit und Filmempfindlichkeit automatisch ein; auch das Motiv kann dann mit dem Blitz eben nicht nur hell beleuchtet, sondern alternativ nur sanft von vorne aufgehellt werden. Mit längeren Verschlußzeiten ist eine Kombination von verwischtem und festgeblitztem Bild mög-

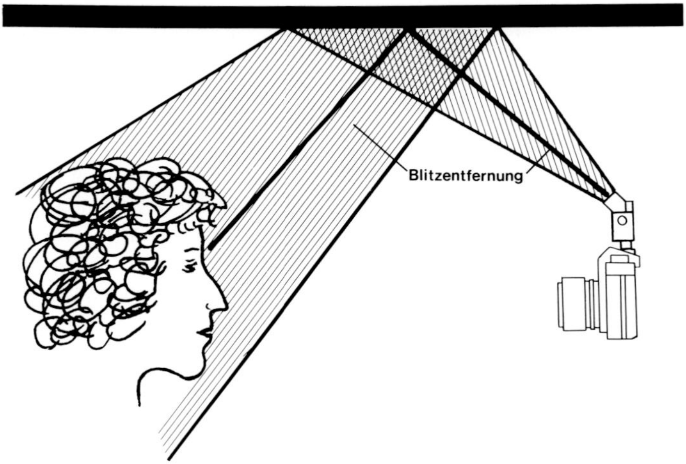


28 Indirektes Blitzen (bouncen): Richtet man den Reflektor eines Blitzgerätes zur Decke, wird das Licht diffus reflektiert und das Motiv wesentlich weicher beleuchtet. Harte Schlagschatten können so vermieden werden (vgl. Abb. 25d). Die Blitzentfernung entspricht in diesem Fall natürlich nicht mehr dem Abstand zwischen Kamera und Motiv, sondern der Strecke Blitzgerät – Decke – Motiv.

lich (Farbabb. 23; vgl. auch Kap. IV e). Bei AF-Spiegelreflexkameras ist ggf. ein SCA-Rotlichtadapter notwendig, damit auch bei schwachem Licht das Autofocussystem der Kamera aktiviert wird.

Ein schwenkbarer Reflektor ist Standard, sinnvoll auch, wenn er drehbar ist. Hilfreich ist oft ein kleiner Zweitreflektor, der für reduzierte Lichtspitzen sorgt. Der Hauptreflektor ist meist für ein Normalobjektiv ausgerichtet, für die Nutzung von Weitwinkel und Teleobjektiven sollte sich sein Leuchtwinkel anpassen lassen. Für die Nutzung mit einem Superweitwinkel gibt es eine zusätzliche Streuscheibe, für den Einsatz von starken Teleobjektiven einen Televorsatz. Damit das Blitzlicht das Motiv nicht so kontrastreich wiedergibt, sorgen Weichlichtvorsätze oder aufsteckbare Plattenreflektoren für diffuses Licht. Wenn man das Blitzgerät nicht auf die Kamera stecken will, bieten sich Verlängerungskabel an; für die Möglichkeiten der Systemblitzgeräte müssen es dann aber schon kameraspezifische Spezialkabel sein, oder man löst mit einem kleinen Zusatzteil drahtlos aus (›entfesselter Blitz‹).

*Energiequellen*

Für separate Zubehörblitzgeräte sind Trockenbatterien oder NiCD- bzw. NiMH-Akkus der höchsten Leistungsstufe üblich. Wiederaufladbare Akkus sollten mit einem guten Ladegerät vorher entladen werden. Bitte bestücken Sie das Blitzgerät immer nur mit Energiequellen gleichen Typs und gleicher Leistung. Beide Energieträger verlieren mit der Lagerzeit an Leistung – und eben diese Leistung bestimmt die Blitzanzahl und die Blitzfolgezeit. Die Herstellerangaben orientieren sich dabei immer an einem Maximalwert bei ganz frischen Batterien/vollen Akkuladungen. Im Nahbereich und bei hellem Aufnahmelicht kommt man dann tatsächlich zu erstaunlichen Blitzkapazitäten von bis zu 1000 Blitzen pro Batterieladung. In der Alltagspraxis reicht es oft nur für 50–100 Blitze mit voller Energie. Die Batterien sind dann für die Blitzfunktionen zu schwach geworden, für eine kleine Taschenlampe oder einen Reisewecker sind sie aber noch brauchbar. Um die Blitzkapazitäten zu erhöhen, gibt es für einige Geräte zusätzlich Energiepacks.

Versuchen Sie übrigens nie, ein Blitzgerät von innen selbst zu reparieren. In den Geräten sind Spannungen gespeichert, die sehr empfindliche elektrische Schläge versetzen können.

## *g) Sonnenblenden, Filter und Vorsätze*

Auch wenn die Sonne nicht direkt ins Objektiv scheint, verursacht sie – oder eine ähnliche Lichtquelle – häufig unangenehme Reflexe, die sich schlimmstenfalls als sechs- oder achteckige Flecken (Abbildungen der Blendenöffnung) auf dem Bild bemerkbar machen, oder die Farben werden milchig-diffus wiedergegeben. In den meisten Fällen lassen sich diese Fehler durch *Metall-* oder *Gummi-Sonnenblenden* vermeiden. Bei Teleobjektiven sollten sie eingebaut sein, bei anderen Objektiven schraubt oder steckt man sie an die Objektivfront. Allerdings sind bei Wechselobjektiven wegen der unterschiedlichen Blickwinkel auch verschiedene Sonnenblenden notwendig. Sonst verursacht z. B. die röhrenartige Sonnenblende eines Teleobjektivs bei Verwendung an einem Weitwinkelobjektiv Schwärzungen an den Bildecken. Auf die Anwendung von *Filtern,* die vor das Objektiv gesetzt werden, wird an einzelnen Stellen im

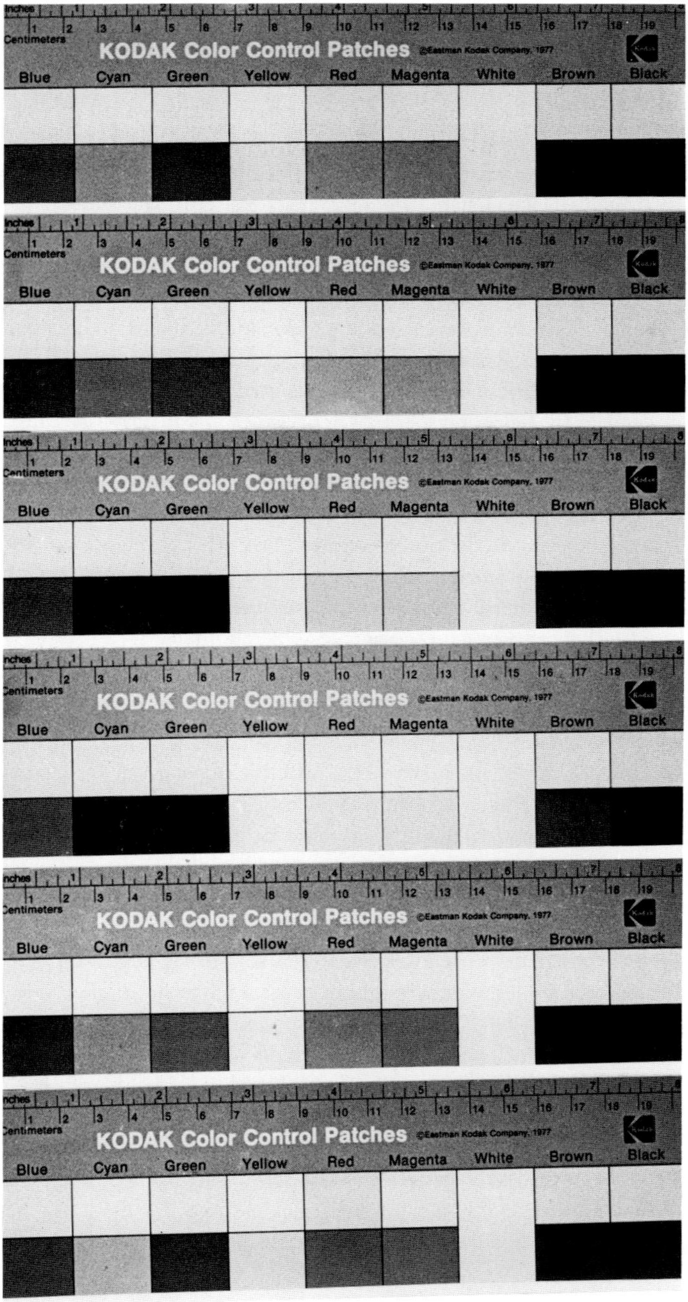
Inches
Centimeters
KODAK Color Control Patches
©Eastman Kodak Company, 1977
Blue
Cyan
Green
Yellow
Red
Magenta
White
Brown
Black

Verlauf dieses Buches noch themenspezifisch eingegangen werden. Hier geht es zunächst nur darum, einen generellen Überblick zu geben. Bei Filtern handelt es sich in der Regel um *eingefaßte, gefärbte Glasscheiben,* doch gelangen zunehmend *Folienfilter* aus Kunststoff auf den Markt, die von einem speziellen *Filterhalter* (Cromatek, Cokin u. a.) aufgenommen werden. Eine Alternative zu einem solchen Halter, die vom Film übernommen worden ist, bietet das *Kompendium,* ein Balgengerät in Form einer stumpfen, abgeschnittenen Pyramide. Dieses Gerät dient sowohl als Halter für Filterfolien wie auch als variable Sonnenblende. Während aber Filterhalter oder Kompendium so konstruiert sind, daß sie über Adapterringe auf Objektive mit (in Grenzen) unterschiedlichen Frontdurchmessern passen, sind die Schraubgewinde der Glasfilter so genormt, daß sie immer nur in das entsprechende Objektivgewinde eingedreht werden können. Für sehr geringe Differenzen werden allerdings auch hier Adapter angeboten. Dennoch sollte sowohl beim Filterkauf wie beim Kauf von Wechselobjektiven berücksichtigt werden, daß beides zueinander paßt. Ob man sich allerdings für Glasfilter oder Folienfilter entscheidet, ist Geschmackssache. Folienfilter sind wesentlich preiswerter (wenn man den Filterhalter nicht dazurechnet), aber auch empfindlicher als Glasfilter. Zwar greifen sämtliche Filter in das hochempfindliche optische System des Objektivs ein, doch schneiden bei einem Vergleich die Glasfilter besser ab. Wenn man jedoch mehrere Filter hintereinandersetzt, läßt die Schärfeleistung wegen der zusätzlichen Lichtbrechung generell schnell nach.

*Filterwirkung:*

Da die Schwarzweißfilme Farben in Grautöne umwandeln, kann es passieren, daß mehrere Farben eines Motivs, die sich in der Natur deutlich voneinander abheben, auf dem Schwarzweißfilm in dem gleichen Grauton erscheinen. Um in der Wiedergabe die einzelnen Farben deutlicher voneinander zu trennen, werden farbige Filter eingesetzt, die jeweils bei Motiven in der Filterfarbe die Grauwie-

◁ 29 Die Kodak-Color-Karte (Farbabb. 20) wurde hier schwarzweiß mit verschiedenen Filtern aufgenommen (von oben nach unten): ohne Filter, Gelbfilter, Orangefilter, Rotfilter, Grünfilter, Blaufilter.

dergabe aufhellen, bei Motiven in der Gegenfarbe die Grauwiedergabe abdunkeln (vgl. Abb. 29). Solche Gegensatzpaare sind jeweils Gelb und Blauviolett, Rot und Hellblau, Purpur und Grün. Die Filtertabelle nennt die entsprechende Wirkung:

*Filter zur Schwarzweißfotografie:*

| | | | | *Verlängerungsfaktor bei* | |
|---|---|---|---|---|---|
| *Filterfarbe* | *Filtereffekt* | *Aufgehellte Farben* | *Abgedunkelte Farben* | *Tageslicht* | *Kunstlicht* |
| Gelb | Blauer Himmel und Wasserflächen werden dunkler. Dunst wird etwas durchdrungen. Für einige Fotografen Standardfilter bei Landschaftsaufnahmen. | Gelb<br>Gelbgrün<br>Orange | Blau | 1,5–2 | 1,5 |
| Orange | Blauer Himmel wird wesentlich dunkler. Steigerung der Kontraste. Beseitigung von Hautunreinheiten bei Porträts. Gut für Landschafts- und Architekturaufnahmen. Bei Messung durch das Objektiv plus Filter Blende zusätzlich um 1 Stufe öffnen. | Orange<br>Gelb<br>Rot | Blau<br>Grün | ca. 4 | ca. 3 |
| Rot | Blauer Himmel wird schwarz, erzeugt äußerst dramatische Stimmung. Sehr gute | Rot<br>Orange<br>Gelb<br>Rotviolett | Blau<br>Grün | 6–8 | 4–6 |

*(Fortsetzung)*

| *Filterfarbe* | *Filtereffekt* | *Aufgehellte Farben* | *Abgedunkelte Farben* | *Verlängerungsfaktor bei* *Tageslicht* | *Verlängerungsfaktor bei* *Kunstlicht* |
|---|---|---|---|---|---|
| | Dunstdurchdringung. Kontraststeigerung. Gesichter werden bleich. Bei Messung durch das Objektiv plus Filter Blende um 1–2 Stufen öffnen. | | | | |
| Grün | Dunklerer Himmel. Aufhellung von grünen Blättern. Eignet sich gut als Allround-Landschaftsfilter. | Grün Gelb | Rot Orange Gelb teilweise Blau | 2–4 | 2–4 |
| Blau | Dunst und Nebel werden verstärkt. Hautunreinheiten werden enorm verstärkt. Rote Lippen werden sehr dunkel. Bei Kunstlichtaufnahmen wird die Grauwiedergabe richtig. | Blau Grün | Gelb Orange Rot Gelbgrün | 2–4 | 3 |

Der Verlängerungsfaktor wird bei der TTL-Messung automatisch berücksichtigt. Für Kameras mit anderen Meßsystemen sollte man wissen, daß mit dem notwendigen Verlängerungsfaktor nur die Belichtungszeit multipliziert werden kann: z. B. 1/250 s × 2 = 1/125 s, statt dessen könnte man auch die Blende um 1 Stufe öffnen. Weitere Beispiele:

| *Verlängerungsfaktor* | *Anzahl der Stufen, um die Blende zu öffnen oder die Belichtungszeit zu verlängern ist* |
|---|---|
| 1 | 0 |
| 1,5 | 2/3 |
| 2 | 1 |
| 3 | 1 2/3 |
| 4 | 2 |
| 6 | 2 2/3 |
| 8 | 3 |
| 12 | 3 2/3 |
| 16 | 4 |
| 32 | 5 |

Außerdem gibt es noch folgende Filter und Vorsätze:

*UV-Filter:*
Filter, das einen Blaustich bei Coloraufnahmen im Gebirge und an der See (hohe UV-Strahlung, hoher Blauanteil des Lichtes) zu vermeiden helfen soll. Es kann eigentlich immer auf dem Objektiv bleiben und schützt so gleichzeitig die vorderste Linse vor Schmutz und Beschädigungen. Alternativ kann ein rosafarbenes Skylightfilter genutzt werden.

*Polarisationsfilter* (kurz Polfilter genannt):
Dieses Filter kann Spiegelungen und Reflexe auf allen nichtmetallischen Flächen, die bei einem flachen Lichteinfallswinkel (ca. 35°) entstehen, abschwächen bzw. auflösen (Abb. 30). Gleichzeitig werden Farben intensiver wiedergegeben (vgl. Farbabb. 21). Zur Erklärung dieses recht komplizierten optischen Phänomens sei allerdings auf entsprechende Nachschlagewerke verwiesen. Hier jedoch der Hinweis, daß dieser in sich drehbare Filter als sogenannter Linear- und Zirkular-Polfiltertyp existiert. Für viele Kameras mit TTL-Messung (bei denen die Belichtung z. B. durch einen teildurchlässigen Spiegel gemessen wird) benötigen Sie unbedingt den Zirkular-Typ. Prüfen Sie unter diesem Gesichtspunkt die Gebrauchsanweisung Ihrer Kamera!

*Konversionsfilter:*
Blau- bzw. Braunorangefilter zur Angleichung der Farbtemperatur an Tageslichtfilm bzw. Kunstlichtfilm (vgl. Kap. II 5; Farbabb. 1).

30 Mit dem Polarisationsfilter lassen sich Spiegelungen und Reflexe auf nichtmetallischen Objekten beseitigen. Benutzt wird es vorzugsweise, um Glasscheiben zu »entspiegeln«. Die Vergleichsfotos demonstrieren seine Wirkung.

*Verlaufsfilter:*
Mit diesem zur Hälfte eingefärbten Filter läßt sich beispielsweise bei Landschaftsaufnahmen der Himmel einfärben und abdunkeln, während der Boden seinen normalen Farbton behält.

*Trickfilter und Effektlinsen:*
Diese »Spielereien« kommen in immer wieder neuen Variationen auf den Markt, die interessante, aber auch sehr verrückte Ergebnisse liefern (Abb. 31). (Lichtpunkte werden in sämtliche Spektralfarben aufgespalten, eine Person erscheint sechs- oder achtmal versetzt auf

a

b

31 a) Ein Prismenvorsatz teilt das Motiv in drei und mehr ineinander versetzte Segmente – b) Mit verschiedenen Softlinsen wird ein sogenannter Weichzeichnereffekt erreicht.

einem Bild, helle Lichtpunkte werden zu Sternen usw.) Allerdings sieht sich der Betrachter sehr schnell an diesen Effekten leid, da sie, permanent angewendet, bei zahlreichen Motiven aufgesetzt wirken.

# 5 Das Filmmaterial

Ohne die lichtempfindlichen Filmemulsionen, auf denen sich die Motive als Bilder fixieren lassen, wäre der Fotoapparat nach wie vor eine einfache »Camera obscura«, die nur als Zeichenhilfe dienen kann. So verdankt die Fotografie der Verbesserung des lichtempfindlichen Materials die entscheidenden Grundlagen für ihre Weiterentwicklung. Ohne die Verkleinerung der Aufnahmeformate bei ausreichender Schärfe und der Empfindlichkeitssteigerung der Filme wäre die Moment- und Kleinbildfotografie nicht denkbar.

Während die Urväter der Fotografie auch gleichzeitig ihre eigenen Fotolaboranten sein mußten, um die mühsam belichteten Fotoplatten zu entwickeln, machte George Eastman 1888 in den USA die Trockenemulsion und damit den Film populär. Mit der von ihm vertriebenen Kodak-Box und dem Slogan »Sie drücken auf den Auslöser, wir besorgen den Rest« leitete er die Epoche des Massenphänomens Fotografie ein. Prinzipiell hat sich an dem von ihm seinerzeit vertriebenen Rollfilm bis heute nichts geändert.

Die Filme, die dem Fotografen heute zur Verfügung stehen, lassen sich nach verschiedenen Kriterien beschreiben:

- nach der *Konfektionierung*, die weitgehend vom Kameraformat abhängt;
- nach *Schwarzweiß-* und *Color-*, nach *Negativ-* und *Diafilmen;*
- nach der *Empfindlichkeit*, die mit Körnigkeit, Auflösevermögen u. a. zusammenhängt.

## *a) Konfektionierung*

Bei der Differenzierung der verschiedenen Kameratypen ist auf die dazugehörigen Aufnahmeformate hingewiesen worden, die unterschiedliche Filmgrößen verlangen (Abb. 32). Einige Filmgrößen sind auf der Packung in Zahlenwerten angegeben (135, 120 usw.).

32 Die gängigsten Filmformate im Vergleich: Rollfilm, Kleinstbildfilm, Planfilm und Kleinbildfilm.

Neben den 35 mm-Kleinbildpatronen sowie den Rollfilmen und Planfilmen, die über die Jahrzehnte Beständigkeit gezeigt haben, wurde immer wieder versucht, neue Filmformate am Markt zu etablieren. Das Rapidsystem, Instamatikkassetten sowie Pocket- und Disc-Filme sind solche erledigten Beispiele aus der Vergangenheit. Seit 1996 gibt es das *APS (Advanced Photo System)*, das primär auf den massenhaften Color-Bildermarkt abzielt. Die spezielle APS-Filmpatrone ist kleiner als eine Kleinbild-Filmpatrone, den Film (und später auch die Negative) bekommt man gar nicht zu sehen, da die verschlossene Filmpatrone auch zum Aufbewahren des entwikkelten Films dient. Der Film selbst ist einseitig perforiert und besitzt eine durchsichtige, magnetische Beschichtung, auf der Kamera- und Belichtungsdaten ebenso wie Informationen für das Fotolabor gespeichert werden können. So kann der Fotograf z. B. auch unterschiedliche Seitenverhältnisse seiner späteren Abzüge festlegen (nur bei Vergrößerungen aus dem Großlabor). Die Negative selbst sind 17 × 30 mm groß.

*35 mm-Patronen* und ihr *Kleinbildfilm* (Bezeichnung 135) sind das eigentliche *Standardfilmmaterial.* Während das Angebot an Filmkassetten sehr eingeschränkt war, eröffnet sich beim 135er-Film für den Fotografen ein riesiges Angebot. Dieser Film ist 35 mm breit, beidseitig perforiert und am Anfang mit dem sogenannten Leicaschwanz versehen. Dieses Relikt erinnert an den Konstrukteur der Leica, Oskar Barnack, der 1912 die neue Idee aus Amerika übernahm, den massenhaft hergestellten 35 mm-Kinofilm in einem Fotoapparat zu verwenden. – Leider muß der Film nach der Belichtung zurück in die Patrone gedreht werden. Der Filmstreifen sollte dabei nicht völlig in der Hülse verschwinden, was bei einigen Kameras allerdings automatisch geschieht, bei anderen nur mit etwas Übung verhindert werden kann. Man kann dann das heraushängende Filmstück stark anknicken oder einreißen, um eine Verwechslung mit unbelichtetem Material zu vermeiden.

Bei einem Aufnahmeformat von 24 × 36 mm gibt es die *Kleinbildpatrone* für 12, 20 bzw. 24 oder 36 Aufnahmen. Die Konfektionierung lautet 135 – 12, 135 – 36 usw. Zusätzlich wird *Meterware* angeboten, die – neben der Verwendung in Großraummagazinen – sehr preiswert selbst in normale Kleinbildpatronen abgefüllt werden kann. Meterware ist für die Fotoarbeit in einer Gruppe wegen des großen Verbrauches sehr lohnenswert. Ein entsprechendes Einspulgerät macht sich dabei schnell bezahlt.

Kleinbildpatronen haben eine elektronisch ablesbare Rastercodierung (DX-Code), auf der alle wichtigen Charakteristika des jeweiligen Films verschlüsselt festgehalten sind. Diese Informationen können durch neueste Kameratechnologien automatisch abgerufen werden. Damit entfallen für den Benutzer entsprechende Einstellarbeiten.

Die bekannteste *Rollfilm*konfektionierung ist die 120er für 12 Aufnahmen 6 × 6 cm, 15 Aufnahmen 4,5 × 6 cm oder 8 Aufnahmen 6 × 9 cm. Der 61,5 mm breite Filmstreifen ist mit einem längeren schwarzen Schutzband auf einem Rollenkern aufgewickelt. Neben dem 120er gibt es einige Rollfilme auch in doppelter Länge (und ohne schwarzes Schutzpapier) unter der Bezeichnung 220. Im Unterschied zum Kleinbildfilm wird der Rollfilm beim Weitertransport auf eine zweite Spule aufgerollt. Er braucht also nicht zurückgekurbelt zu werden. Der Papiervorspann ist beim Rollfilm anders beschriftet als der Nachspann; so erkennt man, ob der Film belichtet worden ist oder nicht.

Für Großbildkameras und verschiedene Kopierzwecke gibt es die verschiedensten *Planfilme* (Filmmaterial als einzelne Blätter) bei unterschiedlichen Packungsgrößen ab Format 9 × 12 cm. Um diese Einzelblattmaterialien auch bei Dunkelheit handhaben zu können, sind sie an einer Ecke mit einer für sie markanten Form eingekerbt. Befinden sich die Kerben in der rechten oberen Ecke, ist die Schichtseite dem Handhabenden zugewandt.

Alle Filme verfügen über eine vom Hersteller durchgeführte Vorbelichtung an den Rändern. An diesen Randmarkierungen, Bildzahlen und Markenbezeichnungen läßt sich u. a. bei Fehlergebnissen erkennen, ob z. B. der Film falsch belichtet oder aber falsch entwickelt worden ist. Bei einem Negativfilm müssen diese Markierungen ausreichend geschwärzt, bei Diafilmen ausreichend hell sein.

### *b) Negativfilme und Diafilme*

Das lichtempfindliche Material nutzt die Eigenschaft des Lichtes, Silber und bestimmte Silberverbindungen zu schwärzen. Diejenigen

a

d

b

33 a–e Ein zu helles Negativ (a) ist unterbelichtet, ein zu helles Dia (d) überbelichtet. Aus einem unterbelichteten Negativ entsteht ein zu dunkles Positiv (b). Richtig belichtet sind das Negativ (c) und das Positiv bzw. Dia (e).

c

e

Stellen des fotografischen Bildes, die vom Licht getroffen werden bzw. es reflektieren – z. B. Himmel, weiße Wand –, werden also dunkel, die Stellen, auf die kein Licht fällt bzw. das Licht kaum reflektieren – z. B. dunkle Wände, Schatten –, bleiben auf dem Film hell; entsprechende Zwischenstufen sind möglich. So erhält man ein Negativ, d. h. ein in seinen Tonwerten umgekehrtes Bild. Beim Dia wird dieses Negativ durch einen aufwendigeren Verarbeitungsprozeß (erneute diffuse Belichtung u. a.) nochmals umgekehrt, und man erhält ein durchsichtiges Positiv (daher auch die Bezeichnung Umkehrfilm).

Ein zu helles (zu dünnes) Negativ ergibt ein zu dunkles (zu dichtes) Papierbild; das Negativ ist unterbelichtet. Ein zu helles Dia aber ist überbelichtet, ein zu dichtes Dia dagegen unterbelichtet (Abb. 33). Da ein Negativ eher etwas dichter als zu dünn sein sollte, sind Negativfilme etwas länger als mit der Duchschnittsangabe des Belichtungsmessers zu belichten. Man mißt deshalb in der Regel auf die Schatten des Motivs. Dias dagegen sollen wegen der Farbintensität kräftig gedeckt sein, deshalb ist die Belichtungsmessung auf die Lichter des Motivs auszurichten. Die Belichtung wird dann entsprechend knapp und das Dia damit nicht zu hell. Gerade bei Umkehrfilmen sollte diese Regel aber nicht mehr als eine Faustregel sein.

*Schwarzweißfilme:*
Dem riesigen Angebot an Negativfilmen für Schwarzweißfotos steht ein minimales Angebot an schwarzweißen Diafilmen (z. B. Agfa Scala 200 prof.; ISO 200/24°) entgegen. Allerdings lassen sich viele Negativfilme mit speziellen Chemikalien (z. B. von Tetenal) zu Dias umentwickeln.

Schwarzweißfilme ordnen den Farben bestimmte Grauwerte zu. Diese Grauwerte sollen mit unserem Farbempfinden übereinstimmen. Im allgemeinen ist das bei den auf dem Markt befindlichen *panchromatischen* (für jede übliche Lichtfarbe empfindlichen) Filmen der Fall. Allerdings werden Blau im Positiv meist etwas zu hell (blauer Himmel), Gelb und Grün etwas zu dunkel wiedergegeben. Durch Verwendung eines Filters in der jeweiligen Komplementärfarbe kann die Objektfarbe abgedunkelt, durch ein Filter in der Objektfarbe aufgehellt werden. Es verlangt allerdings etwas Übung, die bunte Wirklichkeit in kontrastierende Schwarzweißtöne umzusetzen. Nur zu leicht gerät sonst ein ursprünglich farbenfrohes Motiv zu einem tristen, einheitlichen Grau auf dem Schwarzweißfoto. Gerade weil die Schwarzweißfilme für alle Farben des sichtbaren Lichtspektrums sensibilisiert sind, dürfen sie auch nur bei völliger Dunkelheit (kein Laborlicht!) aus der Patrone bzw. ihrer Umhüllung genommen werden.

Neben diesen *panchromatischen* Filmen gibt es heute nur noch sehr vereinzelt *orthochromatisches* Filmmaterial, das hauptsächlich als feinstkörniger, kontrastreicher Dokumentenfilm für Reproduktionen und Fotografik genutzt wurde. Dieses Spezialmaterial ist für rotes Licht unempfindlich (vgl. Abb. 35).

*Color-Negativfilme:*
Bei Colornegativen sind nicht nur die Helligkeitswerte umgedreht, sondern ebenfalls die Farben. Blau erscheint Gelb, aus Grün wird Purpur und aus Rot Blaugrün. Die Objektfarbe wird also immer in die Komplementärfarbe (vgl. Kap. IV 5) verwandelt. Zusätzlich sind mittlerweile alle Color-Negativfilme maskiert, d. h. mit einer intensiven orangefarbenen Schicht eingefärbt. Diese dient in erster Linie der einwandfreien Farbwiedergabe, erschwert allerdings selbst dem Fachmann erheblich die farbliche Beurteilung des Negativs (vgl. Farbabb. 30).

Farbfilme besitzen drei lichtempfindliche Schichten, die in der jeweiligen Komplementärfarbe einen Farbstoff bilden. Die oberste Schicht ist blauempfindlich und wird bei der Entwicklung gelb, die zweite, grünempfindliche Schicht wird purpur, und die untere, rotempfindliche Schicht zeigt später Blaugrün. Ein grüner Baum wird also im Negativ purpur und im anschließenden Positivprozeß bei der Herstellung des Papierbildes auf die gleiche Weise wieder grün – leider nicht immer, wie an den fertigen Abzügen aus den Großlabors häufig genug zu sehen ist. Ein mehr oder weniger kräftiger Farbstich überlagert häufig das Bild z. B. in Grün, Gelblich oder gar Rosa. Ein Farbstich entsteht zunächst einmal dadurch, daß die einzelnen Farbschichten des Films unterschiedlich auf die verschiedensten Einwirkungen reagieren. Diese Ursachen sind in den meisten Fällen unkontrollierbar, ein Farbstich liegt damit beinahe in

34 In den Großlabors stehen zahlreiche sogenannte Printer, die in Bruchteilen von Sekunden die Motive des Negativs auf Fotopapierrollen belichten.

der Natur des Farbnegativfilms. Er kann jedoch bei der Positivverarbeitung fast immer korrigiert werden. Da aber die störende Wirkung der überlagernden Farbe häufig genug auch vom subjektiven Empfinden abhängig ist (wie rot der Sonnenuntergang gewesen war, weiß der Fotograf, nicht aber der Laborant oder der Meßcomputer im Großlabor), ist diese Fehlfarbigkeit nicht immer auf die Nachlässigkeit bei der Positivverarbeitung zurückzuführen. In der Regel ist die Schuld allerdings schon beim Labor zu suchen; entsprechend farbstichige Bilder kann man dann nur immer wieder hartnäckig reklamieren. Profis nehmen vor jeder wichtigen Aufnahmeserie eine Graukarte unter den Aufnahmebedingungen auf dem jeweiligen Film auf. Nach diesem »genormten« Negativ kann der entsprechende Farbstich dann ausgefiltert werden, denn auf Grau ist jeder überlagernde Farbstich nachzuweisen. Schwieriger zu beurteilen sind jene intensiven Farbstiche, die von den Beleuchtungsverhältnissen am Ort herrühren (vgl. Farbabb. 24). Color-Negativfilme sind auf die Farbe des mittleren Tageslichtes abgestimmt.

Farbstiche durch andere Licht- bzw. Beleuchtungsquellen (vgl. Farbabb. 1 a, c, e) können bei der Aufnahme durch entsprechende Filter ausgeglichen oder müssen später bei der Nachbearbeitung im Labor ausgefiltert werden.

*Color-Diafilme (auch: Umkehrfilme)*
Das Ergebnis sind kleine, durchsichtige Farbpositive auf dem Originalfilm. Als Endprodukt wird von ihnen absolute Farbtreue verlangt. Aber was heißt das schon; nicht einmal der Begriff ›Farbe‹ läßt sich so leicht definieren (vgl. dazu Kap. IV/2). So zeigen Tageslichtfilme bei Tageslicht (oder der Beleuchtung mit Blitzgeräten) die »natürlichen« Farben. Bei Kunstlicht (Glühlampenlicht) werden die Dias gelb-orange-braun-stichig. Kunstlichtfilme besitzen dagegen eine gedämpfte Rotempfindlichkeit. Werden sie bei Tageslicht verwendet, verblauen die Bilder. Nur bei Kunstlichtbeleuchtung ist die Farbwiedergabe natürlich (vgl. Farbabb. 1). Neben diesem noch zu bewältigenden Problem gibt es aber praktisch auf dem Markt keinen Diafilm, der alle Farben, selbst unter idealen Bedingungen, gleichermaßen gut wiedergibt. Besonders problematisch haben sich die Blau- bzw. Grüntöne sowie einige Nuancen um Violett und Braun erwiesen. Die Unterschiede fallen uns meistens deshalb kaum auf, weil man sich an den genauen Farbton des Fotomotivs später nicht mehr erinnern kann. Bei Farbreproduktionen können dabei allerdings manchmal Schwierigkeiten auftreten. Hinzu kommt noch, daß einzelne Filmtypen zu unterschiedlichen Farbtendenzen neigen. So stehen die Ektachrome-Filme in dem Ruf, in ihrer Farbwiedergabe nach kalt zu tendieren. Daß dieses allein noch kein negatives Kriterium ist, zeigt sich darin, daß diese Filme von vielen Fotografen mit hervorragenden Ergebnissen benutzt werden.

### *c) Filmempfindlichkeit*

Sie wird in ISO (International Standard Organization) angegeben. Der ISO-Wert beinhaltet die früheren Empfindlichkeitsangaben in ASA (American Standard Organization) und DIN (Deutsches Institut für Normung). Eine Angabe von ISO 100/21° meint also 100 ASA und 21 DIN. International verkürzt wird der ISO-Wert auch dem ASA-Wert gleichgesetzt. Oft weisen die Filmbezeichnungen schon auf die Empfindlichkeit hin (z. B. hat ein Fujichrome 100 ISO 100/21°). Historische Bezeichnungen waren Scheiner, Weston usw., in der ehemaligen UdSSR Gost.

Filmemulsionen besitzen heute Empfindlichkeiten zwischen ISO 25/15° und ISO 3200/36°, wobei eine Verdoppelung des ASA-Wertes eine doppelt so hohe Empfindlichkeit beschreibt; dem entspricht eine Zunahme um 3 DIN. Ein ISO 100/21°-Film ist also doppelt so empfindlich wie ein Film mit ISO 50/18°. Eine Halbierung der Empfindlichkeit wird dementsprechend durch eine Halbierung des ASA-Wertes bzw. durch eine Reduzierung um 3 DIN angezeigt. Die Vergleichstabelle zeigt, welche Empfindlichkeitswerte sich entsprechen:

| | | | | | | | |
|---|---|---|---|---|---|---|---|
| ASA | 8 | 12 | 25 | 32 | 40 | 50 | 64 |
| DIN | 10 | 12 | 15 | 16 | 17 | 18 | 19 |
| ASA | 80 | 100 | 125 | 160 | 200 | 250 | 320 |
| DIN | 20 | 21 | 22 | 23 | 24 | 25 | 26 |
| ASA | 400 | 500 | 650 | 800 | 1000 | 1300 | 1600 |
| DIN | 27 | 28 | 29 | 30 | 31 | 32 | 33 |
| ASA | 2000 | 2600 | 3200 | 4000 | 5200 | 6400 | 8000 |
| DIN | 34 | 35 | 36 | 37 | 38 | 39 | 40 |

Die Verdoppelung bzw. Halbierung bei den Empfindlichkeitsstufen findet sich wieder in den Zusammenhängen zwischen Blenden und Zeitstufen; auch dort wird von Stufe zu Stufe der Lichtmenge verdoppelt bzw. halbiert.

Es zeigt sich der folgende Zusammenhang: Gibt der Belichtungsmesser bei einem Film von ISO 50/18° eine notwendige Belichtung von 1/125s und Blende 4 an, so würde er, wenn man einen ISO 100/21°-Film verwendet, entweder 1/250s, Blende 4 (Halbierung der Zeit) oder 1/125s, Blende 5,6 (Schließen der Blende um eine Stufe) anzeigen. Je höher empfindlicher ein Film ist, desto mehr kann (bei gleichbleibenden Lichtverhältnissen) die Belichtungszeit verkürzt oder die Blende beispielsweise um des Schärfebereiches willen geschlossen werden. Trotz feststehender Empfindlichkeitsnormen ist die Filmempfindlichkeit keine absolut starre Größe.

35 Wird ein äußerst hart arbeitender Dokumentenfilm (z. B. Agfaortho 25) bildmäßig eingesetzt, ist das Foto kontrastreicher, als es dem Motiv in den meisten Fällen gut tut. Vorteil: Der Film zeigt fast kein Korn.

*Gesteigerte und variable Empfindlichkeit*

Grundsätzlich besitzen Filmmaterialien vorgegebene, feststehende Lichtempfindlichkeiten, die bei der Belichtung über die gesamte Filmlänge einzuhalten ist.

Dabei orientiert sich die Filmempfindlichkeit immer an einem bestimmten Ausmaß der Schwärzung bzw. der Dichte auf dem Film nach einer standardisierten Methode der Weiterverarbeitung (Entwicklung). Durch Veränderung dieser Verarbeitungsweisen kann in bestimmten Grenzen die Nutzung der Filmempfindlichkeit optimiert werden.

So lassen sich die meisten ISO 400/27°-Filme durchaus auch auf 800, 1600 oder auch 3200 ASA belichten, wenn sie anschließend spezial entwickelt werden. Allerdings reagieren gerade Farbfilme auf eine solche Ausschöpfung aller Reserven mit einem mehr oder weniger starken Farbstich und ebenso wie Schwarzweißfilme, mit einem gröberen Korn. Zudem nimmt der Belichtungsspielraum ab. Oft ist diese Methode – bei wenig Licht – aber die letzte Rettung. In

Zweifelsfällen wenden Sie sich – vor der Belichtung! – an den Fotohändler oder den Filmhersteller.

Daneben gibt es einige wenige Filme mit *variabler* Empfindlichkeitsausnutzung. Bei jeder Aufnahme kann also in begrenztem Rahmen entschieden werden, ob welche Filmempfindlichkeit benötigt wird. Solche Filme wie Ilford XP2 oder Kodak Tmax400CN gelten als Schwarzweißfilme, sind genaugenommen aber farblose (!) Color-Negativfilme. Dies bedeutet, daß sie weltweit nach dem Standardprozeß für Color-Negativfilme entwickelt werden können.

### d) *Schwarzschildeffekt*

Die wiederholt beschriebene direkte gegenseitige Abhängigkeit von Blendenöffnung und Belichtungszeit verliert bei extremen Belichtungszeiten an Gültigkeit. Der Astronom Schwarzschild beschäftigte sich bereits um die Jahrhundertwende damit, daß silberhaltige Filmemulsionen bei längeren Belichtungszeiten nicht die erwartete Schwärzung erreichen, was ähnlich bei extrem kurzen Zeiten gilt. Bei Langzeitbelichtungen ab etwa 1 s (wichtig bei Nachtaufnahmen, Makroaufnahmen) und Kurzzeiten weit unter 1/1000 s (Leuchtzeit der Computerblitze) stimmen die Angaben der Belichtungsmesser nicht mehr.

Um die notwendige Schwärzung auf dem Film zu erzeugen, muß die Belichtungszeit zusätzlich verlängert oder die Blende zusätzlich etwas geöffnet werden. Bei Farbfilmen ist außerdem bei der Aufnahme eine Korrekturfilterung vorzunehmen, da ansonsten Farbverschiebungen zu befürchten sind. Bei den meisten Tageslichtfilmen ist bei einer gemessenen Belichtungszeit von 1 s die Blende um ½ bis 1 Stufe, bei 10 s um etwa 2 Stufen und bei 100 s um 3 Stufen zu öffnen (speziell einige Kunstlichtfilme, deren Anzahl auf dem Fotomarkt zusehends abnimmt, sind aber gerade für Belichtungszeiten von ca. 1 s hergestellt). Da aber die Korrekturen von Filmtyp zu Filmtyp, häufig sogar von Emulsionsnummer zu Emulsionsnummer, verschieden sind, sollte man sich für genauestes Arbeiten gerade mit Colorfilmen die Datenblätter der Filmhersteller beschaffen bzw. Filme der gleichen Emulsionsnummer (in die Filmschachtel eingestanzt!) zuvor testen.

## *e) Körnigkeit*

Allein nach dem Schwarzschildeffekt wäre es unlogisch, weiterhin niedrigempfindliche Filmemulsionen zu produzieren, wenn nicht die steigende Filmempfindlichkeit mit einer Zunahme der Körnigkeit zu bezahlen wäre (Abb. 36). Wer höchste Feinkörnigkeit und höchstes Auflösevermögen anstrebt, z. B. für Detailaufnahmen, Stilleben oder Architekturfotos, verwendet darum lieber niedrigempfindliche Filme in Schwarzweiß oder Farbe von ISO 25/15°. Für Sportaufnahmen oder für das Fotografieren bei schlechten Lichtverhältnissen sind allerdings eher Filme mit ISO 400/27° oder ISO 1000/31° (ggf. auch noch darüber) notwendig. Sie zeigen zwar eine gewisse Kornstruktur, aber ohne diese »schnellen« Filme sind einige Aufnahmebereiche nicht mehr fotografierbar. Bei zahlreichen Motiven stört das Korn auch nicht, häufig steigert es sogar die Bildwirkung. Die Körnigkeit und ihre Wirkung ist außerdem abhängig von dem Maß der Vergrößerung.

## *f) Spezialfilme*

Neben besonderem Filmmaterial in medizinischen (Röntgen), technischen und reprotechnischen (Rasterfilm, Lithfilm u. a.) sowie wissenschaftlichen (Mikrofilm) Bereichen gibt es für die verschiedenen fotografischen Zwecke eine Reihe von Spezialmaterialien, von denen zumindest die für den Fotoamateur interessantesten erwähnt werden sollen:

*Polaroid-Sofortbildfilme*
Verschiedene Filmmaterialien, die – obwohl Kleinbildfilme – als Sofortbildfilme gelten, da sie mit einer kleinen speziellen Entwicklungsbox direkt am Aufnahmeort entwickelt werden können.

*Kodak Vericolor Slide Film:*
Farbfilm zur Herstellung von Diapositiven nach Colornegativen.

36 Jedes Foto setzt sich aus einzelnen Punkten zusammen: dem Filmkorn.

37 Bei Aufnahmen mit Schwarzweiß-Infrarotfilm wird ein spezielles dunkelrotes Filter benötigt. Deutlichster Effekt: Blattgrün wird weiß wiedergegeben. Nachteil: der Film arbeitet sehr grobkörnig. Die exakte Belichtung ist außerdem von zahlreichen Faktoren abhängig; für die Praxis heißt das, man kommt um Belichtungstestreihen meist nicht umhin.

*Kodak Ektachrome Slide Duplicating Film:*
Sehr kontrastarmer niedrigempfindlicher Color-Diafilm; wird verwendet zur Herstellung von Duplikaten von Diapositiven (vgl. S. 300).
*Kodak High Speed Infrarotfilm schwarzweiß* und *Kodak Ektachrome Infrarotfilm für Colordias:*
Die Farbempfindlichkeit der Infrarotfilme reicht in den nicht mehr sichtbaren Infrarotbereich des Farbspektrums hinein. Beide Filme werden durch Farbfilter belichtet und durchdringen Dunst. Beim Filmtyp für Schwarzweißnegative wird das Blattgrün weiß und der blaue Himmel dunkel wiedergegeben (Abb. 37). Beim Colorfilm ist die Farbwiedergabe von der Filterung abhängig (vgl. Farbabb. 26), sie ist aber in jedem Fall äußerst verschoben (daher auch die Bezeichnung »Falschfarbenfilm«).

### *g) Filmwahl*

Der Verbraucher hat die Qual der Wahl. Welcher Film der beste ist, hängt vom Verwendungszweck ab. Ein genereller Ratschlag sei dennoch vorangestellt: Pendeln Sie nicht ständig zwischen den verschiedenen Filmtypen hin und her, permanent auf der Suche nach *dem* besten Film (den es nicht gibt). Wichtiger ist die Gewöhnung an einen Film. Lernen Sie die Vorteile und Nachteile, das Leistungsvermögen und die Grenzen *Ihres* Films kennen. Wenn Sie Filmmarke und Filmtyp laufend wechseln, werden Sie immer wieder mit unbekannten Emulsionen unangenehme Überraschungen erleben.

Für welche Filmmarke man sich entscheidet, ist letztlich egal. Gerade die Marktführer Kodak, Agfa, Ilford und Fuji können sich keine mindere Qualität leisten. Aber auch Filmtypen von Konica, Polaroid, ORWO usw. (die zudem teilweise vom gleichen Hersteller kommen) bieten keineswegs Schlechteres. Zudem hängt die Qualität des Endergebnisses stark von der Sorgfalt des Entwicklungslabors ab. Grundlegend ist aber auch die Frage, ob schwarzweiß oder in Farbe fotografiert werden soll.

In diesem Zusammenhang will ich auf die *Möglichkeiten der Schwarzweißfotografie* hinweisen:

- Zwar ist es einfach, ein »Buntbild« zu machen, eine gelungene Farbaufnahme verlangt aber schon einiges Können. Da die Farbe nicht belastet, ist es also einfacher, schwarzweiß zu fotografiern.
- Gerade weil der Informationsbereich Farbe fehlt, kann die Bildaussage stärker herausgearbeitet werden; da keine Farbe stört oder ablenkt, tritt das Motiv deutlich in den Mittelpunkt
- Hervorragende Schwarzweißfotos können mit einer einfachen Dunkelkammerausrüstung von jedermann problemlos, schnell und preiswert hergestellt werden (vgl. Anhang).

Der Colorbereich sollte aber keineswegs vernachlässigt werden. Widmen Sie sich abwechselnd der Schwarzweiß- und der Farbfotografie und entscheiden Sie von Zeit zu Zeit neu, wie lange diese Phasen dauern sollen. Ob Colornegativ oder Umkehrfilm – das ist natürlich davon abhängig, ob Sie Ihre Bilder projizieren wollen.

Bedenken Sie, daß Sie die höhere Farbbrillanz beim Umkehrfilm, die weicheren Bildtöne aber beim Negativfilm bekommen. Von Dias lassen sich übrigens auch Papierabzüge, von Negativen auch Dias herstellen.

Für die Wahl der Filmempfindlichkeit gab es bisher die Faustregel: gerade nur so empfindlich wie eben notwendig. Ich halte diese Regel bei der gegenwärtigen Technologie für übertrieben. Die hochempfindlichen Filme von ISO 400/27° zeigen eine solche Qualität, daß sie in den meisten Bereichen (bei ausreichend kurzen Zeiten und ausreichendem Schärfebereich!) verwendet werden können. Konzentrieren Sie sich also bei Ihrer fotografischen Arbeit auf einen hochempfindlichen Schwarzweißfilm und einen hochempfindlichen Farbfilm. Für Bereiche höchster Schärfe verwende ich zudem Schwarzweiß- und Colorfilme von ISO 25/15°, also Filme der unteren Empfindlichkeitsklasse.

Zum Kauf und zur Verwendung Ihrer Filme folgende Ratschläge:

1. Achten Sie ganz besonders bei Colorfilmen auf das aufgedruckte *Verfallsdatum.* Überlagerte Filme zeigen einen Farbstich.
2. Filmmaterialien sind *kühl* und *trocken* zu lagern. Für die längere Aufbewahrung von Colorfilmen eignet sich das Butterfach des Kühlschranks, für noch längeres Aufbewahren sogar die Gefriertruhe.
3. Belichtete Filme sind *möglichst bald* zu *verarbeiten* (die »gespeicherte« Bildschwärzung geht sonst zurück, bei Color entsteht zusätzlich ein Farbstich).
4. Schließlich denken Sie auch daran: Filme sind immer noch das Preiswertere an der Fotoausrüstung. Sie sollten nicht damit sparen.

Wenn auf den vergangenen Seiten Hilfen angeboten wurden, die technische Entwicklung in der Kameraindustrie zu überblicken und zu nutzen, so sind hier auch einige kritische Anmerkungen zur fortschreitenden Technologie notwendig.

Seit einem knappen Vierteljahrhundert können elektronische Bausteine preiswert in Kameras eingebaut werden. Die Ablösung mechanischer Funktionen durch elektronische Steuerungen hat sich, wie jede photokina der vergangenen Jahre zeigte, permanent gesteigert. Neben der präzisen Belichtungssteuerung nahmen automatische Mikroprozessoren dem Fotografen auch komplizierte Überlegungen über die Zusammenhänge von Filmempfindlichkeiten, Blenden und Verschlußzeiten ab. In gleichem Maße, wie die preiswerte Präzision zunahm, ging die Anzahl der Belichtungsfehler zurück. Das jedenfalls behauptet die Kameraindustrie.

Die perfektionierte Automatisierung schließt andererseits Eingriffsmöglichkeiten des Fotografierenden aus. Bedeutet also nicht der Ersatz menschlicher, individueller Denkvorgänge durch Computersteuerungen die Aufgabe persönlicher Gestaltungsmöglichkeiten und Kreativität? Wenn selbst Fachleute kaum noch in der Lage sind, die Schaltvorgänge in einer Kamera zu durchschauen, beherrscht dann nicht schließlich die Kamera uns Menschen und nicht wir sie? Ist es vielleicht eines Tages doch die Kamera, von der wir dann mit Recht sagen können, daß *sie* gute oder schlechte Fotos macht?

Nach den Vorstellungen der fotografischen Industrie steht zu befürchten, daß es nur noch eine Frage kurzer Zeit bis zur Entwicklung der utopisch-legendären Motivklingel ist. Ein solches Instrument zeigt an, leuchtet oder piept, wenn ein Motiv optimal (nach vorprogrammierten Regeln) ins Bild gesetzt wird, oder es meldet sich, wenn bei einem 360°-Schwenk ein solches vorbeihuscht. Ursache eines solchen Zynismus ist nicht der Wunsch, zu Urgroßvaters Plattenkamera und seinem Magnesium-Blitzpulver zurück zu wollen. Aber die generelle Frage stellt sich, ob alles, was technisch möglich ist, auch sinnvoll angewendet werden kann. Solche Überlegungen sind in vielen Bereichen angebracht, besonders im Hinblick auf die umwelttechnologischen Probleme unserer Zeit.

# III Der Amateurfotograf als Verbraucher

## Kamerakauf

Wenn also die Konkurrenz der Hersteller dem Kunden ein übergroßes Angebot beschert, welches Kameramodell ist dann das beste und welches das schlechteste? Welche Kamera ist besonders für den Anfänger, welche eher für den Fortgeschrittenen geeignet? Auch wenn es gerade den ratlosen Fotoneuling schmerzt: Auf diese Frage gibt es keine eindeutige und dabei ehrliche und objektive Antwort. Aber wer könnte andererseits schon sagen, welches Auto oder welches Paar Skier das beste Modell des gesamten Marktes darstellt? – Niemand.

### *a) Entscheidungshilfen*

Wie bei allen technischen Konsumgütern hängt auch die Wahl der Kamera davon ab, was Sie mit dem Gerät machen wollen. Fotografieren natürlich – aber was, wen, wozu, wie, wann und wo? Ebenso stehen, wie bei beinahe allen Produkten, Preis und Qualität in einer gewissen Relation – was nicht bedeutet, daß alles Teure gut, alles Billige schlecht ist. Außerdem kann zwar die Qualität einer Kamera die technische Qualität der Bilder in bestimmten Grenzen beeinflussen, die ästhetische Qualität, die Kraft der Bildaussage und die kreative Gestaltung werden aber allein vom Fotografen selbst bestimmt. Diesen Grundgedanken sollten Sie von Anfang an in Ihre Überlegungen zum Kamerakauf mit einbeziehen.
Hier also – subjektiv geprägte – Hinweise zur Orientierung: *Kleinstkameras* eignen sich eigentlich nur für Spezialzwecke. *Pocket*- oder

*Disc-Kameras* sind etwas für jemanden, der im Urlaub oder gelegentlich auf einem Fest einige Erinnerungen festhalten will und dann Fotos im Format 9 × 13 cm abziehen läßt, für jemanden also, der sich nicht mit einer größeren Ausrüstung belasten will. Ähnliches gilt für die einfachen *Sucherkameras*. Etwa *ab 200 DM* zeigen diese auch bei der Projektion von Dias genügend Schärfe. Zudem verfügen sie über ausreichend gut funktionierende Belichtungsmesser bzw. Belichtungsautomatiken. Sie sind für rasche Ferienfotos und unbeschwertes Fotografieren genau das Richtige. Die modernsten Modelle kosten aber bis *über 600 DM*.

Es ist unumgänglich, daß ein Buch wie dieses schwerpunktmäßig von der *Spiegelreflexkamera* handelt. Ihre Ausbaufähigkeit öffnet alle Bereiche der Fotografie. Für ein paar Urlaubs- und Familienfotos benötigen Sie ein solches Gerät jedoch nicht. Wenn Sie aber Weitwinkelfotos oder Sportfotos machen wollen, wenn Sie der Nahbereich fasziniert oder die Belichtungsmessung durch das Objektiv Sie reizt, dann kommt nur die Spiegelreflexkamera für Sie in Frage. Die einfachen steuerbaren (und einige nicht steuerbare automatische) kosten *zwischen 400 DM und 700 DM* inklusive eines Zoomobjektives. Wenn Sie eines der Modelle dieser Preisgruppe erwerben und auslasten wollen, sollten Sie die Fotografie als Hobby betrachten, das Sie auch gelegentlich außerhalb des Urlaubs betreiben.

Die Kategorie *zwischen 800 DM und 1400 DM* umfaßt die Kameras für den anspruchsvollen Amateur (Marken wie Canon, Nikon, Minolta, Pentax u. a. führen entsprechende Modelle jeweils inklusive eines Zoomobjektives). In dieser Preisgruppe werden zahlreiche halbautomatische und/oder programmautomatische Kameras angeboten, bei denen die Automatik auch abschaltbar ist, wodurch das System beeinflußbar bleibt. Um die Möglichkeiten dieser Kameras voll auszuschöpfen, sollte die Fotografie schon eher engagierte Leidenschaft als zeitweilige Freizeitbeschäftigung sein. *Über 1400 DM* kosten die elektronisch aufwendigen Multiautomaten. Eine weitere Gruppe (Leica R8, Canon EOS-1V, Nikon F5 u. a.) richtet sich eher an den professionell Fotografierenden und ist auf höchste Qualität, stärkste Beanspruchung und Belastbarkeit konzipiert, was nur für wenige Amateure von Bedeutung ist.

38 Kontrastreiche Lichtsituationen stellen den Fotografen häufig vor schwierige Probleme. Für dieses Foto wurde eine durchschnittliche Belichtung gewählt. Der Film konnte den Kontrastumfang des Motivs aber kaum auffangen.

Der Bedarf an preisgünstigen *Mittelformatkameras* für anspruchsvolle Amateure wird von der Kamerawerbung zunehmend geweckt. Die Mamiya 645 (*ab 2500 DM*) nimmt zur Zeit eine beherrschende Marktstellung ein. Eigentlich ist aber das Mittelformat schon von der Preispolitik her ein Bereich professioneller Fotografen. Vergleichbares gilt in noch stärkerem Maße für die Großbildfotografie.

Bevor Sie sich entscheiden, sollten Sie sich zunächst einmal über Ihre fotografischen Ansprüche klar werden und Ihr finanzielles Engagement dazu in Relation setzen.

Innerhalb der Preisgruppen bei Spiegelreflexkameras gibt es kaum größere Qualitätsunterschiede (ich bin allerdings – zugegebenermaßen subjektiv – etwas skeptisch gegenüber den sogenannten Hausmarken einiger Versandhäuser oder Ladenketten). Berücksichtigen Sie u. a. auch folgende, einzelne Bedienungselemente, Zubehör und Handlichkeit betreffende Gesichtspunkte: Art der Belichtungssteuerung – Kontrollanzeige im Sucher – Sucherhelligkeit – Autofocus-System – Abblendtaste – Selbstauslöser – Objektivanschluß – Handhabung der Bedienungselemente – Handlichkeit der Kamera – Preis – Angebot und Preise von Wechselobjekten – Blitzautomatik – Kompatibilität – Preise und Möglichkeiten für weiteres Zubehör usw.

All diese Kriterien können nur Sie ganz persönlich bewerten. Entsprechende Hilfen geben Ihnen die einzelnen Kapitel dieses Buches. Ein Vergleich zwischen allen Kameras des Marktes wäre schon allein wegen permanenter Modelländerungen unmöglich. Sie kommen also nicht um die Sammlung eigener Informationen herum. Fragen Sie Freunde und Bekannte nach ihren Erfahrungen, informieren Sie sich in Fotoclubs und Fotozeitschriften, schauen Sie sich beim Fotohändler und im Internet um und nutzen Sie die Prospekte der Hersteller (vgl. die Firmenanschriften im Anhang). Auch die gemeinnützige Stiftung Warentest versucht, objektive Vergleiche anzustellen. Die Marktforscher waren in der Vergangenheit zwar bei Kameratests nicht immer sehr glücklich, haben aber die Brauchbarkeit ihrer Ergebnisse ständig verbessert.

Wenn Sie dann noch immer keine Entscheidung treffen können und sich vielleicht auch über Ihre konkreten Wünsche noch gar nicht im klaren sind, versuchen Sie sich eine Kamera zu leihen, kaufen Sie sich 10–20 Filme, lesen sie dieses Buch weiter und opfern Sie einen Monat der Fotografie, in dem Sie sich bemühen, alle Filme mit den verschiedensten Fotomotiven zu belichten. Nach diesem Training werden Sie sehr konkrete Vorstellungen haben, welche Eigenschaften Ihre Kamera haben muß.

## *b) Fachhandel, Discount und Internet*

Wenn Ihnen das Angebot des Fotohändlers um die Ecke nicht zusagt, so gibt es gerade in den großen Städten viele Fachgeschäfte, in denen eine große Auswahl vorhanden ist. Ein Vergleich zwischen verschiedenen Händlern lohnt sich aber nicht nur wegen der Angebotspalette, sondern auch wegen des Kaufpreises. Preisunterschiede bis zu 40 % sind nicht selten.

39 Eine perfekte Kameraausrüstung allein macht noch keine packenden Fotos. Entscheidend ist der originelle Motivausschnitt.

Moderne Kameras sind Hightech-Geräte, man muß sie nicht unbedingt im Fachhandel kaufen. Viele riesige Technikmärkte am Stadtrand und Foto-Versandhäuser, die das gesamte Angebot über das Internet verbreiten, konkurrieren oft erfolgreich über den Preis. Entgegenkommenden Kundenservice sollte man dabei allerdings nicht erwarten, aber auch hier gibt es angenehme Ausnahmen. Bei Bestellungen über einen Versender empfiehlt sich ein genaues Studium der Geschäftsbedingungen, die über aktuelle Liefermöglichkeiten, Versand-, Porto- und Versicherungsgebühren Auskunft geben.

Aufgrund dieser Marktaufteilung haben »clevere« Foto-Verbraucher die zumindest zweifelhafte Methode entwickelt, sich im Fachhandel beraten zu lassen und anschließend im Discount billiger zu kaufen. Obwohl jeder Verbraucher natürlich Anspruch auf günstigste Preise hat, zwingt man auf diese Art und Weise die Fachhändler, schließlich Abstriche an qualifiziertem Personal und ausführlicher Beratung zu machen. Jedenfalls sollten Sie als Fotoamateur froh sein, wenn Sie in irgendeinem Fotoladen einen wirklich kundigen (und geduldigen) Verkäufer gefunden haben. Er gibt Ihnen Tips, Empfehlungen und Informationen, ist hin und wieder entgegenkommend bei Reparaturen und stellt Ihnen ein interessantes Fotogerät, das Sie vielleicht zu kaufen beabsichtigen, auch ab und an ein paar Stunden leihweise zum Ausprobieren zur Verfügung.

Ein solcher Verkäufer wird Ihnen gelegentlich auch Preisrabatte einräumen, denn nur ein zufriedener Kunde ist ein werbender Kunde für das Geschäft. Ob Sie das Preisangebot des Fotohändlers akzeptieren oder zu handeln versuchen, hängt letztlich von Ihrer Mentalität ab. Gerade bei Großeinkäufen (auch gleichzeitigem Einkauf durch mehrere Fotoamateure) ist meist noch eine Verhandlungsspanne vorhanden. So bekommen Sie häufig auch beim Kauf kompletter Fotoausrüstungen mit Wechselobjektiven, Taschen u. a. günstige Nachlässe. Dem Neuling rate ich dennoch von einem solchen Großeinkauf ab. Als Anfänger gewöhnen Sie sich lieber erst einmal an die Eigenheiten einer Kamera mit einem Objektiv, bevor Sie sich für Zubehör entscheiden.

Preiswerter als die neuesten sind übrigens die im Fotohandel auslaufenden Kameramodelle. Manchmal sind auch sogenannte Vorführmodelle zu haben. Bei Gebrauchtkameras sollte man zunächst immer testen, ob Filmtransport und Belichtungsmessung bzw. Belichtungsautomatik auch einwandfrei funktionieren. Anfänger nehmen besser einen fotokundigen Freund oder Bekannten mit. Eine gute Investition sind stets gebrauchte Objektive.

### *c) Verbraucherrechte*

Ob der Kunde beim Fotogerätekauf wirklich König ist, darf trotz aller Rechtsgrundlagen noch immer angezweifelt werden. Zwar gilt als rechtliche Bestimmung neben den Paragraphen des Bürgerlichen Gesetzbuches (BGB) seit 1977 insbesondere das Gesetz über die »Allgemeinen Geschäftsbedingungen«, kurz AGB genannt, aber dennoch befindet sich der Verbraucher durch Unkenntnis des »Kleingedruckten« meist im Nachteil.

Früher konnten die Händler ihre AGB beinahe beliebig gestalten, heute gebietet das AGB-Gesetz die Einhaltung bestimmter Rechte und Pflichten. Allerdings werden einige Vorschläge des AGB-Gesetzes gerade bei schriftlichen Kaufverträgen dadurch umgangen, daß vor der Unterschrift zu lesen ist: »Es gelten unsere Liefer- und Garantiebedingungen«. Diese müssen dem Kunden dann aber auch wirklich zur Durchsicht zur Verfügung stehen, und er sollte dann – besonders bei Fotoversandhäusern – die Geschäftsbedingungen auch sehr genau lesen. So kann Ihnen z. B. ein Werbebrief eine Spiegelreflexausrüstung mit Normal-, Weit- und Teleobjektiv zum Preis von – sagen wir – 800 Mark für volle drei Wochen mit Umtauschrecht zum Testen anbieten. Sie sagen zu, testen die Ausrüstung drei Wochen und schicken Sie zurück, weil Sie vielleicht festgestellt haben, daß das Gerät Ihren Vorstellungen nicht entspricht oder zu teuer ist. Wenn Sie nicht aufgepaßt haben, haben Sie aber die AGB des Händlers unterschrieben, die besagen: »Falls Sie nicht hundertprozentig zufrieden sind, erfolgt Umtausch nach Ihren Wünschen in Gleichwertiges oder Höherwertiges.« Mit Bestellung des sogenannten Testangebotes haben Sie also einen eindeutigen Kaufvertrag über eine Ware von mindestens 800 DM abgeschlossen, den Sie auch erfüllen müssen.

In den AGB der (Foto-)Händler gibt es viele solche problematische Bestimmungen, die Sie beachten sollten. Etwa: »Für Schäden an dem Gegenstand oder etwaigen Verlust auf dem Versandweg haftet der Käufer.« Wenn also auf dem Postweg eine Lieferung an Sie verlorengeht, bekommen Sie zur Zeit maximal 500 DM von der Post als Schadensersatz. Den vollen Rechnungsbetrag an den Händler für die hochwertige Kamera aber müssen Sie begleichen, wenn dieser keine entsprechende Versicherung abgeschlossen hat. Ein anderes Beispiel: Sie bestellen mit Ihrer Unterschrift ein dringend benötigtes Zubehörteil, dessen Lieferung man Ihnen zusagt. Der Passus »Aufträge werden mit der Bestellung bindend. Lieferung der Ware erfolgt baldmöglichst« kann Sie rechtmäßig zu jemandem machen, der immer wieder vertröstet wird, »weil die Herstellerfirma leider noch nicht geliefert hat«. Nichts anderes bedeutet »baldmöglichst«.

### d) *Umtausch, Reklamation und Garantie*

Wenn Sie eine Kamera gekauft haben, mit der Sie nicht zurechtkommen oder die Ihnen zu simpel oder zu überzüchtet ist, muß man Ihnen diese nicht unbedingt wieder umtauschen – es sei denn, der Verkäufer hat Sie mit mündlichen Versprechungen, die die Kamera gar nicht erfüllt, zum Kauf bewogen. (Der Hinweis in den AGB des Händlers »Mündliche Absprachen mit dem Verkaufspersonal sind unzulässig« ist rechtswidrig.)

Was aber, wenn einige Wochen nach dem Kauf die Belichtungsautomatik oder etwas anderes am Gerät defekt ist? Auf jeden Neukauf *muß* der Händler mindestens sechs Monate Garantie – oder Gewährleistung, wie die Juristen sagen – geben. Interessanterweise geben aber die Hersteller technischer Geräte in der Regel ein ganzes Jahr Garantie. Bietet Ihnen der Händler also nur sechs Monate Gewährleistung an, sollte man ihn fragen, warum er die Herstellergarantie nicht an den Kunden weitergibt. (Möglicherweise hat er aber auf dem sogenannten »grauen Markt« über ominöse Quellen Geräte eingekauft, die bei Garantiefällen von den deutschen Herstellervertretungen nicht angenommen werden.) Der Kunde kann also in jedem Fall mindestens sechs Monate nach Erhalt der Ware reklamieren, und zwar beim Händler. Mit dem Hersteller hat der Kunde nichts zu tun.

Nach den Bestimmungen des Bürgerlichen Gesetzbuches kann der Kunde wählen, was er bei einer berechtigten Reklamation vom Händler verlangen will. Er darf etwa sagen:

- »Hier gebe ich die defekte Kamera zurück. Ich möchte die gleiche, aber ohne Fehler.« (Ersatzlieferung, § 480 BGB)
- »Ich möchte mein Geld zurück und will die Ware nicht mehr.« (Wandlung oder Rückgängigmachung des Kaufes, § 462 BGB)
- »Ich behalte die Ware trotz Fehler, will aber einen angemessenen Teil des Kaufpreises zurück, weil die Ware minderwertig ist.« (Minderung oder Herabsetzung der Vergütung, § 462 BGB)

Diese Rechte können aber auch heute noch, gerade bei schriftlicher Vertragsformulierung, eingeschränkt werden. So kann der Fotohändler Ihre Kamera zwar reparieren lassen oder beispielsweise ein defektes Objektiv austauschen, aber danach muß die Ware in Ordnung sein. Nur in Ausnahmefällen müssen Sie eine zweite oder gar dritte Reparatur dulden. Der Händler ist verpflichtet, Sie darauf hinzuweisen, daß Sie bei mißglückter Reparatur (Nachbesserung) oder defekter Ersatzlieferung eine Herabsetzung der Vergütung oder eine Rückgängigmachung des Vertrages verlangen können (§ 11 AGB-Gesetz).

Es ist übrigens in den vergangenen Jahren immer mehr zu Reklamationen während der Garantiezeit gekommen. Dies scheint – unbewiesen – daran zu liegen, daß die Hersteller unter dem größer werdenden Konkurrenzdruck bei der Fabrikation des Massenartikels Fotoapparat an allen Ecken und Enden sparen, so auch an der Endkontrolle. Es ist wahrscheinlich billiger, den verkauften Ausschuß wieder umzutauschen oder zu reparieren, als nur geprüfte, einwandfreie Produkte an die Fotohändler (und Fotokunden) auszuliefern. Falls Sie als Fotokunde verbraucherrechtliche Probleme haben, können Sie sich vertrauensvoll an die Zweigstellen der Verbraucherzentralen in fast allen größeren Städten wenden.

## e) *Reparaturen*

Da die Kamera ein hochempfindliches Präzisionsinstrument ist, sollte sie sorgfältig behandelt werden. Stöße, Feuchtigkeit und große Temperaturschwankungen sind ihre schlimmsten Feinde. Die Elektronik von Spiegelreflexkameras gibt außerdem bei etwa −10 bis −20° Celsius auf (die Batterie aber meist schon vorher). Wie bei jedem Gerät kann auch durch Materialfehler oder Verschleiß etwas kaputtgehen. Bitte versuchen Sie nicht, die Kamera selbst zu reparieren! Bringen Sie sie, bei Belichtungsfehlern mit entsprechenden Filmstreifen, zu Ihrem Händler, der die Kamera für Sie einschickt. Manchmal geht es auch schneller, wenn Sie sich die Mühe machen, die Kamera selbst an den Hersteller bzw. seine Vertretung zu senden. Lassen Sie sich bei Reparaturen außerhalb der Garantiezeit in jedem Fall einen Kostenvoranschlag zusenden, der bei einigen Vertragswerkstätten etwas kostet, bei anderen kostenfrei ist.

## f) *Was tun bei Verlust?*

Fotogeräte sind – leider – ein beliebtes Diebesgut. Was ist also zu tun, um sich dagegen zu schützen bzw. den Schaden möglichst gering zu halten? Natürlich ist die größte Sorgfalt bei der Sicherung Grundvoraussetzung. Der Kamerariemen und seine Ösen sollten auf Stabilität überprüft sein, der Fotokoffer sollte einen festen Verschluß besitzen. Typische Betätigungsfelder für Diebe sind belebte Orte mit entsprechendem Gedränge. Außerdem wird meistens die Konzentration des Fotografen auf sein Motiv ausgenutzt, um die neben ihm stehende Ausrüstung mitgehen zu lassen.

Werden Kamera und/oder Zubehör gestohlen, ist es wichtig, daß man sich vorher die Seriennummer seiner Fotogeräte aufgeschrieben hat. Erstens benötigt man diese Nummern eventuell zur späteren Identifizierung, zweitens werden sie an die Fachwerkstätten und -händler weitergeleitet, und drittens benötigen Sie die Nummern eventuell für Ihre Versicherung, falls Sie eine solche abgeschlossen haben. Versichert sind Fotogeräte auch durch Hausrat- und Reisegepäck- sowie Fahrzeug-Teilkasko-Versicherungen. Dieser Versicherungsschutz ist aber meist unzureichend und deckt nur einen mehr oder weniger geringen Teil des Schadens ab. So erstatten Reisegepäck-Versicherungen in der Regel für Fotogeräte (als Wertgegenstände) nur zwischen 10 und 50 % der Versicherungssumme. Die Fahrzeug-Teilkasko erstattet zur Zeit nur 70 DM. Informieren Sie sich also vorher bei Ihrer Versicherung.

Außer diesen allgemeinen Versicherungen gibt es spezielle Fotogeräte-Versicherungen. Sie versichern für ein Jahr die Ausrüstung für eine Prämie von 5–10 % der Versicherungssumme.

# IV Aufnahmepraxis

## 1 Die Anwendung des Fotogerätes

### *a) Kamera in Bereitschaft*

Unerläßliche Voraussetzung für den erfolgreichen Umgang mit Kamera und unterschiedlichem Zubehör ist das Studium der Gebrauchsanweisung. Nur derjenige, der seine Kamera »im Schlaf kennt«, ist in der Lage, auch in hektischen Aufnahmesituationen den richtigen Knopf zum richtigen Zeitpunkt zu betätigen. So sind ein paar »Trockenübungen« vor der praktischen Anwendung ein gutes Training. Noch besser ist es, wenn man anderen die eigene Kamera zu erklären versucht. Das Gegenüber nötigt Sie nämlich dazu, die eigenen Erkenntnisse und Probleme zu formulieren und diese somit besonders deutlich zu machen. Durch das Gespräch wird das eigene Wissen gefestigt und erweitert. Gleichzeitig kann der andere zusätzliche Tips geben und somit den Lernprozeß verkürzen helfen.

Einige Hinweise, die gerade der fotografierende Anfänger leicht in der Gebrauchsanweisung seiner Kamera überliest, sollen hier noch einmal kurz betont werden:

1. Prüfen Sie das Funktionieren des *Belichtungsmessers* (wenn eine zweite Kamera zur Verfügung steht, kann man beide Meßergebnisse vergleichen).
2. Prüfen Sie die *Batterien.*
3. Überlegen Sie auch schon bei ihrem *ersten Film*, was Sie fotografieren wollen. Mit einem ISO 50/18°-Film auf dem Fußball-

platz Sportaufnahmen bei Regen machen zu wollen, hat wenig Sinn. Wenn es draußen diesig ist, bringt so ein niedrigempfindlicher Film nicht viel Erfolg. Auch die Entscheidung *Schwarzweiß oder Farbe* steht an. Sie hängt vom Motivfeld ab.

4. Überzeugen Sie sich, daß der eingelegte Film auch wirklich *transportiert.* Beim Transport muß sich die Rückspulkurbel drehen.
5. *Filmempfindlichkeit* Einstellen nicht vergessen!
6. Die *Packungslasche* stecken Sie in den Memoryhalter (falls vorhanden) an der Kamerarückwand, damit Sie auch nach mehreren Tagen noch wissen, welcher Film sich in der Kamera befindet.
7. Nehmen Sie zum Fotografieren immer noch einen *zweiten Film* mit.
8. Halten Sie die Kamera beim Fotografieren stets *mit beiden Händen.*

Gerade der letzte Punkt wird häufig nicht beachtet. Ob Pocket- oder Mittelformatkamera, der Fotoapparat sollte immer von beiden Händen abgestützt werden, wobei möglichst beide Oberarme am Körper anliegen sollten. Bei den Fixfocus- und Autofocus-Kameras dient die linke Hand zum Halten und Abstützen, bei anderen Kameras zur Entfernungseinstellung, Betätigung des Blendenringes u. a. Ob Sie stehen, hocken oder beim Fotografieren auf dem Boden liegen, immer sollten Sie versuchen, sich irgendwo abzustützen, sei es an einem Tisch oder einer Fensterbank, an einem Baumstumpf oder einer Mauer.

Auffällig fotografieren Sie immer dann, wenn Sie die Kamera vor dem Auge haben und auf jemanden richten. Wesentlich unauffälliger lassen sich gute Fotos schießen, wenn man die bereits vorher entsprechend eingestellte Kamera vom Auge wegnimmt, »blind« auf das Motiv richtet und einzelne Kamerafunktionen einem danebenstehenden Bekannten mit viel Gestik scheinbar erklärt. Zwischendurch löst man im richtigen Augenblick unbemerkt aus. Man kann die Kamera natürlich auch auf einen Tisch oder eine Mauer stellen. Eine Bildkontrolle ist allerdings nur möglich, wenn die Kamera über einen Lichtschacht verfügt, man also wie bei einer zweiäugigen Spiegelreflexkamera von oben auf die Mattscheibe blicken kann.

Unerläßlich ist der Lichtschacht jedenfalls für den »Rückschuß«: Man klemmt dazu die Kamera unter den Arm, so daß die Aufnahmerichtung nach hinten weist. Es kommt sicher niemand auf die Idee, daß Sie nach vorne blicken, reden, gestikulieren und gleichzeitig nach hinten fotografieren. Diese heimliche Art, zu Schnappschüssen zu kommen, ist allerdings eine Frage der fotografischen Moral. Wenn man fremde Menschen in fremder Umgebung auf dem Film festhalten will, sollte man sein Vorhaben eigentlich offen zeigen und dem Gegenüber die Möglichkeit einer Reaktion lassen.

## *b) Einsatz von Wechselobjektiven*

*Bildwinkel:*
Der häufigste Grund, der für die Anschaffung von Wechselobjektiven angegeben wird, ist die Möglichkeit, den Bildwinkel zu verkleinern oder zu vergrößern (vgl. Kap. II 2). Nur dadurch ist es bei gleichbleibendem Aufnahmeabstand möglich, bestimmte Motive fotografisch im adäquaten Ausschnitt festzuhalten. Zwar läßt sich auch mit einem Normalobjektiv eine 100 m entfernte Person fotografieren, ihre Gesichtszüge aber wird man nur undeutlich erkennen können. Wegen des kleineren Bildwinkels ist hier eher eine Telebrennweite angebracht. Problematischer ist es, wenn ein Motiv, z.B. ein Haus oder eine Gruppe von Menschen, den Bildwinkel des Normalobjektivs überragt und die Aufnahmedistanz nicht vergrößert werden kann. Die Aufnahme wird dann nur vollständig durch den Einsatz eines Weitwinkelobjektivs.

Generell gilt, daß eine Verdoppelung der Brennweite eine Halbierung des Aufnahmewinkels bedeutet (Ausnahme: extremer Weitwinkelbereich), was einem Viertel des ursprünglichen Motivausschnitts entspricht (Abb. 40). Eine 100 mm-Brennweite erfaßt also ein Viertel des Ausschnitts eines 50 mm-Objektivs, eine 200 mm-Brennweite ein Sechzehntel (ein Viertel eines Viertels). Auch wenn diese Staffelung sehr grob erscheint, wäre es doch übertrieben, eine durchschnittliche Amateurausrüstung mit einer kompletten Objektivreihe auszustatten, die den Bildausschnitt jeweils halbieren oder verdoppeln würde. Für die exakte stufenlose Einstellung des Motivausschnitts empfehlen sich schon eher Zoomobjektive.

40 Das volle Bildformat zeigt den Ausschnitt eines 24 mm-Objektivs. Die doppelte Brennweite (50 mm) erfaßt ein Viertel des Bildes, das 100 mm-Objektiv ein Sechzehntel, das 200 mm-Objektiv ein Vierundsechzigstel des Gesamtbildes oder ein Viertel des 100 mm-Ausschnittes.

*Variation des Aufnahmeabstandes:*
Nur durch den Einsatz unterschiedlicher Brennweiten ist es möglich, einen situations- und motivangemessenen Abstand zum Aufnahmeobjekt zu halten. So muß man z. B. im Gedränge auf Straßen und Märkten sehr nah an die Auslagen und Händler herangehen, um zu vermeiden, daß ständig vorbeilaufende Leute das eigentliche Geschehen verdecken. Das Weitwinkelobjektiv ermöglicht auch bei geringer Aufnahmedistanz die Abbildung ganzer Verkaufsstände und Personen. Motive andererseits, an die man aus den verschiedensten Gründen nicht nah heran will, um vielleicht als Fotografierender nicht aufzufallen oder um z. B. Kinder beim Spiel nicht zu stören, Erwachsene in einer Diskussion nicht abzulenken, um freilebende Tiere nicht zu verscheuchen oder auch um uns selbst nicht in Gefahr zu bringen, all diese Motivbereiche macht uns eine längere Brennweite erst zugänglich. Die Frage wird jedoch häufig

lauten: Wie weit kann man sich mit der vorhandenen Brennweite vom Motiv entfernen und dabei den Aufnahmegegenstand noch ziemlich formatfüllend auf dem Negativ abbilden? Die Aufnahmeentfernung ist also abhängig von der Brennweite, von der Größe des Motivs und von der Größe der beabsichtigten Abbildung auf

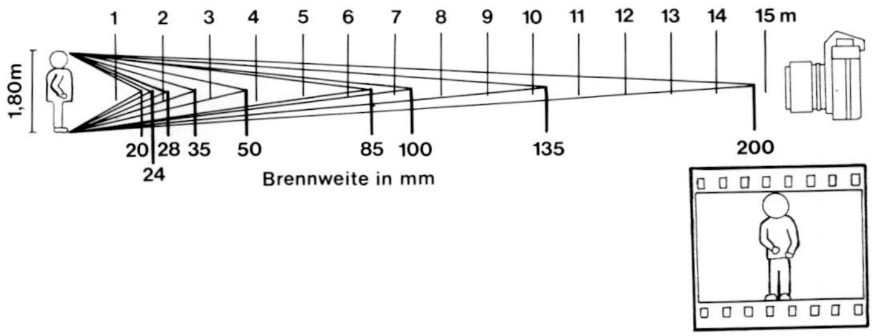


41 Annäherungsweise kann die Entfernung zu einem Objekt bekannter Größe bei einer bestimmten Brennweite errechnet werden: Entfernung = Objektgröße × Brennweite : Größe der Abbildung auf dem Negativ.

dem Film. Die Skizze (Abb. 41) verdeutlicht, wie sich mit zunehmender Brennweite auch die Distanz vergrößern kann, ohne daß sich die Relation Motiv – Negativformat verändert.

*Eindruck räumlicher Tiefe:*
Vergleicht man Weitwinkel- und Teleaufnahmen, so wird in den Weitwinkelfotos die räumliche Tiefe übertrieben dargestellt, die Aufnahmen mit langen Brennweiten scheinen die Raumtiefe dagegen zu verkürzen (Abb. 42). Dies ist aus Gründen der Perspektive durchaus einleuchtend (vgl. Kap. IV 3 b), was einige Fotografen aber fälschlicherweise dazu verleitet, von Weitwinkel- oder Teleperspektive zu sprechen. Soll also die räumliche Trennung von hintereinander stehenden Gegenständen oder Personen betont werden, greift man zum Weitwinkel, wollen Sie deren Verbundenheit und Zusammenhang verdeutlichen, benutzen Sie ein Teleobjektiv.

a

b

c

d

42 a–d Der Vergleich zeigt, wie verschiedene Brennweiten die räumliche Distanz völlig verschieden erscheinen lassen. Der Aufnahmeabstand wurde jeweils so gewählt, daß die Person gleich groß abgebildet wurde: a) 20 mm – b) 50 mm – c) 135 mm – d) 400 mm.

*Objektivgruppen:*
Fassen wir noch eimal die wichtigsten Eigenschaften der einzelnen Objektivgruppen zusammen:

Bei Aufnahmen mit einem *Fisheyeobjektiv* werden sämtliche Linien gekrümmt, nur die mittlere Waagerechte und Senkrechte bleiben gerade. Schärfebereich, Bildwinkel und Verzeichnung sind extrem groß, Nahes wird überdeutlich, Entferntes unscheinbar klein dargestellt. Der Fisheye-Effekt wirkt, permanent angewandt, monoton und gekünstelt.

*Weitwinkelobjektive* ermöglichen Fotos bei geringem Aufnahmeabstand. Andererseits beziehen sie wegen ihres großen Winkels auch Vordergründe sehr dominant mit ein. Die Tiefenwirkung wird betont. Gerade bei nahen Aufnahmen von Personen oder bei Abbildungen am Rand machen sich Verzeichnungen bemerkbar (vgl. Abb. 92 a, 96).

Die 50 mm-Brennweiten der *Normalobjektive* bringen, wenn notwendig, höchste Lichtstärken und vermitteln ein dem Augeneindruck entsprechendes Bild. Für extravagante Motivsichten sind sie häufig weniger interessant.

Mit dem verkleinerten Bildwinkel der *Teleobjektive* lassen sich Teile des Motivfeldes herauslösen. Sie ermöglichen Distanz zum Aufnahmeobjekt und komprimieren die räumliche Tiefe (vgl. Farbabb. 8, 10). Dadurch kann der Bildinhalt stark verdichtet wiedergegeben werden. Ihr geringer Schärfebereich eignet sich gut dazu, wichtige Bildelemente, z. B. ein Gesicht, durch Steuerung der Bildschärfe von der Umgebung zu isolieren.

Für *Superteleobjektive* gelten verstärkt die Aussagen zu den Teleobjektiven. Die Raffung des Raumes (vgl. Abb. 42) läßt die Motive häufig sehr flach wirken. Der Zugang zu einigen Motivbereichen (z. B. Sport, Tiere) wird durch Brennweiten ab 400 mm vereinfacht. Ihre Abmessungen und ihre geringe Lichtstärke können allerdings zum Problem werden. Kurze Superteleobjektive sind als sogenannte *Spiegelobjektive* zu haben.

Durch ihre ständig verbesserte Qualität haben *Zoomobjektive* im Amateurbereich Festbrennweiten mehr und mehr verdrängt (vgl. Kap. II 4 e). Sogenannte Zoomaufnahmen entstehen, indem während der Belichtung die Brennweite verändert wird. Die Spuren der

Lichter hinterlassen dann einen explosionsartigen Eindruck. »Gezoomte« Fotos sind allerdings eine Modeerscheinung und wirken – ähnlich wie Fisheyefotos – auf die Dauer langweilig.

*Die Qual der Wahl:*
Natürlich muß man nicht unbedingt Wechselobjektive besitzen, aber für den engagierteren Allround-Amateur haben sich z. B. folgende Brennweitenkombinationen bewährt:

1. Kamera mit 50 mm-Objektiv, 24- oder 28 mm-Weitwinkel, 135- oder 200 mm-Tele oder 80–200 mm-Telezoom;
2. Kameragehäuse, 35 mm-Weitwinkel, 100 mm-Tele, eventuell später noch 20 mm-Weitwinkel und/oder 80–200 mm-Zoom;
3. Kameragehäuse, 20–35 mm-Zoom; lichtstarkes 35–70 mm-Zoom, 200 mm-Tele.

Andere Kombinationen, die auf individuelle Bedürfnisse zugeschnitten sind, sind natürlich möglich. Berücksichtigen Sie aber auch beim Objektivkauf das Verhältnis von Preis, Lichtstärke und Qualität.

### c) *Was ist Schärfe?*

Unter dem Begriff Schärfebereich (vgl. Kap. II 2 d) mit all den ihn beeinflussenden Faktoren darf man sich keinen räumlichen Bereich vorstellen, in dessen gesamter Ausdehnung das Motiv absolut scharf abgebildet ist; auch herrscht vor und hinter seiner Begrenzung keine völlige Unschärfe. Die Schärfe eines Bildes ist ein so komplexer Begriff, daß hier nur andeutungsweise versucht werden kann, ihn faßbarer und verständlicher zu machen.

Scharf abgebildet ist ein Punkt eines beliebigen Motivs nur dann, wenn er auch als Punkt auf dem Negativ wiedergegeben ist. Unscharf wird ein solcher Punkt als kleine Scheibe abgebildet. (Stellen Sie eine Spiegelreflexkamera auf eine entfernte Lampe scharf. Wenn Sie nun durch den Sucher blicken und den Entfernungsring verdrehen, wird sich mit zunehmender Unschärfe der leuchtende Punkt zur Scheibe vergrößern. Solche Scheibchen werden als Zerstreuungskreise bezeichnet.) Man hat sich nach Messung

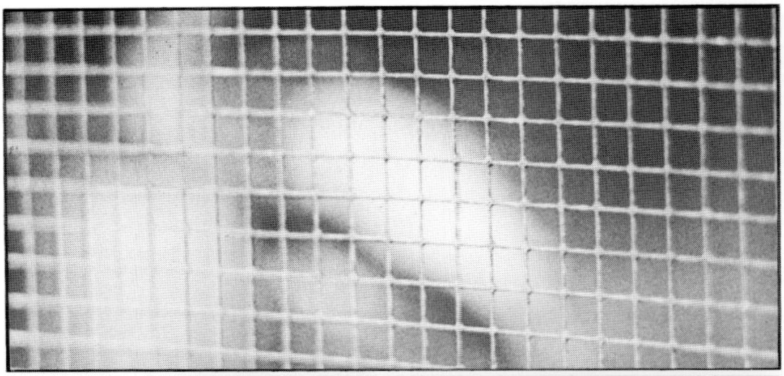
a

b

c

43 a–c Vom selben Standpunkt kann man durch Veränderung der Schärfeeinstellung (bei geöffneter Blende) sehr unterschiedliche Motive aufnehmen: Jeweils eine Bildebene wird scharf wiedergegeben, der Rest »versinkt« in Unschärfe. Diese Technik kann man z. B. dann anwenden, wenn man Tiere durch ein Gitter hindurch aufnehmen will. Bei richtiger Kameraeinstellung verschwindet das Gitter. Mit einer Brennweite von 80 mm und Blende 2 betrug die Entfernungseinstellung: a) 0,80 m – b) 1,10 m – c) 20 m.

der durchschnittlichen Sehschärfe des Auges darauf geeinigt, daß bei einem Kleinbildnegativ bzw. Kleinbilddia alle »unscharfen« Punkte bis zu einem Durchmesser von 0,03 mm (bei Mittelformat 0,05 mm) noch als scharf zu betrachten sind. Der Schärfebereich beschreibt demnach jenen Abschnitt, in dem die Motivpunkte noch kleiner als der zulässige Zerstreuungskreis abgebildet sind.

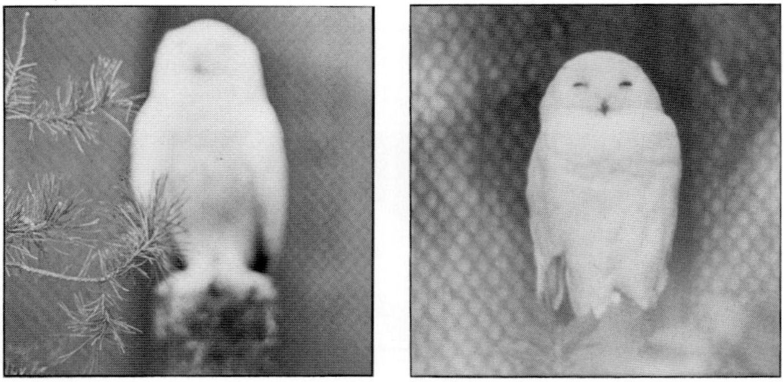

44a b

Dies erklärt, warum wir riesige Vergrößerungen bei geringem Betrachtungsabstand häufig als unscharf empfinden: Punkte sind durch die Vergrößerung zu Flächen geworden. Übrigens gaukeln kräftige Farben oder harte Motivkontraste eine größere Schärfe vor als weiche, kontrastarme Fotos. Hochglanzabzüge zeigen das Optimum an Schärfe eines Bildes, decken aber auch jede Unschärfe auf. Und noch etwas: Unschärfen werden bei einem ausdrucksstarken Reportage- oder Actionfoto viel eher toleriert als bei einem kühl distanzierten Struktur- oder Architekturfoto. Auch duftige Frühlingsimpressionen in Farbe verlangen geradezu nach ganz leichter Unschärfe. Es soll hier auch nicht vergessen werden, darauf hinzuweisen, wie sehr mit der Unschärfe ein Bild beeinflußt werden kann. Bei geringem Schärfebereich läßt sich nicht nur ein scharfer Mittelgrund – bei einem Landschaftsfoto etwa – durch einen unscharfen Vorder- und Hintergrund abheben. Selektive Schärfe kann Zweige oder Gitter im Vordergrund ebenso wie einen unruhigen störenden Hintergrund nahezu auflösen. Ein maximaler Schärfebereich ist also durchaus nicht immer erstrebenswert (Abb. 43).

In der Alltagssprache von Fotolaien werden auch verwackelte, verrissene, verwischte, überstrahlte, weichgezeichnete, grobkörnige Fotos pauschal mit »unscharf« bezeichnet. Auch wenn dieser Begriff damit nicht einmal immer falsch angewendet ist, sollte man sich angewöhnen, die Art der »Unschärfe« möglichst präzise zu beschreiben (Abb. 44).

44c

d

e

f

44 a–f »Unschärfe«: a) Falsche Entfernungseinstellung (Schärfeebene liegt auf dem Zweig im Vordergrund) – b) Beschlagenes Objektiv (das ganze Bild ist trübe und in den Konturen überstrahlt) – c) Verwackelt (der Fotograf hat bei langer Belichtungszeit die Kamera nicht ruhig gehalten) – d) Bewegung des Motivs (im Gegensatz zum Verwackeln [c], wo sich der Fehler auf die Schärfe des gesamten Bildes auswirkt, macht er sich hier nur am Kopf des Motivs bemerkbar) – e) Körnige Aufnahme (feine Strukturen werden durch das Filmkorn aufgelöst) – f) Richtig.

## *d) »Richtige« Belichtung*

Mit der Gebrauchsanweisung der Kamera im Hinterkopf und einem Minimum an Routine sollte es jedem möglich sein, in gewöhnlichen Aufnahmebereichen zu ordentlich belichteten Aufnahmen zu kommen. Allerdings führen nicht einmal die optimalen kameraseitigen Möglichkeiten zu besseren als zu *technisch* durchschnittlich gelungenen Fotos. Um hervorragende Ergebnisse zu erzielen, muß man seine Kamera nicht nur kennen, man muß sie durchschauen und ihre Fehler korrigieren.

So weiß ein kompliziertes Gebilde wie ein Belichtungsmesser nicht von sich aus, welches die *richtige* und welches die *falsche* Belichtung ist. Ab Herstellerwerk ist das Meßgerät an einem »Normalmotiv« geeicht, so daß für dieses Motiv eine Zeit/Blenden-Kombination angezeigt wird, die bei einer bestimmten Filmempfindlichkeit ein Bild erzeugt, welches in seinen Helligkeitswerten dem Originalmotiv entspricht. Diese Durchschnittsbelichtung bringt bei durchschnittlichen Lichtsituationen am Aufnahmeort auch recht gute Ergebnisse. Die Eichung orientiert sich an einer mittleren Helligkeit aller Motive. Der Belichtungsmesser ist – überspitzt gesagt – dazu angehalten, Schwarz oder Weiß wie Grau und jeden Farbton auf sein Mittelmaß zurückzuführen. Diese Orientierung auf ein Einheitsgrau führt u. a. dazu, daß bei korrekter Übertragung der Belichtungswerte Nachtaufnahmen zu grauen Tagesaufnahmen werden, weißer Schnee in grauen Matsch und tiefschwarze Kohle in eine gräuliche Fläche verwandelt wird. Die objektive Messung unterscheidet sich dabei vom subjektiven Sehen.

Gelegentlich wird es auch interessant sein, ein Motiv heller oder dunkler wiederzugeben, als es das Auge sieht. So wirkt ein helleres Bild in der Regel leichter und fröhlicher als ein dunkleres. Für solche Manipulationen ist eine große Vertrautheit mit Belichtungsmesser und Film notwendig. (Wer kann schon vom Gefühl her beurteilen, wieviel mehr an Helligkeit eine Blendenstufe mehr ausmacht!)

*Fehler durch Motivkontraste:*

Zum größten Problem aber können Motive mit zu hohen Kontrasten werden. Bei Aufnahmen im strahlenden Sonnenschein werden

45 a) Die weit gedruckten Buchstaben auf dem weißen Papier hatten kaum einen dämpfenden Einfluß auf den Belichtungsmesser. Er registrierte nur »viel Licht« und steuerte eine Wiedergabe im mittleren Grau an (Unterbelichtung). Eine Zugabe von 1–2 Blendenstufen wäre notwendig gewesen – b) Die Sonne stand schräg über dem Wasser. Die Wasserfläche reflektierte so stark, daß die Helligkeit den Belichtungsmesser trotz mittenbetonter Integralmessung täuschte. Der Krabbenfischer wurde nur silhouettenhaft abgebildet. Eine Belichtungszugabe hätte hier nur zu Überstrahlungen geführt. Einzige Möglichkeit: Objektaufhellung beispielsweise durch Blitz.

die Schatten zu dunkel und die Lichter zu hell (man bezeichnet allgemein bei Bildern die dunkelsten Partien als Schatten und die hellsten als Lichter). Personen am Fenster oder gegen den Himmel fotografiert, führen bei konventioneller Integralmessung zu Silhouetten; ebenso werden im Schnee oder vor großen weißen Flächen Personen oder Gegenstände unterbelichtet, also schwarz wiedergegeben (Abb. 45). Das Auge sieht auch hier anders, denn die Iris paßt sich blitzschnell den jeweiligen Lichtsituationen an, und zwar so schnell, daß wir über die wahren Lichtkontraste getäuscht werden. (Setzen Sie sich in die Mitte des Raums, schauen Sie in eine dunkle Ecke oder in einen geöffneten Schrank und drehen sie schnell den Kopf zum Fenster. Sie werden im dunklen Bereich ebenso wie im hellen Bereich feine Schattierungen und Helligkeitsnuancen erkennen können.)

Zum richtigen Verständnis muß man sich wieder vergegenwärtigen, daß der Belichtungsmesser nur Licht mißt und der Film auch nur auf Licht reagiert, nicht aber auf Dunkelheit. Ein schwarzer Fleck auf einer weißen Wand wird daher praktisch gar nicht wahrgenommen; ein winziger Scheinwerfer in dunkler Umgebung beeinflußt dagegen die Belichtungsmessung maßgeblich. Scheint z. B. die Sonne bei Landschaftsaufnahmen direkt ins Kameraobjektiv, wird dem Belichtungsmesser eine immense Lichtfülle auf dem gesamten Motiv vorgegaukelt. Da diese Lichtfülle in der Landschaft aber gar nicht vorhanden ist, wird das Foto unterbelichtet werden, wenn man die Belichtung nicht korrigiert.

Wenn bei all diesen Problemfällen durch die kameraseitige Belichtungsmessung manchmal dennoch akzeptable Fotos entstehen, so ist der Grund in den geduldigen Filmemulsionen zu suchen. Diese verkraften gewisse Kontraste und Fehlbelichtungen. Dank ihres Belichtungsspielraumes ist es möglich, Helligkeitsunterschiede in einem Motiv aufzufangen. Der Umfang dieser Kontraste läßt sich durch *Selektivmessung* bestimmen. Man mißt dazu die sehr hellen und sehr dunklen Partien des Motivs an. In der Praxis werden dabei allerdings extrem helle Partien (Sonne, Scheinwerfer) und extrem dunkle Motivteile (dunkler Nachthimmel, tiefste Schatten, die auf dem Foto schwarz werden können) vermieden. Beispiel: In einem Zimmer zeigt der Belichtungsmesser bei ISO 200/24° folgende Werte an: dunkle Ecke – Blende 4, 1 s; normale Raumwand – Blende 4, 1/15 s; aus dem Fenster – Blende 4, 1/250 s (vgl. Abb. 46). Der Kontrastumfang für dieses Motiv beträgt demnach acht Zeit- bzw. Blendenstufen. Bei echten Gegenlichtaufnahmen kann der Unterschied bis zu 15 Stufen ausmachen. Aber das Vermögen der Filme, Kontraste auszugleichen, ist weitaus enger begrenzt. Bei dem Ziel, daß sowohl die hellen wie die dunklen Stellen des Fotos ausreichend Struktur und Zeichnung zeigen sollen, kann ein Diafilm etwa bis zu drei, ein Color-Negativfilm bis zu vier und ein Schwarzweißfilm bis zu sechs Zeit/Blendenstufen verkraften. (Dies bedeutet aber nicht, daß den Filmen entsprechende Fehlbelichtungen nichts ausmachen!) Das beispielhaft angeführte Zimmer ließe sich also nicht adäquat auf dem Foto wiedergeben, wenn nicht berücksichtigt würde, daß bei einer Innenaufnahme des Zimmers der Ausblick aus dem Fenster

46 Durch selektive Belichtungsmessung lassen sich einzelne Punkte eines Motivs messen, um so den Belichtungsumfang festzustellen. Bei dem Motiv eines norditalienischen Hinterhofs wurden bei Blende 5,6 folgende Zeiten gemessen: a) 1/2000 s – b) 1/15 s – c) 1/250 s – d) 1/500 s – e) 1/8 s – f) 1/125 s – g) 1/30 s – h) 1/8 s – i) 1/60 s – j) 1/250 s. Belichtet wurde mit 1/125 s.

(möglicherweise) unwichtig ist, d. h. daß die Landschaft draußen ohne weiteres überbelichtet werden kann. Der Kontrastumfang des Motivs beträgt jetzt nur noch vier Zeit/Blendenstufen. Da die dunkle Ecke womöglich auch nicht so wichtig ist, würde man etwa auf Blende 4, 1/30 s oder Blende 4, 1/60 s heruntergehen, um einen akzeptablen Durchschnittswert zu bekommen. Bei kontrastreichen Motiven ist ein Diafilm etwas knapper, ein Negativfilm immer etwas reichlicher zu belichten (vgl. Kap. II 5).

In zahlreichen neuen Spiegelreflexkameras ist eine entsprechende Korrekturtaste eingebaut, mit der man gezielt bis zu zwei Stufen über- oder unterbelichten, also die objektive, aber falsche Messung des Belichtungsmessers korrigieren kann. An dieser Stelle sollen für eine entsprechende Korrektur nur einige Anhaltspunkte gegeben werden. Die exakte Motivwiedergabe läßt sich sowieso nur selten voraussagen. Es empfiehlt sich daher, möglichst immer mehrere Aufnahmen mit unterschiedlicher Belichtungszeit (oder Blende) zu machen.

1. Ist die Sonne oder eine andere Lichtquelle im Bild, ist die Blende zum gemessenen Wert zusätzlich um ca. 2 Stufen zu öffnen.
2. Ist die Lichtquelle bei Gegenlichtaufnahmen außerhalb des Fotos bzw. wird verdeckt, sollte die Blende um ca. einen Wert geöffnet werden.
3. Bei einer Person im Schnee, am sonnenüberfluteten Strand oder bei Reproduktionen von Schwarzweißvorlagen ist ebenfalls eine Korrektur um 1 bis 2 Werte angebracht (vgl. Abb. 45 a)
4. Bei Nachtaufnahmen kann die Blende um 1 bis 2 Werte geschlossen werden.

*Objektaufhellung:*
Da aber ein zusätzliches Öffnen oder Schließen der Blende bei kontrastreichen Motiven zugleich eine Über- oder Unterbelichtung weniger wichtiger Motivdetails bedeutet, wird es häufig zu besseren Ergebnissen führen, wenn durch Aufhellung des Motivs der Kontrastumfang vermindert wird. Dazu werden die Schatten des Motivs mit zusätzlichen Lichtquellen (Scheinwerfer, Lampe, Blitz) schwach angestrahlt oder durch einen weißen Karton aufgehellt.

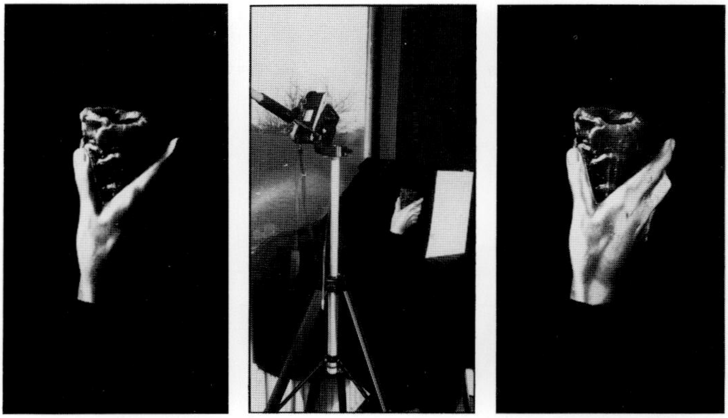

a b c

47 a–c Objektaufhellung: a) Das Objekt wird nur durch das durch ein Fenster fallende Licht beleuchtet – b) Erst ein Stück weißer Karton als Aufheller reflektiert genügend Licht – c) so daß die Hand plastisch ausgeleuchtet wird.

Eine weiße Fläche strahlt etwa 90% des auf sie fallenden Lichts wieder ab. Ein solcher Aufhellkarton, der in den verschiedensten Größen einfach selbst herzustellen ist, wird nah an die Schattenseite des Motivs gehalten (Abb. 47). Da seine gesamte Fläche abstrahlt, ist das Licht weich und diffus, meist gerade richtig, um die Aufhellung nicht zu übertreiben. Eine zu starke Aufhellung ist meistens Folge einer zusätzlichen intensiven Beleuchtung (besonders durch einen Blitz), deren Lichtmenge nicht richtig dosiert wurde. Als Anhaltspunkt kann nur gelten, daß die Objektaufhellung als solche dem Betrachter gar nicht sichtbar werden darf.

*Hilfreiche Meßmethoden:*
Um den Fehlern der Integralmessung der Belichtungsmesser entgegenzuwirken, gibt es einige zusätzliche Meßmethoden, die dem Fotografen in zahlreichen Fällen genauere Belichtungsangaben liefern.

Auf *Selektivbelichtungsmesser* für die Nahmessung war schon an anderer Stelle hingewiesen worden (vgl. Kap. II 3 b). Ein ähnliches Ergebnis kann auch mit einem eingebauten *Integralbelichtungsmes-*

a

48 a–d Methoden zur Ermittlung der richtigen Belichtungswerte:
a) Objektmessung

b) Nahmessung: Gerade bei hohen Motivkontrasten oder Gegenlichtsituationen mißt man ganz nah am Motiv.

c) Ersatzobjektmessung: Eine Normmessung ist mit einer geeichten Graukarte möglich, die vollformatig angemessen wird.

d) Lichtmessung: die Meßzelle wird durch eine Kalotte abgedeckt. Meßrichtung vom Motiv zur Kamera.

*ser* erreicht werden, indem man mit der Kamera nahe an das bildwichtigste Detail herangeht, dort die Belichtung mißt, den Wert einstellt bzw. speichert, zum Aufnahmestandpunkt zurückkehrt und von dort die Aufnahme schießt. Dabei ist darauf zu achten, daß man selbst oder die Kamera bei der Messung auf das Motivdetail keinen Schatten wirft (Abb. 48 b).

Die *Ersatzobjektmessung* gehört zu den besonders genauen Meßmethoden. Um zu vermeiden, daß helle Reflexionen oder intensive Farben das Meßergebnis verfälschen könnten, wird statt des Motivs ein Ersatzobjekt mittlerer Helligkeit angemessen. Diese Methode hilft auch, wenn man für eine exakte Messung nicht nah genug an das Objekt herankommt (Sport, Tiere). Das Ersatzobjekt muß natürlich den gleichen Lichtverhältnissen ausgesetzt sein wie das eigentliche Motiv. Als genormtes Hilfsmittel gibt es u. a. die Kodak-Graukarte. Ein mittelgrauer Karton oder ein kräftig bedrucktes Zeitungsblatt führen zu annähernd guten Ergebnissen. Sogar ein weißes Blatt Papier ist als Ersatzobjekt geeignet, wenn man nach dem angezeigten Belichtungswert die Blende um etwa 2½ Stufen schließt. Letztlich kann auch noch die eigene Hand gemessen werden, wenn anschließend die Blende um etwa 1½ Stufen geschlossen wird. Es empfiehlt sich aber, alle Ersatzobjekte vorher zu testen (Abb. 48 c).

Während bei all diesen Messungen eigentlich die Reflexion des Lichts am Objekt gemessen wird, wird bei der *Lichtmessung* (Incident-light-Messung) das Licht gemessen, dem das Objekt ausgesetzt ist. Dabei wird vom Motiv aus der Belichtungsmesser in Richtung Kamera ausgerichtet. Diese Methode funktioniert nur mit Handbelichtungsmessern, vor deren Meßauge eine sogenannte Kalotte (durchlässige Streuscheibe, Rollo, weiße Halbkugel u. a.) zu schieben ist. Sie sorgt dafür, daß auf die Meßzelle nur ein sehr diffuses Licht trifft. Das Licht, das die Kalotte schluckt, wird durch eine entsprechende Eichung wieder ausgeglichen. Bedeutung hat diese Meßmethode, weil die Eigenreflexion der Motive ausgeschaltet wird (Abb. 48 d). Da sich die Lichtmessung ebenfalls an einem Objekt mittlerer Helligkeit orientiert, können auch hier sehr exakte Ergebnisse erwartet werden. Geradezu als ideal hat sich die Lichtmessung bei Studioaufnahmen erwiesen.

### *e) Bewegung*

Es ist eine charakteristische Eigenschaft der Fotografie, daß sie aus vielschichtigen Situationen einzelne Momente, meist in Bruchteilen von Sekunden, herauszulösen vermag. Die aufnahmetechnischen Fehler, die dabei entstehen, haben ihre Ursache meist in einer falsch gewählten Verschlußzeit. Zu oft noch werden die Bewegung des Fotografen und die Bewegung des Aufnahmegegenstandes wenig berücksichtigt oder nicht richtig eingeschätzt (vgl. Abb. 44 c, d).

*Verwackeln und Verreißen:*
Wenn wir uns beim Fotografieren in der Geschwindigkeit eines Autos verschätzen, wird uns dies ein neutraler Betrachter unserer Fotos in der Regel verzeihen. Negativer aber wird er urteilen, wenn der Fotograf seine Fähigkeit, die Kamera ruhig in der Hand zu halten, überschätzt. Stellen Sie sich als statisches Motiv eine Hausfassade oder den Innenraum einer Kirche vor. Obwohl sich das Motiv selbst nicht bewegt, müssen bei der Wahl der Verschlußzeit berücksichtigt werden:

1. *die Bewegung des Fotografen:* Da man sicherlich nicht die ruhige Hand eines Präzisionsschützen hat, muß man selbst ermitteln, wie lange man eine Kamera ruhig halten kann. 1/125 s bis 1/60 s (bei 50 mm Brennweite) sind durchschnittlich schon erforderlich, um, aus der Hand fotografiert, zu einem unverwackelten Foto zu kommen.
2. *die Vergrößerung:* Bei einem Abzug von 7 × 10 cm wirkt auch eine Aufnahme mit 1/2 s Belichtungszeit noch scharf. Mit zunehmender Vergrößerung oder bei Projektion werden falsche Verschlußzeiten aber immer deutlicher sichtbar.
3. *die Wahl der Brennweite:* Ein 100 mm-Objektiv bildet doppelt so groß ab wie ein 50 mm-Objektiv. Folglich wird auch jede Bewegung der Kamera während der Belichtung doppelt so deutlich wiedergegeben. Man schätzt für eine Kleinbildspiegelreflexkamera die richtige Zeit nach der Faustregel: mindestens eine Stufe kürzer als der Kehrwert der Brennweite (z. B. 1/125 s bis 1/250 s bei 100 mm-Teleobjektiv).

4. *die Bewegung der Kamera:* Eine massive Kamera läßt sich vergleichsweise ruhiger halten als ein leichtgebauter Miniaturapparat mit gleichem Aufnahmeformat. Bei einigen Spiegelreflexkameras bewirkt das Hochklappen des Spiegels eine mittlere Detonation. Sucherkameras haben dieses Problem nicht. Die Belichtungszeit kann folglich etwas großzügiger angesetzt werden.

Um Verwackeln und Verreißen zu vermeiden, gibt es eine Anzahl von *Gegenmaßnahmen.* Außer dem Öffnen der Blende erlaubt auch ein höher empfindlicher Film eine Verkürzung der Verschlußzeit. Ergeben sich trotzdem zu lange Zeiten, ist die Kamera abzustützen, ein Blitzgerät oder ein Stativ zu verwenden. Auch hilft es gelegentlich, die Kamera über den Selbstauslöser zu betätigen und/oder den Spiegel vor dem Auslösen hochzuklappen (falls möglich).

49 Die Kamera wurde während der Belichtung verrissen (1/2 s, Bl. 11), wodurch sich die Lichterspuren ergaben. Sichtbar wird aber auch, daß die Kamera im ersten Moment der Belichtung noch ruhig gehalten wurde, sonst wären beispielsweise die Schriftzüge nicht mehr lesbar.

Verwackeln und Verreißen läßt sich nicht immer im Foto exakt voneinander unterscheiden. Verwackeln meint aber eher eine Vibration der Kamera, Verreißen eine plötzliche Bewegung des Gerätes während der Belichtung. So läßt sich die Kamera natürlich auch absichtlich verreißen. Eine Belichtungszeit von 1/8 s bis 1/2 s mag als Anhaltspunkt dienen (Abb. 49).

*Bewegung des Motivs:*
Die Frage, ob sich ein bewegtes Motiv in einem statischen Foto darstellen läßt, ist nur vordergründig. Eigentlich geht es darum, wie eine Momentaufnahme eine Bewegung überhaupt verdeutlichen kann. Unterscheiden wir zwei Methoden, die – motivabhängig – Bewegungen vortäuschen bzw. versinnbildlichen: das *»Einfrieren« der Bewegung* und die *Bewegungsunschärfe.*

Wenn Menschen und Tiere sich bewegen, kann man mit einer sehr kurzen Verschlußzeit einen winzigen Augenblick der Bewegungen festhalten und diesen Augenblick als sehr dynamisch empfinden. Grund dafür ist u. a. die Haltung des Körpers, die Stellung von Armen und Beinen, der Ausdruck des Gesichts (von dem wir *wissen,* daß dies so nur im Moment einer Bewegung sein kann). Es ist ein aufnahmetechnisches Problem, Bewegungen scharf abzubilden. Die gestalterische Schwierigkeit besteht darin, den Moment so abzupassen, daß dennoch der Eindruck einer Bewegung entsteht. Dieses gestalterische Problem läßt sich mit Glück, Erfahrung, Können und Konzentration bewältigen. Die Aufnahmetechnik bietet für eine unverwischte Bewegungswiedergabe, das *Einfrieren von Bewegungen,* mehrere Hilfen an:

1. *Kurze Verschlußzeit:* Den größten Einfluß auf das erfolgreiche Einfrieren einer Bewegung hat die Geschwindigkeit und Bewegungsrichtung des Motivs. Wichtig sind auch Aufnahmedistanz und verwendete Brennweite. So sollten mit einer 50 mm-Brennweite Fußgänger, die sich etwa in 5 m Entfernung quer zur Aufnahmerichtung bewegen, mit 1/500 s belichtet werden, bei einer Entfernung von 15 m mit 1/125 s. Eine umfassende Tabelle ist im Abschnitt zur Sportfotografie ausgedruckt (Kap. V 5 b). Für die meisten alltäglichen Situationen reicht aber 1/125 s aus.

Um mit längeren Verschlußzeiten zu einem scharfen Bild zu kommen, können zahlreiche Bewegungen in ihrem Höhepunkt festgehalten werden. So steht ein hochgeworfener Ball den Bruchteil einer Sekunde in der Luft, bevor er wieder herunterfällt. Das gleiche gilt für Sprünge, Pendelbewegungen (z. B. Schaukel) o. ä.

2. *Blitz:* Wenn die kürzeste Verschlußzeit aber immer noch nicht reicht, um eine Bewegung einzufrieren, oder wenn die geöffnetste Blende noch immer eine zu lange Belichtungszeit erfordert, dann hilft in vielen Fällen nur noch der Elektronenblitz mit seiner extrem kurzen Leuchtzeit, die durch die Computersteuerung noch weiter verkürzt wird (vgl. Abb. 27). Wenn es dabei aber nicht zu einer Überlagerung eines verwischten und eines scharfen Bildes kommen soll (Abb. 50), muß entweder das Raumlicht stark abgedunkelt werden oder die Blende muß bei Verwendung

50 Bei der absichtlichen Kombination von langer Belichtungszeit und Blitzlicht ist die Blende so abzustimmen, daß bei der Langzeitbelichtung ausreichend Licht auf den Film fällt. Der Blitz wurde über der Kamera gezündet. 135 mm-Objektiv, 1/2 s, Bl. 8.

eines Blitzes ca. 2–3 Stufen weiter geschlossen werden, als der Belichtungsmesser bei normaler Motivmessung anzeigt (vgl. Farbabb. 23).

3. *Sequenz:* Um auch bei »eingefrorenen« Fotos die Bewegung augenscheinlich zu machen, kann sie in mehrere Einzelbilder aufgespalten werden (vgl. Abb. 98). Dies ist nicht nur für die wissenschaftliche und dokumentarische Fotografie wichtig, sondern auch für die kreative Arbeit von Bedeutung (Kap. V 6).
4. *Stroboskop:* Ein Stroboskop liefert innerhalb kürzester Zeit zahlreiche Blitze (10–20 pro Sekunde). Es lassen sich damit Bewegungen in einzelne Phasen zerhacken und auf einem Bild darstellen. Mit einem leistungsstarken Computerblitz ist bei geringer Blitzentfernung andeutungsweise ein ähnlicher Effekt zu erreichen (allerdings nicht mit so hoher Blitzfrequenz). Ein

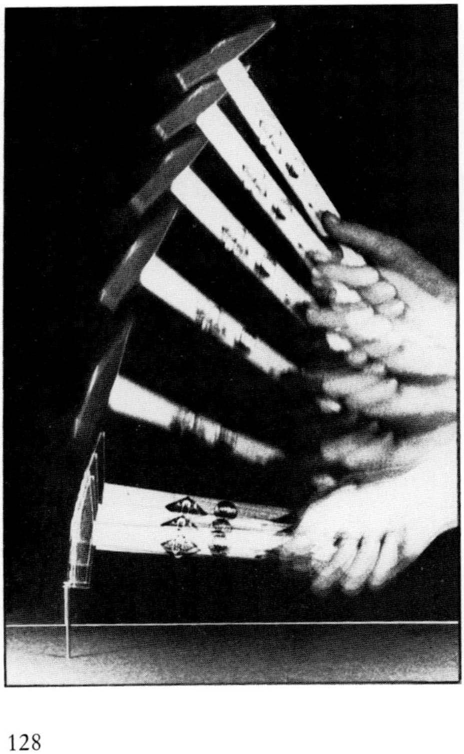

51
In einer Stroboskopaufnahme ist eine Bewegung in einzelne Phasen zerlegt. Aufnahmetechnisch geschieht dies in der Regel durch rasch aufeinanderfolgende Blitze. Der Raum sollte dazu weitestgehend abgedunkelt sein. Der Verschluß der Kamera bleibt über die gesamte Zeit geöffnet. Eine andere Möglichkeit, Stroboskopbilder zu erhalten: Eine Scheibe mit einem Schlitz rotiert, von einem Motor (Bohrmaschine o. ä.) angetrieben, vor dem Kameraobjektiv. Auch hier ist der Kameraverschluß während der gesamten Bewegung geöffnet.

Bastler kann auch eine Scheibe mit einem Segmentausschnitt vor einem hellen Scheinwerfer rotieren lassen und so sein Stroboskop selbst bauen. Für entsprechende Fotos empfiehlt sich ein dunkler Hintergrund (Abb. 51).

Läuft eine Bewegung schneller ab, als sie von der Belichtungszeit eingefangen werden kann, wird sie verwischt wiedergegeben. Solche *»bewegungsunscharfen«* Fotos entwickeln eine ungeheure Dynamik, da in ihnen die Geschwindigkeit geradezu sichtbar wird. Wichtig ist aber das richtige Maß an Verwischung. Ihre Wirkung ist dabei nicht nur von der Motivgeschwindigkeit u. a. abhängig, sondern ebenso vom Hell-Dunkel-Kontrast zwischen Motiv und Hintergrund. Man kommt dabei um einige Probeaufnahmen nicht herum. Neben dem Sport bietet u. a. der Jahrmarkt mit den

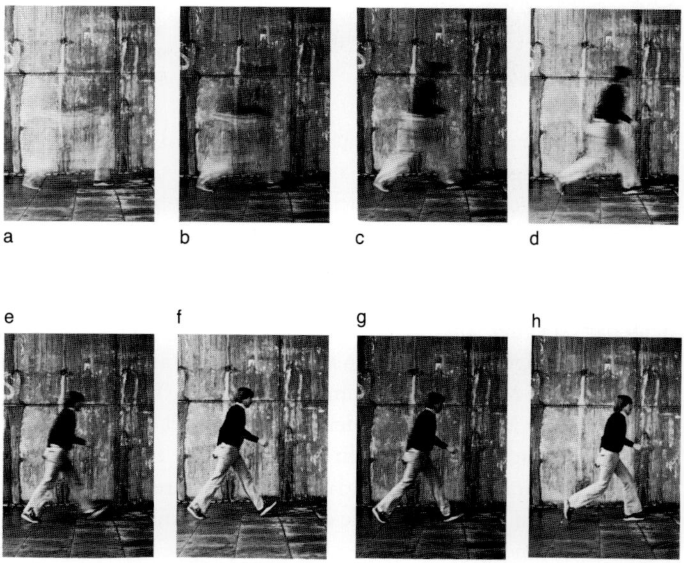


52 a–h Die Serie zeigt die Wirkung verschiedener Verschlußzeiten bei der Aufnahme einer gehenden Person. Bei 1/2 s sind nur noch andeutungsweise die Schuhe sichtbar; erst bei 1/250 s wird die gehende Person in der Bewegung scharf abgebildet: a) 1/2 s – b) 1/4 s – c) 1/8 s – d) 1/15 s – e) 1/30 s – f) 1/60 s – g) 1/125 s – h) 1/250 s.

53 Aus zwei auseinandergenommenen Diarahmen läßt sich ein einfacher Motivsucher leicht selbst bauen. Der Abstand des Auges muß so gewählt werden, daß das kleine und das große Rechteck bei der Durchsicht optisch deckungsgleich sind.

vorüberhuschenden Lichtern seiner Karusselle ein dankbares Motiv für Verwischungen.

Es gibt übrigens unterschiedliche Meinungen, ob auf einer Aufnahme mit Bewegungsunschärfe unbedingt noch irgend etwas scharf abgebildet sein muß. Jedenfalls erleichtert ein scharfes Detail dem Betrachter den Zugang zum Bild. Mit zunehmender Verwischung steigt der Grad der Abstraktion (Abb. 52).

Noch mehr Übung als ein Foto mit Bewegungsunschärfe verlangt das sogenannte Mitziehen der Kamera (Farbabb. 27). Dabei verfolgt die Kamera das Motiv während der Belichtung. Mit viel Glück wird der Hintergrund völlig verwischt und das Motiv trotzdem scharf abgebildet. Voraussetzung ist, daß z. B. ein fahrendes Auto die gesamte Zeit auf die gleiche Stelle des Negativs projiziert wird. Die Verschlußzeiten liegen je nach Motivgeschwindigkeit zwischen 1/8 s und 1/30 s (vgl. Abb. 100). Bei Spiegelreflexkameras klappt während dieser Zeit unglücklicherweise der Spiegel hoch, so daß der Sucher dunkel bleibt. Ein behelfsmäßiger Sportsucher läßt sich dazu selbst bauen (Abb. 53).

Der Belichtungszeit als Gestaltungsfaktor sollte der Fotoamateur ruhig etwas mehr Aufmerksamkeit schenken, da doch weite Bereiche der Fotomotive von der Bewegung leben, der Fotograf aber in seinem Bild nur einen winzigen Zeitausschnitt daraus darstellen kann (vgl. Kap. IV 3 a).

## 2 Fotografieren in Farbe

Die meisten Aussagen dieses Buches haben für die Schwarzweißfotografie in gleichem Maße Gültigkeit wie für die Farbfotografie. In Ausnahmefällen wird an entsprechenden Stellen auf die Unterschiede hingewiesen.

Warum dennoch ein spezielles Kapitel zum Bereich Farbe in der Fotografie? Weil es uns die Fotoindustrie recht einfach gemacht hat, mit entsprechend sensibilisierten Filmen »bunte Bilder« herzustellen. Die Farben der Natur aber gerade so im fertigen Bild zu erhalten, wie man sie mit den Augen wahrgenommen hat, erfordert einige Vorkenntnisse über das, was Farbe eigentlich ist. Noch unerläßlicher ist solches Wissen, wenn man Farbe bewußt als Gestaltungsmittel einsetzen will. Ziel dieser Grundüberlegungen soll es sein, ein bewußteres Verhältnis zur Farbe zu bekommen, sie also nicht nur quantitativ – vielfarbig oder einfarbig –, sondern qualitativ zu begreifen. Dazu ist zunächst ein kurzer Exkurs über die physikalischen Grundlagen notwendig.

### *a) Was ist Farbe?*

Bei dem Begriff Farbe denkt man zunächst an das Material des Malers. Eine rote Wand wäre demnach eine rot »angestrichene« Wand, ein grünes Blatt hat folglich grüne Farbstoffe in sich. Eine solche Erklärung hilft in der Fotografie nicht viel weiter, sie ist außerdem physikalisch nicht ganz richtig. Was wir als Rot, Grün, Gelb, Blau usw. bezeichnen, entsteht durch das Zusammenwirken von drei Faktoren:

- die spektrale Zusammensetzung des Lichtes;
- Materialeigenschaften und molekulare Struktur der Fläche, die das Licht reflektiert;
- die Wahrnehmung von Auge und Gehirn.

Farbe ist nichts anderes als Licht; ohne Licht hat die Umwelt für den Menschen keine Farben. In der Dämmerung nimmt die Farbigkeit ab. Licht ist aber doch etwas sehr Helles, nahezu Weißes, ließe sich fragen, wo steckt da ein Rot oder Grün? – Als Licht wird derjenige Teil der elektromagnetischen Strahlung, die uns umgibt, bezeichnet, den der Mensch mit den Augen wahrnehmen kann. (Röntgenstrahlen z. B. sind zwar ebenso elektromagnetische Strahlung, aber wir können sie nicht sehen, sie sind kein Licht.) Sämtliche Strahlung wird in Wellenlängen gemessen, und das Licht nimmt dabei nur den relativ schmalen Bereich zwischen 400 nm und 700 nm (Nanometer = Milliardstel Meter). Was wir als weißes Licht wahrnehmen, ist in Wirklichkeit ein Zusammenspiel der verschiedensten Regenbogenfarben. Die Farben werden als Spektralfarben, ihr Wellenbereich als *Spektralbereich* bezeichnet. Er reicht von Violett (400 nm) über Blau, Grün und Gelb bis nach Dunkelrot (700 nm), anschließend folgt der Infrarotbereich (vgl. Farbabb. 18). Stehen die Spektralfarben in einem bestimmten, gleichen Mengenverhältnis zueinander, empfinden wir das Licht als »reines Weiß« (Sonnenlicht um die Mittagszeit, Blitzlicht und ähnliche Lichtquellen). Wird ein Teil des Spektrums zurückgehalten, verschiebt sich die Lichtfarbe mit einer Tendenz zum übrigbleibenden Rest, z. B. Morgenrot, Abendrot: Die Atmosphäre absorbiert Blau, die Rottöne überwiegen (Abb. 54).

Ähnlich verhält es sich bei einer grünen oder roten Wand. Die Malerfarbe ist dabei nichts anderes als ein *Material,* das aufgrund der *Struktur* (seiner Moleküle) einen Teil der Lichtfarben »verschluckt«. Der Rest, der reflektiert wird, erscheint uns als Objektfarbe. Ein Objekt, mit weißem Licht beleuchtet, wirkt weiß, wenn nahezu alles, rot, wenn nur rotes, und schwarz, wenn nahezu gar kein Licht reflektiert wird.

Als dritter Aspekt spielt nun die *Wahrnehmung* des Menschen eine Rolle. Was wir mit unseren eigenen Augen sehen, ist aus den verschiedensten wahrnehmungsphysiologischen Gründen nicht

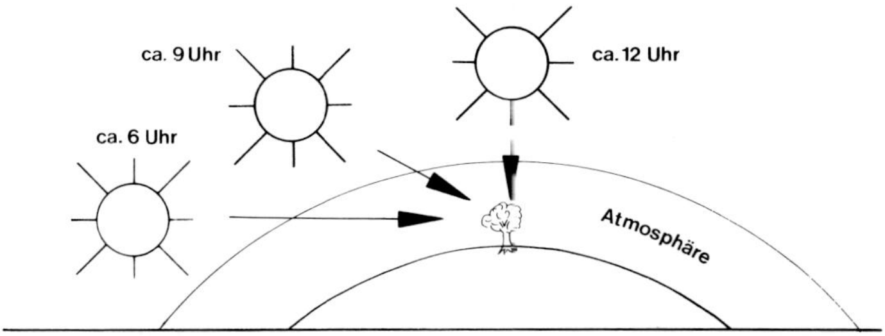


54 Je schräger das Licht der Sonne die Atmosphäre durchbricht, desto mehr verschiebt sich die Lichtfarbe nach Rot. Der Weg des Sonnenlichtes ist gegen Mittag am kürzesten: Das Licht ist fast weiß.

immer objektiv richtig. So meint man, die Farben selbst mit einer getönten Sonnenbrille oder bei farbiger Beleuchtung immer noch einigermaßen richtig beurteilen zu können. Ein Blatt weißes Papier wird uns immer weiß erscheinen und eine Blattpflanze immer grün, selbst wenn beides durch die Lichtfärbung schon beinahe violett wäre. Farbfilme lassen sich nicht so leicht täuschen. Sie zeichnen objektiv die reflektierte Motivfarbe auf. Oft empfinden wir diese dann zu unserer Überraschung als falsch, weil wir sie subjektiv ganz anders wahrgenommen haben. Die Anpassung des Auges an das vorherrschende Licht und die daraus resultierende subjektive Wahrnehmung erschweren ganz erheblich die Beurteilung der objektiven Lichtsituation am Aufnahmeort. Dieses Problem läßt sich nicht völlig ignorieren, und es gibt bei der praktischen Aufnahmearbeit gewisse Grundregeln:

1. Große farbige Flächen reflektieren farbiges Licht. Probleme entstehen bei Innenaufnahmen in Räumen mit farbigen Decken und Wänden, bei Außenaufnahmen mit farbigen Mauern. Auch der blaue Himmel ist eine riesige blaue Fläche.
2. Sonnen- und Regenschirme sowie farbige Gardinen filtern das Aufnahmelicht und erzeugen einen Farbstich auf den Bildern.
3. Versuchen Sie sich einen zumindest einigermaßen objektiven Blick zu bewahren, indem Sie die Augen gelegentlich schließen

und nicht durch große einfarbige Flächen Ihr Wahrnehmungsvermögen über Gebühr beanspruchen. Machen Sie es im übrigen so wie beim Kleiderkauf: Betrachten Sie Ihr Fotoobjekt auch mal bei anderem Licht.

### *b) Farbtemperatur*

Von den verschiedenen Lichtquellen, über die wir verfügen, strahlen nur die wenigsten weißes Licht aus. Selbst das Sonnenlicht zeigt sich nur um die Mittagszeit weiß. Um die Farbe einer Lichtquelle eindeutig zu kennzeichnen, wird der Begriff der Farbtemperatur benutzt. Dieser eigenartige, scheinbar sachfremde Terminus wird von der Tatsache abgeleitet, daß die meisten Lichtquellen Temperaturstrahler sind, die leuchten, weil sie glühen (Glühlampe). Für eine Begriffserklärung hat man sich dazu einen sogenannten »schwarzen Körper« (denken Sie anschaulicherweise an ein Stück Metall) vorzustellen, der zwar sämtliche auf ihn fallende Energie absorbiert, selbst aber keine Reflexion besitzt. Wenn man einen solchen Körper erhitzt, wird er rotglühend, später weißglühend und im Stadium der Verdampfung blauglühend. Jedem dieser Stadien der Materialfarbe läßt sich eine entsprechende Temperatur zuordnen. Sie wird in Kelvin gemessen (0° Celsius = 273 Kelvin). Eine Farbtemperatur von 5500 Kelvin, z. B. die eines Elektronenblitzes, besagt demnach, daß der Blitz genau die Lichtfarbe hat, die der schwarze Körper bei 5500 Kelvin Erhitzung haben würde. Es ist aber nochmals zu betonen, daß sich die Bezeichnung Kelvin nicht auf das »Ausstrahlungsspektrum« des schwarzen Körpers, sondern nur auf das Aussehen der jeweiligen Lichtfarbe bezieht. Die Farbtemperatur (man spricht auch von Verteilungstemperatur) bekommt aber erst Aussagekraft im Vergleich mit anderen Lichtquellen:

| *Sensibilisierung von Colorfilmen* | *Kelvin* | *Mired* |
|---|---|---|
| Tageslichtfilm | 5500 | 182 |
| Kunstlichtfilm | 3200 | 312 |

| *Künstliche Lichtquellen* | *Kelvin* | *Mired* |
|---|---|---|
| Kerzen | 1500–2000 | 666–500 |
| Haushaltsglühlampen (ca. 60 Watt) | ca. 2500 | 400 |
| Glühlampen (ca. 500 Watt) | 2800 | 357 |
| Projektionslampen (je nach Typ) | ca. 3000 | 340 |
| Fotoleuchten (500 Watt) | 3200–3400 | 312–294 |
| Halogenlampen | 3400 | 394 |
| Blitzgerät | 5500 | 182 |
| *Natürliche Lichtquellen* | | |
| Sonnenaufgang und -untergang | 2500–3850 | 400–260 |
| Mondlicht | 4100 | 243 |
| Tageslicht (ca. 2 Std. vor und nach Sonnenhöchststand) | 5500 | 182 |
| Bedeckter Sonnenhimmel | 7200 | 140 |
| Nebel | 8350 | 120 |
| Blauer Himmel | 9000–12 000 | 111–83 |
| Wolkenloser Sonnenhimmel | bis 23 000 | bis 40 |

Neben den Angaben in Kelvin setzen sich zunehmend die Mired-Werte durch. Mired ist die Abkürzung für »Micro-reciprocal-degree« (der umgekehrte Millionstel Wert):

$$\text{Mired-Wert} = \frac{1\,000\,000}{\text{Kelvin}}$$

Was aber nützt das Wissen um die richtige Farbtemperatur überhaupt? Angesprochen wurde schon wiederholt die notwendige Entscheidung zwischen Tageslichtfilm und Kunstlichtfilm, die über die gröbsten Sprünge hinweghilft. Für eine genaue Angleichung des Aufnahmelichts an die Filmemulsion gibt es außerdem zahlreiche *Filter,* die die Farbtemperatur in ziemlich genauen Abstufungen anheben oder senken (Kodak: Light Balancing Filter). Diese Filter sind als Gelatinefolien erhältlich; Farb- und Dichtewerte werden auch in Mired angegeben. Über die Hersteller gelangt man an entsprechende Datenblätter – dies nur als Hinweis für denjenigen, der sich intensiver damit auseinandersetzen will.

Es gibt auch spezielle *Farbtemperaturmesser,* mit denen sich jeweils die exakte Temperatur des Lichts ermitteln läßt. Diese Geräte sind allerdings nicht gerade preiswert und richten sich auch z. B. eher an den Sachfotografen, dem es auf exakteste Farbtreue ankommt. Der Rotstich eines Sonnenuntergangs (Farbabb. 36) und der Blaustich bei Nebel (Farbabb. 32) gehören andererseits, so meine ich, doch zum Landschaftsmotiv dazu. Ihn herauszufiltern wäre falsch. So reichen für den Amateur meist die üblichen *Konversionsfilter* für Tages- und Kunstlicht, ein leicht rosa *Skylightfilter* und eventuell noch ein hellblaues Filter, um das abendliche Sonnenrot doch noch aufzufangen.

Es fällt auf, daß die Farbtemperatur in Kelvin nur den Blau-Rot-Abgleich angibt, der Grün-Violett-Bereich jedoch nicht erfaßt wird. Hierzu benötigte man komplizierte Meßgeräte. Da solche Farbtendenzen in der Natur aber nur sehr selten vorkommen, kann dieser Punkt vernachlässigt werden.

Abschließend soll nicht verschwiegen werden, daß die zunehmende Verbreitung von *Leuchtstoffröhren* als Beleuchtungskörper den Fotografen vor Probleme stellt. Leuchtstoffröhren, Natriumdampflampen und einige andere Leuchten sind keine Warmstrahler mit einem kontinuierlichen Verlauf des Spektrums, sondern besitzen als Kaltstrahler eine eigenartig unausgeglichene Verteilung von Wellenlängen (Abb. 55). So ist es nicht ohne weiteres möglich, entstehende Farbstiche, die bei Tageslichtfilm meist nach Grün, bei Kunstlichtfilm nach Blau tendieren (Farbabb. 1), herauszufiltern. (Dieses Neon-Grün hat übrigens nichts mit dem oben erwähnten Grün-Violett-Abgleich zu tun!)

Die Schwierigkeit wird nicht geringer durch die verschiedenen Typen von Leuchtstoffröhren, die sich zur Zeit auf dem Markt befinden. Amerikanische Leuchten tragen Bezeichnungen wie »Warm White«, »Daylight« usw., deutsche Marken sind durch eine

55 Jedes Licht besteht aus unterschiedlichen Spektralfarben: Während das Tageslicht alle Spektralfarben noch einigermaßen gleichmäßig enthält, hat Kunstlicht einen besonders großen Rotanteil. Im Licht von Leuchtstoffröhren sind einzelne Spektralbereiche quantitativ extrem vertreten. Das macht es fast unmöglich, so entstandene Farbstiche herauszufiltern.

Tageslicht

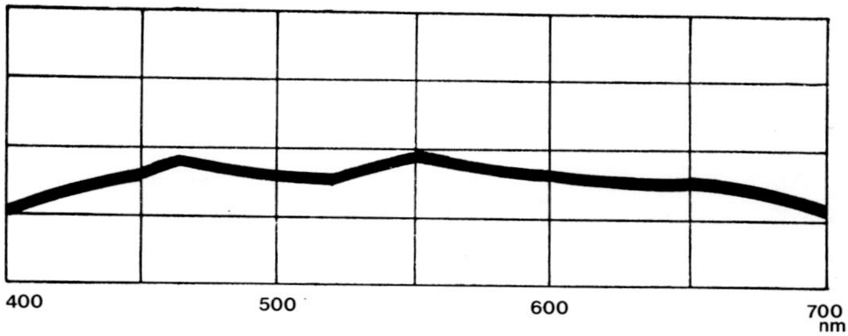


Kunstlicht

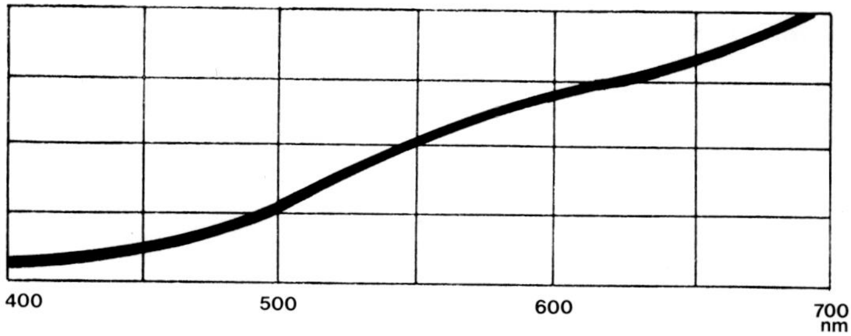


Leuchtstoffröhren

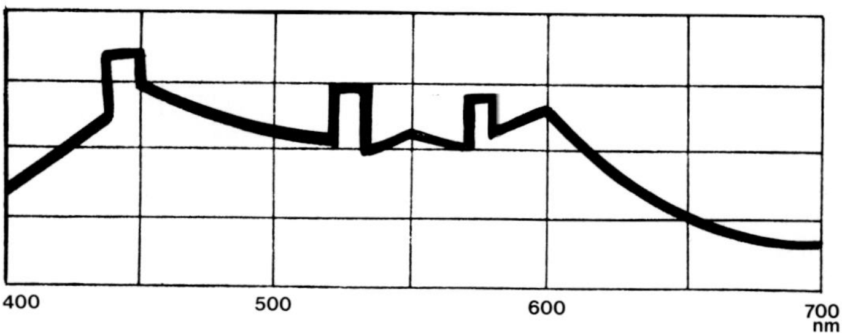


Lichtfarbe

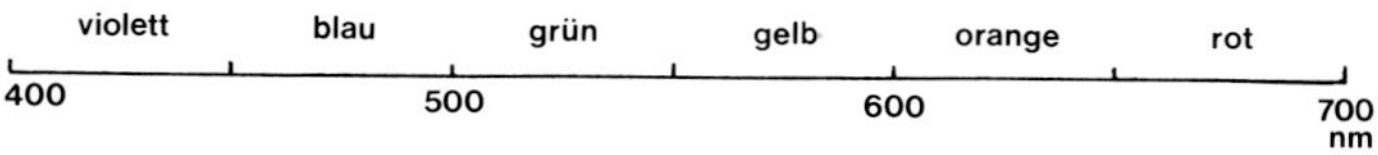

Typennummer gekennzeichnet. Obwohl ihr Licht dem Auge normal weiß erscheint, verursachen sie einen deftigen Farbstich, der bei Tageslichtfilm in Richtung Purpurrot gegengefiltert werden kann. Von Hoya gibt es mittlerweile einen sogenannten FL-Filter, der den unschönen Farbstich teilweise beseitigen soll.

Aber wenn es schon so schwierig ist, etwas dagegen zu tun, sollten Sie diesen eigenartigen Farbstich doch ruhig einmal bewußt ausnutzen: Fotografieren Sie die nächtliche Großstadt mit ihren beleuchteten Schaufenstern, ihren Reklame-Schriftzügen, ihren spärlich erhellten Nebenstraßen und Unterführungen sowie den im vollen Lichterglanz erstrahlenden Hauptstraßen. Berücksichtigen Sie bei Ihren Aufnahmen, daß gerade ein Grünstich immer etwas geheimnisvoll, gruselig, unwirklich oder doch ziemlich »überdreht« wirkt.

# 3 Die Bildgestaltung

Selbst wenn es eine Kamera gäbe, die bei allen Lichtsituationen perfekt belichtete, scharfe, unverwackelte und richtigfarbige Fotos ermöglichte, wäre man, als engagierter Fotoamateur in der Beurteilung von Fotos anspruchsvoller geworden, trotzdem mit den Aufnahmen nicht zufrieden. Zu häufig noch würde sich die Vorstellung des fertigen Bildes beim Fotografieren vom tatsächlichen Endprodukt unterscheiden. Der Unterschied zur Fotoidee kann im Einzelfall so groß sein, daß das Bild gar nicht als eigene Aufnahme erkannt wird. Das Auge sieht trotz Ähnlichkeiten in seiner Konstruktion ganz anders als das Objektiv der Kamera. Es ist das Gehirn mit seinen komplizierten, verschiedenartig beeinflußten Strukturen, das es uns erst möglich macht, Motive mit dem Hilfsmittel Auge wahrzunehmen. Die Frage nach der »richtigen« Sehweise von Objektiv oder Auge ist dabei allerdings müßig. Stellt man einige Eigenschaften der beiden »Aufnahmeinstrumente« gegenüber, ist ihre Andersartigkeit deutlich zu erkennen:

| *Menschliches Auge* | *Kamera* |
|---|---|
| zweiäugig | einäugig |
| dreidimensional | zweidimensional, flächig |
| inhaltliche Ausschnitte auswählend (selektiv) | formale Ausschnitte auswählend |
| subjektiv | authentisch/objektiv |
| grob farbempfindlich | fein farbempfindlich oder grauempfindlich (bei Schwarzweiß) |
| mit fester Brennweite | bei Wechselobjektiven: verschiedene Brennweiten |
| mit starrem Blickwinkel ein weites Blickfeld | bei Wechselobjektiven: verschiedene Blickwinkel bei starrem Blickfeld |
| mit scheinbar totaler Bildschärfe | begrenzte Schärfe und Unschärfe nach Wunsch |
| gering lichtempfindlich | durch verlängerte und addierbare Belichtungszeit hoch lichtempfindlich |
| kontrastausgleichend durch Veränderung der Pupille | durch die auf die Gesamthelligkeit festgestellte Blende scheinbar kontraststeigernd bei kontrastreichen Motiven |

Da Fotos nun aber einmal mit der Kamera aufgenommen werden, müssen wir lernen, *fotografisch zu sehen.* Nur so können wir mit dem Hilfsmittel Kamera Bilder gestalten, die unseren Vorstellungen entsprechen. An einigen generellen praktischen Gesichtspunkten soll dieses fotografische Sehen verdeutlicht werden.

## *a) Ausschnitte und ihre Wirkungen*

Nicht nur wegen seines (irgendwie) festgelegten Formates kann ein Foto immer nur einen Ausschnitt der wahrnehmbaren Wirklichkeit abbilden. Der ausschnitthafte Charakter der Fotografie bedeutet zudem, daß ein Foto immer nur einen zeitlichen Moment des Geschehens und zugleich nur dessen visuellen Aspekt wiedergibt. An Beispielen soll verdeutlicht werden, wie daraus Bildfehler oder auch kreative Fotos entstehen können.

Um z.B. den Wahlkampfauftritt eines Politikers im eigenen Wohnbezirk zu fotografieren, setzen viele Amateure ihre Teleobjektive vor die Kamera und zielen aufs Rednerpult. Die Bilder zeigen aber später nur das Gesicht des Prominenten. Die Plakate und Spruchbänder sowie die anwesende Menschenmenge sind außerhalb des Ausschnittes geblieben. Daß der Rednerauftritt an einem bestimmten Ort stattgefunden hat – die (möglicherweise) eigentliche Begründung für das Fotografieren dieses Motivs überhaupt –, wird anhand der Fotos später nicht deutlich und kann höchstens verbal mitgeteilt werden. Andererseits: Will man ein Thema wie Einsamkeit, Leere, Alleinsein fotografisch darstellen, ist dies auch in einem überfüllten Raum, in einem stark besuchten Park möglich. Wichtig ist nur, daß ein Ausschnitt, eine leere Ecke, ein paar Quadratmeter Wiese o. ä. gefunden werden, wodurch das Thema – ausschnitthaft – verdeutlicht werden kann. Da das gesamte Blickfeld unserer Augen im Regelfall größer ist als der Blickwinkel des Objektivs, empfiehlt es sich, zur Übung das Blickfeld der Augen bewußt einzugrenzen. Als Hilfsmittel nimmt man einen Diarahmen als Motivsucher, der, in wechselndem Abstand vor das Auge gehalten, mögliche Ausschnitte des Motivs anzeigt.

Neben der *räumlichen* Ausschnitthaftigkeit darf nicht vergessen werden, daß Fotos auch nur *zeitliche* Ausschnitte zeigen. Von Autorennstrecken, aber auch Autobahnen und Stadtstraßen sind zahlreiche Amateuraufnahmen bekannt, in denen »rasende« Fahrzeuge – nicht mitgezogen – mit 1/1000 s fotografiert scharf wiedergegeben werden (Abb. 56). Leider scheinen dann – nach den Bildern zu urteilen – die Fahrzeuge auf der Fahrbahn zu stehen. Andererseits kann aber auch z. B. der Fußballer nur in der Form eben solcher Momentaufnahmen im Augenblick des Torschusses festgehalten werden (vgl. Abb. 104). Die Fähigkeit der Fotografie, 1/60 s oder 1/250 s eines komplexen Geschehens ausschnitthaft festzuhalten, ist einer der Aspekte, der die Faszination dieses Hobbys erklärt.

Daß die Kamera nur Dinge erfassen kann, die man selbst auch visuell wahrnimmt (mit Ausnahme unsichtbarer Strahlung, Astro- und Mikrobereich u. a.), scheint nur zu selbstverständlich zu sein. Unsere Eindrücke aber werden von den verschiedensten Sinneswahrnehmungen geprägt. Die Atmosphäre eines orientalischen

56 Wird ein vorbeirasender Rennwagen mit zu kurzer Verschlußzeit aufgenommen, scheint er auf dem Foto zu stehen. Das Foto zeigt nur einen winzigen zeitlichen Ausschnitt aus der Gesamtbewegung des Wagens. Das Auge wäre gar nicht in der Lage, einen solchen Moment wahrzunehmen. (Foto: R. Loch, Bochum)

Gewürzbasars, der Geschmack eines herben Weines, die Stimmung einer verträumten Sommernacht oder auch Elend, Krankheit und Leid lassen sich nicht ohne weiteres im Foto darstellen. Gerüche und Berührungen, Musik, Ruhe oder Schmerz sind nicht unmittelbar visuell wahrzunehmen. Sie können allerdings meist durch visuelle Symbole wiedergegeben werden. Um enttäuschende Bilder zu vermeiden, sollte man durch Training lernen, sich, wenn notwendig, nur auf die rein optische Aussage eines Motivs zu konzentrieren und dann zu entscheiden, ob eine Aufnahme wirklich lohnt, d. h. ob sie das wiedergeben kann, was man empfindet. Werden Sie aber nie ein so besessener Fotograf, daß Sie, nur auf der Suche nach guten Motiven, Ihre anderen Sinne vernachlässigen.

### *b) Perspektive*

Um räumliche Tiefe zweidimensional darzustellen, bedienen sich die bildenden Künstler seit Jahrhunderten der Perspektive. Da die Perspektive ein Schlüsselbegriff in der Gestaltung von Bildern ist, taucht auch sie unter den verschiedenen Gesichtspunkten in allen fotografischen Überlegungen wieder auf.

a

c

b

57 a–c Konvergierende Linien:
a) Alle parallel in die Tiefe verlaufenden Linien schneiden sich im Fluchtpunkt. Dieser liegt immer auf der Horizontlinie –
b) Die sogenannten stürzenden Linien bei Architekturaufnahmen sind ebenfalls Fluchtlinien; der Fluchtpunkt kann auch außerhalb des Bildes liegen –
c) Der Horizont des Bildes wird durch die mittlere Linie markiert; er wird von den Häusern verdeckt. Durch Kippen der Kamera kann er nach oben oder unten verschoben werden.

*Konvergenz der Linien:*
Blickt man einen geraden Weg entlang, so scheinen dessen Randlinien mit zunehmender Entfernung zusammenzulaufen (konvergieren) und sich in einem bestimmten Punkt zu schneiden (vom Schnittpunkt aus gesehen »divergieren« die Linien, sie laufen auseinander). Der gleiche Eindruck entsteht, wenn man seitlich an einer Häuserreihe entlangschaut oder an einem hohen Bauwerk empor- bzw. von einem solchen Gebäude hinunterblickt. Immer verkleinert sich der Abstand zwischen den sich von uns entfernenden parallelen Linien. Sie schneiden sich jeweils im sogenannten Fluchtpunkt, der innerhalb oder außerhalb des Bildaussschnitts liegen kann (Abb. 57). Quadrate und Rechtecke (z. B. Fenster) erscheinen trapezförmig, Kreise (z. B. Räder) werden elliptisch. Sie sind perspektivisch verzeichnet. Nur jene parallelen Linien, die parallel zur Filmebene verlaufen, werden verzeichnungsfrei wiedergegeben (mit gewissen Einschränkungen bei Weitwinkelobjektiven). Zugleich scheinen sich die Objekte mit zunehmender Entfernung zu verkleinern.

All diese Regeln der Zentralperspektive sind uns selbstverständlich, da wir mit ihnen aufgewachsen sind, sie gehören zu unserer Kultur. (Die alten Ägypter beispielsweise hatten ganz andere Vorstellungen, wie an ihren überlieferten Malereien zu sehen ist.) Für die Gestaltung von Fotos ist es wichtig, daß Sie die Gesetze der Perspektive bewußt zur Steigerung der Aussage Ihrer Bilder anwenden.

Charakteristisch für konvergierende oder divergierende Linien ist es, daß sie einen stark richtungsweisenden Charakter besitzen. Der Blick orientiert sich an ihnen entlang zum Fluchtpunkt oder ertastet von diesem ausgehend das gesamte Bild. In diesem Punkt bzw. entlang der richtungweisenden Linien müßte folglich das bildwichtigste Motiv liegen. Straßen, Wege und Eisenbahnschienen, Alleen und Reihenhäuser bieten sich für diese bewußte Gestaltung von räumlicher Tiefe an (vgl. Farbabb. 28). Die Bildwirkung kann durch einen tiefen Kamerastandpunkt noch gesteigert werden.

Liegt der Fluchtpunkt außerdem auf der senkrechten Mittelachse des Fotos, entsteht bei zahlreichen Motiven ein beinahe klassischer symmetrischer Bildaufbau. Gartenanlagen und Schlösser fordern eine entsprechende Gestaltung des Fotos häufig geradezu heraus. Aber auch für andere Motive läßt sich die Symmetrie nutzen. Sie unterstützt Vorstellungen von Ordnung, Harmonie und Ausgewogenheit; der Bildaufbau wirkt formal streng, ruhig, distanziert und kühl, gelegentlich aber auch monoton und langweilig. Aussage und Aufbau des Bildes müssen hier besonders übereinstimmen, oder besser: Der symmetrisch-formale Aufbau muß die Absicht des Fotografen unterstützen helfen.

Wenn festgestellt wurde, daß die Konvergenz in der Perspektive als natürlich empfunden wird, so gilt dies nicht ohne Einschränkung für vertikale konvergierende Linien. Fotografiert man ein Fenster, ein Haus oder einen sitzenden bzw. stehenden Menschen von unten mit nach oben gewinkelter Kamera, ist der Vordergrund unverhältnismäßig massiv, weiter entfernte Teile erscheinen unangemessen klein. Diese perspektivischen Verzeichnungen werden in der Architekturfotografie als »stürzende Linien« bezeichnet und meist als störend empfunden (vgl. Kap. V 2).

*Optische Verkleinerung:*
Da in der perspektivischen Verkürzung die Abstände zwischen den Parallelen mit zunehmender Entfernung abnehmen, werden sämtliche Objekte innerhalb des Motivs mit zunehmendem Kameraabstand ebenfalls kleiner. Es zeigt sich, daß mit Verdoppelung der Entfernung sich die meßbare Größe des Objekts auf dem Foto halbiert: Das Maß der Verkleinerung ist also proportional zur Entfernung. Wenn also eine Person 5 m von der Kamera entfernt steht und auf einem 18 × 24 cm-Foto 12 cm mißt, ist sie bei einer Entfernung von 10 m nur noch 6 cm groß (diese Regel gilt für alle Brennweiten); d. h., jedes Objekt, so groß es auch in der Natur sein mag und so lang die benutzte Brennweite auch ist, läßt sich in jeder beliebigen Verkleinerung fotografieren, sofern nur der Abstand zum Motiv groß genug ist. Da aber die Elemente des Motivs, die groß abgebildet sind, auch stets das Motiv beherrschen, läßt sich z. B. eine Person vor einem riesigen Gebäude so fotografieren, daß die Person im Verhältnis größer – weil näher an der Kamera – und das Gebäude entsprechend verkleinert wiedergegeben wird. Dies mag dann in den Größenverhältnissen unwirklich, von der Bildaus-

sage her aber durchaus real sein. Bewußt verfälscht wird die Wiedergabe der Wirklichkeit, wenn sich besagte Person z. B. spaßeshalber an einer Kirchturmspitze festzuhalten scheint. Die weite Entfernung zur Kirche und eine geringe Distanz zur Person lassen für die Kamera beide gleich groß erscheinen. Eine entsprechende Steuerung von Körper- und Armhaltung bei genauer Kontrolle durch den Sucher, ein geschickt gewählter Aufnahmestandpunkt, der die Distanz zwischen Person und Gebäude verschleiert, die raffende Wirkung eines Teleobjektivs – fertig ist die perfekte Täuschung.

*Flache Abbildung:*
Wenn Film- und Objektebene parallel stehen, werden parallele Linien, die Fensterlinien eines Hauses, das Geländer einer Brücke u. ä., auch parallel, also nicht verzeichnet, wiedergegeben. Besteht aber nur der kleinste Winkel zwischen Filmebene und der Ebene des Objekts, kommt es zu perspektivischen Veränderungen: Es entsteht der Eindruck von räumlicher Tiefe. Den meisten Fotos bekommt ein ganz klein wenig Verzeichnung sehr schlecht (vgl. Kap. V 2 b). Die Abbildung wirkt dann weniger räumlich, sondern eher schief. (Man darf nicht vergessen, daß Fotos rechteckig oder quadratisch sind; die gegenüberliegenden Ränder verlaufen parallel. Jede nicht parallele Linie im Foto fällt daher sofort auf.) Wenn also die Ausdehnung eines Raumes durch konvergierende Linien verdeutlicht werden soll, muß dies auch deutlich geschehen.

Es kann besonders störend wirken, wenn waagerechte wie senkrechte Linien verzeichnet werden. Dies geschieht häufig bei der Benutzung von Weitwinkelobjektiven. Wenn der Bildwinkel selbst dann nicht reicht, um ein Gebäude formatfüllend auf das Foto zu bekommen, neigt man dazu, die Kamera schräg zu halten und so sehr zu verkanten, daß alle Linien verzeichnet wirken. Geradlinige Objekte werden so unangenehm verzerrt (vgl. Abb. 80).

Es muß aber nicht unbedingt der Eindruck von Räumlichkeit im zweidimensionalen Foto entstehen. Unverzeichnete Ansichten von Häuserfronten, Baumreihen und Wänden wirken enorm statisch und geometrisch (Abb. 58). Bei Reproduktionen von Bildern und Dokumenten wäre jegliche Verzeichnung sogar ein Fehler (vgl.

58 Wenn man auf konvergierende Linien verzichtet, kann ein Foto entstehen, in dem die Dimension der Tiefe scheinbar aufgehoben ist. Es wirkt flach und streng. Die Nüchternheit wird hier noch unterstützt durch symmetrischen Bildaufbau.

Kap. V 8). Die Kamera muß hier ganz exakt, ohne die kleinste Winkelung auf das Objekt gerichtet werden. Der Rand des Suchers oder sogar eine Wasserwaage ermöglichen eine sorgfältige Kontrolle (vgl. Kap. V 2).

*Froschperspektive und Vogelperspektive:*
Die meisten unserer Bilder fotografieren wir stehend, die Kamera in Augenhöhe. Nur Fotoapparate mit Lichtschacht halten wir etwas tiefer. Trotz verschiedenster Aufnahmewinkel durch unterschiedliche Brennweiten behalten wir eine Sichtweise bei, die man als »Erwachsenenperspektive« bezeichnen kann. Alles, was kleiner ist als wir, fotografieren wir von oben, zu dem, was größer ist, blicken wir empor. Viel interessanter werden die Aufnahmen, wenn man seine Fotografierhaltung gelegentlich ändert. Biegen oder hocken Sie sich also auf die Größe von Kindern hinunter, wenn Sie diese fotografieren. Gehen Sie noch tiefer, fotografieren Sie Gänseblümchen von unten gegen den Himmel, und überlegen Sie, wie wohl der Laub-

frosch die Welt aus seiner Perspektive sieht. Oder erhöhen Sie Ihren Standpunkt, fotografieren Sie von Ihrem Autodach, von einer Brücke hinab oder aus einem Fenster hinaus. Zur Erstellung einer Dokumentation sind solche Bilder sowieso unerläßlich, um einen Überblick zu ermöglichen. Der Betrachter braucht in diesem Fall nämlich einige Aufnahmen, die ihm helfen, die vielen Details einer solchen Serie einzuordnen. Fotografieren Sie aus dem 10. oder 20. Stock eines Hochhauses auf die Geschäftsstraße hinunter. Menschen und Autos wirken wie Spielzeug, Hektik und Lärm bekommen einen anderen Stellenwert, die räumliche Ordnung der Dinge zueinander wirkt völlig verändert. Wollen Sie aber noch höher hinaus und Aufnahmen aus dem Hubschrauber oder Flugzeug machen, brauchen Sie eine offizielle Genehmigung, jedenfalls spätestens dann, wenn Sie solche Aufnahmen aus der Vogelperspektive veröffentlichen wollen.

*Luftperspektive:*
Die Tiefenwirkung von Landschaftsaufnahmen ist eine Folge der Tatsache, daß sich mit zunehmender Entfernung der Kontrast deutlich vermindert. Je mehr Luft sich zwischen Kamera und Motivausschnitt befindet, desto mehr »verblauen« – besonders in den Bergen – die Farben. Je weiter entfernt sich Bereiche der Landschaft befinden, desto kontrastärmer wird das Motiv, und Hügel, Wälder und Wiesen verschwinden schließlich im Dunst der Ferne. Durch ein Polarisationsfilter oder bei Verwendung eines Schwarzweißfilms durch ein Rot- oder Orangefilter läßt sich dieser Effekt abschwächen. Zu phantastischen Aufnahmen aber kommt man, wenn die Luftperspektive ganz bewußt genutzt wird für die »Tiefenstaffelung« des Bildes. Vor allem in Hügel- und Gebirgslandschaften, wenn leichter Nebel oder Dunst in den Tälern steht und die unterschiedlich entfernten Bergkuppen stufenweise zurückweichen, gelingen Aufnahmen solcher Motivkontraste (Abb. 59). Gelegentlich, bei leichtem Nebel, sind diese luftperspektivischen Phänomene auch im Flachland zu beobachten. Der frühe Morgen ist dazu die beste Aufnahmezeit. Besonders ästhetisch wirken Bilder, die nur drei oder vier Abstufungen zeigen, jede für sich möglichst monochrom, aber aus derselben Tonskala.

59 Dunst und Nebel lassen eine Landschaft auch ohne perspektivische Linien räumlich gestaffelt wirken. Das Foto entstand im frühmorgendlichen Dunst, dessen Reflexion weiter entfernte Motivteile heller erscheinen ließ.

## *c) Probleme mit Maßstäben*

Die natürlichen Größenverhältnisse zwischen Dingen und Menschen verändern sich in der Fotografie aber nicht nur aus perspektivischen Gründen. Aus dem Wissen über die Abmessungen uns bekannter Dinge leiten wir die Größe von uns weniger bekannten Dingen ab. Ein elektronisches Schaltelement, neben einer Streichholzschachtel fotografiert, macht deutlich, daß das Schaltelement soundsoviel kleiner ist als die Zündholzschachtel, deren Größe wir kennen. Gerade in der Mikro- und der Makrofotografie sind Angaben zum Größenverhältnis wichtig, da wir uns aus Mangel an Erfahrung so winzige Details wie das Auge einer Fliege oder gar den Aufbau einer Zelle in ihren wirklichen Abmessungen nicht vorstellen können. Einzig exakt und zugleich anschaulich demonstriert der Abschnitt eines Zentimetermaßes die Relationen; üblich und auch im Bereich des Vorstellungsvermögens sind Angaben in Millimeter bzw. Mikrometer oder die Nennung des Vergrößerungsmaßstabes.

Da wir stets versuchen, uns an bekannten Größen zu orientieren, wirken imposante Gebirgslandschaften oder riesige Bauwerke auf Fotos gelegentlich banal. Ein Objekt von uns bekanntem Ausmaß sollte dem Betrachter helfen bei der visuellen Größeneinordnung, Vergleichsobjekt und Motiv müssen aber die gleiche Entfernung zur Kamera haben, da sonst durch die perspektivische Verkleinerung die Maßstäbe wiederum verschoben werden. Das Beispiel mit der Kirchturmspitze (Kap. IV 3 b) hat andererseits gezeigt, wie der Fotograf unser Wissen um Größenverhältnisse in Zweifel ziehen kann. Hier ein weiterer Vorschlag: Setzen Sie einen Erwachsenen auf Kinderstühle an einen Kindertisch mit Kindergeschirr. Bei geschicktem Arrangement können Sie den Betrachter des Fotos verunsichern, da die abgebildeten Größenverhältnisse nicht mit seiner Erfahrung übereinstimmen.

## *d) Isolation von Motiven*

Die folgende Behauptung läßt sich an unzähligen Fotos nachweisen: Auf den meisten Aufnahmen ist viel zu viel abgebildet! Ist es denn unbedingt notwendig, daß bei einer Aufnahme der Familie noch der halbe Wohnraum samt Mobiliar, ein schöner Blumenstrauß und der Ausblick aus dem Fenster auf ein einziges Bild belichtet werden müssen? Oder muß der Schärfebereich des Objektivs wirklich maximal ausgenutzt werden, so daß bei Landschaftsaufnahmen Vorder-, Mittel- und Hintergrund scharf wiedergegeben werden? Meist erreicht man damit nur, daß das Auge zwischen den zahlreichen innerbildlichen Motiven verstört und orientierungslos hin- und herwandert. Wirklich gute Fotos zeichnen sich jedoch dadurch aus, daß sie nichts, aber auch gar nichts Unwichtiges zeigen. *Die Forderung nach der Beschränkung auf das Bildwichtigste halte ich für den bedeutendsten Lehrsatz in der Fotografie überhaupt.* Dazu ist es notwendig, die Motive von ihrer Umgebung zu isolieren:

*Begrenzung durch Ausschnitte:*
Betrachten Sie Ihre bisherigen Fotos einmal unter dem Gesichtspunkt, daß ein Bild so lange nicht gut ist, wie man noch etwas

60 Mit zwei Pappwinkeln läßt sich der Ausschnitt eines Bildes recht gut bestimmen. Versuchen Sie, Ihre Fotos so lange zu beschneiden, bis Sie guten Gewissens nichts mehr abschneiden können.

62 Indem die große Rasenfläche in das Bild mit einbezogen wurde, wird die ▷ Isolation und Konzentration der Schachspieler hervorgehoben. Der neutrale Vordergrund nimmt zwar den größten Teil des Bildes ein, doch dürfte kein Zentimeter davon fehlen.

61 Man kann ein Motiv auch dadurch freistellen, daß man es durch partielle Bildschärfe von seiner Umwelt isoliert: Der Hintergrund verfließt in Unschärfe, und das Porträt des Mannes hebt sich scharf davon ab.

abschneiden kann. Könnten Sie bei diesem oder jenem Landschaftsfoto nicht 20 % des Himmels, den störenden Baum an der Seite, den Zaun im Vordergrund o. ä. abtrennen, so daß die Bildaussage stärker konzentriert wird? Probieren Sie es – es wird Bilder geben, die Sie auf Briefmarkengröße zurechtschneiden könnten. Hilfreich dabei sind zwei breite schwarze Pappwinkel, mit denen sich die Kanten abdecken lassen (Abb. 60). Dias können gegebenenfalls abgeklebt werden.

*Isolation durch partielle Bildschärfe:*
Ein Foto benötigt keineswegs unbedingt einen scharfen Vordergrund und/oder einen scharfen Hintergrund. Der geringe Schärfebereich eines Teleobjektivs ermöglicht es, einzelne Personen aus einer Gruppe von Menschen oder aus einer Landschaft nur durch die partielle Bildschärfe herauszulösen (Abb. 61; Farbabb. 8).

*Isolation durch Standortwahl:*
Oft reicht es, wenn man einige Schritte nach links oder rechts geht, sich hinhockt oder reckt, um störende Bilddetails aus dem Sucherfeld zu verbannen. Nutzen Sie neutrale Hintergründe, eine Mauer, eine Wiese, den Himmel u. a., und wenn Sie die Möglichkeit haben, eine Szene selbst zu gestalten, überlegen Sie bei jedem Detail, ob es unbedingt (!?) mit auf das Foto muß (vgl. Abb. 62).

63 Nur vom Lichtkontrast lebt dieses Bild. Auch hier wird eine Person, das Kind, durch das gestalterische Element der Beleuchtung aus seiner Umgebung herausgelöst. Eine ähnliche Lichtwirkung läßt sich durch einen Spotscheinwerfer erzielen.

*Isolation durch Licht und Farben:*
Suchen Sie den Kontrast von Hell und Dunkel (Abb. 63) sowie die Wirkungen der Farben zueinander. Beispiele: ein beleuchtetes Gesicht vor einem dunklen Hintergrund, das leuchtende Rot der Blumen an einer grauen Hausfassade, ein herbstlicher Baum vor der hügelig grünen Wiesenlandschaft. Versuchen Sie, das Motiv möglichst vor einen monochromen Hintergrund zu setzen. Messen Sie die Belichtung genau auf das Objekt, so daß der Hintergrund unter- oder überbelichtet wird, auch so können Sie störende Bildelemente verschwinden lassen.

# 4 Die Struktur des Fotos

An den bisher behandelten Beispielen sollte deutlich geworden sein, daß Fotos tatsächlich nur eng begrenzte Abbilder einer dreidimensionalen, komplexen Wirklichkeit sein können. Dies bedeutet aber auch, daß sie weit weniger Informationen enthalten als die vielschichtige Realität selbst, daß aber gerade diese begrenzte Auswahl und Ausschnitthaftigkeit von Informationen gleichzeitig die Chance der Fotografie ist. Die notwendige Begrenzung auf das Wesentliche berührt dabei keineswegs die Forderung nach der Erkennbarkeit des Motivs. Wenn man nicht bewußt das Motiv verschlüsseln will, muß der fotografierte Gegenstand als solcher erkennbar sein (vgl. Farbabb. 39).

Ich will einige damit zusammenhängende Überlegungen mit einem Bildbeispiel beginnen: Unter der Aufgabenstellung, ein einfaches Stück Rohr zu fotografieren, wurden drei unterschiedliche Bilder angefertigt. Zwar zeigen alle drei Bilder das Rohr (Abb. 64), aber auf einem nur ist es als solches erkennbar. Auf dem ersten Foto ist lediglich ein Ring (Rohröffnung) zu sehen, auf dem zweiten ein Rechteck (Rohrseite). Weder bei »Ring« noch bei »Rechteck« assoziiert der Betrachter normalerweise »Rohr«. Erst informativere Formen lassen im Foto eine gedankliche Verknüpfung zu. Es ist bekannt, daß ein Rohr auf einem Foto etwa so aussieht. Man sieht also zunächst sämtliche Gegenstände nur als Formen, Flächen oder Linien.

Diese Formen, Flächen oder Linien – wir wollen sie im folgenden »Zeichen« nennen – werden aber erst durch unsere Interpretation zu Gegenständen. Dazu noch ein Beispiel: Eine Zeichnung von einem Rechteck mit mehreren kleinen Rechtecken darin und einem aufgesetzten Dreieck identifiziert man leicht als Hausfassade. Abhängig ist die Interpretation dieser Zeichen aber von verschiedenen vorgeprägten Denkweisen. So muß zunächst einmal bekannt sein, wie ein Haus aussieht. (Unentdeckte Bewohner des Urwaldes, die bisher keinen Kontakt zur sogenannten Zivilisation hatten, interpretieren ein solches Bild möglicherweise ganz anders.) Ein anderer Gesichtspunkt ist der innere und thematische Zusammenhang, in den wir solche Zeichen stellen. Zeichen und Inhalt müssen logisch so

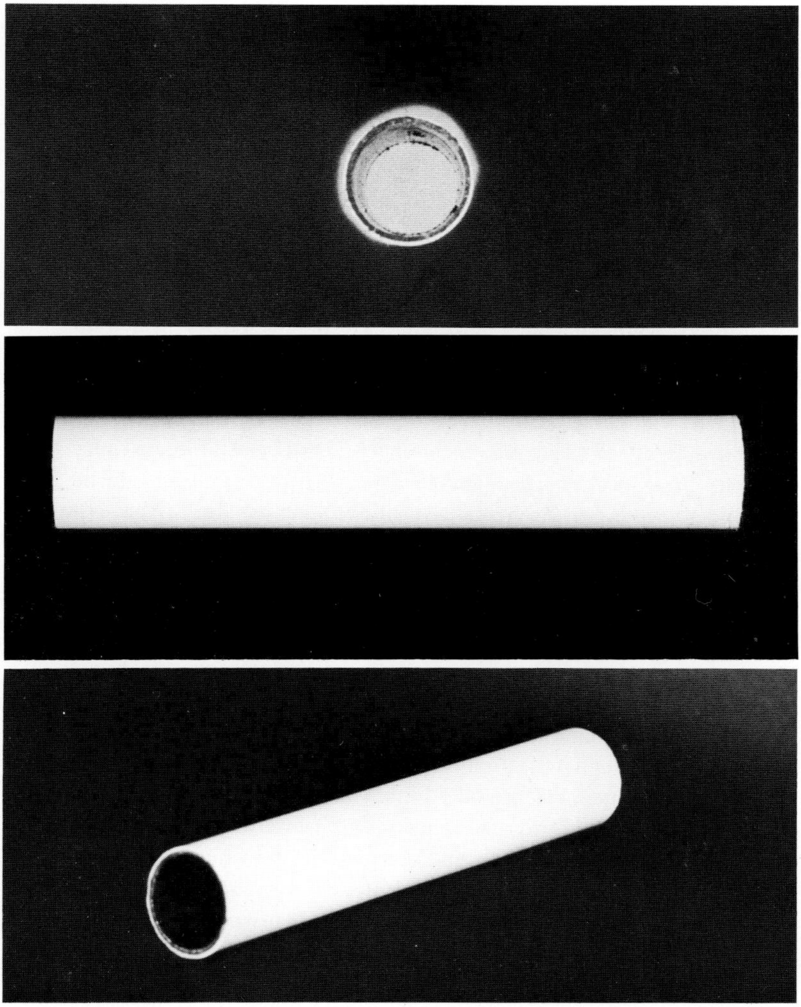

64 Um zu erkennen, daß ein Rohr abgebildet ist, muß man das dritte Foto betrachten. Bei der Form »Ring« oder »Rechteck« fehlt dem Betrachter die entsprechende Assoziation. In der bildnerischen Fotografie muß man lernen, solche Zeichen entsprechend zu deuten.

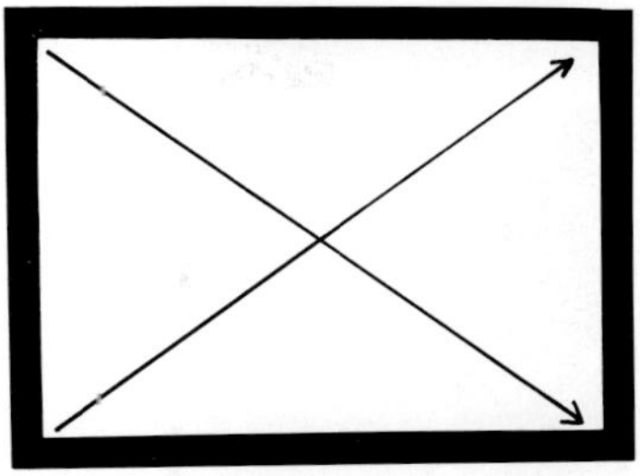

65 Diagonalen haben richtungweisenden Charakter. Sie werden in der Regel von links nach rechts beschrieben.

miteinander verbunden sein, daß sich die Vorstellung »Haus« aufdrängt. (In einer Fachzeitschrift für Techniker könnte eine solche Form möglicherweise sofort als ein spezielles Maschinenteil identifiziert werden.) Zusätzlich prägend sind die verschiedensten kulturellen oder gefühlsmäßigen Vorgaben, die den Menschen nahezu unbewußt veranlassen, ein Zeichen in einer bestimmten Weise zu interpretieren. Ein solches Zeichen, das z. B. generell als Richtungsweiser gilt, ist ein Pfeil. Seine Form wird von uns völlig unbewußt mit seiner Bedeutung verknüpft.

Ein anderes Beispiel: Verschiedene Personen sollten den Verlauf einer Linie beschreiben, die zwei schräg gegenüberliegende Eckpunkte eines Rechteckes verbindet. Diese Diagonalen wurden immer als Linien beschrieben, die von links unten nach rechts oben bzw. von links oben nach rechts unten verlaufen, nie aber in ihrer Richtung von rechts nach links! Außerdem wurden die Diagonalen mit Begriffen wie abfallend und aufsteigend charakterisiert, also gefühlsmäßig nicht neutralen Begriffen. Sie beinhalten Bewegung und Dynamik, unter Umständen sogar eher positive (aufsteigend) oder eher negative (abfallend) unbewußte Eindrücke (Abb. 65)

## *a) Mit Zeichen aufbauen*

Wenn also der Mensch dazu neigt, ein einzelnes Zeichen wie z. B. eine Linie, die quer durch ein Foto verläuft, auf eine bestimmte Art und Weise zu interpretieren, so muß es doch für den Gestaltenden von Fotos wichtig sein, die Bedeutung der verschiedensten Zeichen

66 Man muß lernen, Linien und Flächen im einem Bild zu erkennen, Haupt- und Nebenlinien zu unterscheiden und Parallelen zu entdecken. Mit etwas Übung erkennt man dann schnell in einem Motiv auch die Bildstruktur. In diesem Beispiel wurden nur die senkrechten Linien und die Diagonalen markiert. Ähnlich lassen sich z. B. auch Flächen als Strukturelemente hervorheben.

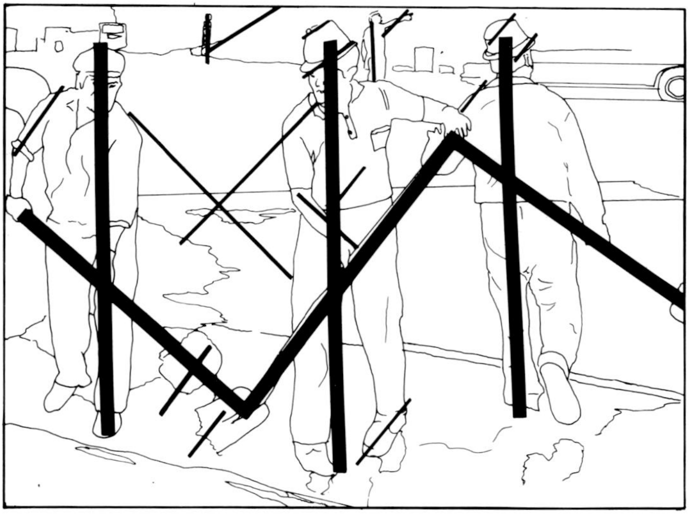

wie Formen, Flächen, Linien, Farben usw. zu kennen. Erst dann lassen sich diese Zeichen bewußt in den eigenen Bildern einsetzen, und zwar so, daß der Betrachter sie genau in der Art und Weise interpretiert, wie es der Bildautor beabsichtigt. (Werbefachleute versuchen ihre diesbezüglichen Kenntnisse ständig zu perfektionieren.)

Um all die Linien und Flächen, die die Bildwirkung beeinflussen, bei der Gestaltung des Fotos zu berücksichtigen, gilt es zunächst, sie in den Motiven überhaupt zu *sehen*. Und es erfordert wirklich eine Menge Übung, ein gestrecktes Bein in Verbindung mit einem hochgerissenen Arm als Bilddiagonale zu sehen (vgl. Abb. 102). Es ist eine gute Übung, beispielsweise zunächst großformatige Illustriertenfotos oder noch besser Reproduktionen alter Gemälde von ihrer inhaltlichen Bildaussage her zu abstrahieren und die abgebildeten Gegenstände nur formal als Zeichen zu betrachten. Ein Kopf ist dann nichts anderes als ein Kreis oder ein Oval, ein markantes Profil wird zum Dreieck, Arme und Beine zu Linien usw. Unser Beispiel (Abb. 66) macht aber auch deutlich, daß man sich jeweils nur auf die wichtigsten Zeichen beschränken sollte.

## *b) Linien*

Die Linie kann als eines der elementarsten, aber auch wichtigsten Gestaltungsmittel bezeichnet werden. Aus praktischen Gründen ist es sinnvoll, zwischen wirklichen und imaginären Linien zu unterscheiden. Wirklich sind solche Linien, die als Geraden auch sichtbar im Bild existieren (Masten, Pfähle, Zweige, Telefonleitungen). Außerdem zählen Umrißlinien von Formen zu den wirklichen Linien. Sie alle können waagerecht oder senkrecht, schräg oder diagonal, gebogen oder gezackt verlaufen.

Diese Zeichen sind in jedem Bild einfach aufzufinden. Schwieriger ist es schon mit den imaginären Linien. Betrachten wir dazu ein Bild, auf dem sich zwei Menschen miteinander unterhalten (Abb. 67). Zwar verbindet sie keine sichtbare Linie, aber dennoch wird aus dem ganzen Zusammenhang des Fotos deutlich, daß ein sehr enger Bezug zwischen beiden Personen, formal gesehen:

67 Die Gesichter der beiden Menschen sind durch eine imaginäre Linie verbunden.

zwischen beiden Kreisflächen oder Dreiecken, besteht. Man könnte also berechtigterweise eine Linie zwischen ihnen ziehen. Auf ähnliche Weise läßt sich jede Reihe von Punkten durch eine Linie darstellen.

Es gibt auch imaginäre Linien, die richtungsweisende Linien oder Formen fortführen. Solche Richtungsweiser können z. B. Pfeile oder Dreiecke sein. Es wurde bereits darauf hingewiesen, daß Linien nicht nur Gegenstände und Motive auf ihre äußere Form reduzieren, sondern gleichzeitig Eindrücke von Ruhe oder Dynamik, Hektik oder Langeweile, Spannung oder Ausgeglichenheit hervorrufen. Dabei ist die Wirkung der Linien stark abhängig von ihrer Lage innerhalb des Bildes wie auch von dem Grad ihrer Deutlichkeit.

*Waagerechte:*
Gerade waagerechte Linien strahlen Ruhe, Gleichgewicht, Stabilität, Dauerhaftigkeit und Zuverlässigkeit aus. Eine solch typische waagerechte Linie ist der Horizont eines Landschaftsfotos. Eine waagerechte Linie neigt dazu, das Foto in oben und unten zu teilen.

*Senkrechte:*
Auch die Senkrechte suggeriert in gewisser Weise Stabilität, doch liegt in ihr sehr viel mehr Spannung als in der Waagerechten; denn senkrechte Linien und Formen scheinen sich immer in einer Art Balance zu halten, wobei man sich nie sicher wähnt, ob sie nicht doch einmal umkippen könnten.

Da man Bilder meistens von links nach rechts visuell abtastet, stoppt eine markante Senkrechte immer den weitergleitenden Blick. Folglich ist zu überlegen, ein entsprechendes Motivdetail – es kann auch ein Schatten sein – als deutliche Senkrechte auf der rechten Bildseite – und nicht auf der linken – anzuordnen. Dadurch wird verhindert, daß der umherschweifende Blick des Betrachters sogleich wieder aus dem Foto herauswandert.

68 Das Foto des Musikanten ist ein Beispiel für die typische Diagonalkomposition. Der Geigenbogen als aufsteigende Diagonale steht der Geige als angedeutete, abfallende Diagonale entgegen. Die Bildwirkung ist äußerst ausgewogen.

*Diagonale:*
Sie wurde bereits als aufsteigend bzw. abfallend, also als eine Linie mit sehr starker Bewegungsrichtung charakterisiert. Eine Diagonale muß übrigens keineswegs das gesamte Bild durchziehen, bereits ein kleines Stück, deutlich in den Motivausschnitt komponiert, reicht aus, die Bildwirkung zu steigern (vgl. Farbabb. 7). Gelegentlich wird man Fotos mit zwei sich kreuzenden Diagonalen konzipieren (Abb. 68). Verlaufen beide gleich intensiv, kann sich ihre Spannung gegenseitig aufheben; dennoch besitzt ein solches Bild einen interessanten grafischen Reiz, der meist auf dem symmetrischen Bildaufbau beruht. Eine solche symmetrische Bildkonzeption ist bei vielen Aufnahmen von Straßen mit langgestreckten Häuserfronten zu entdecken, wenn der Fluchtpunkt etwa in der Bildmitte liegt. Genau wie Waagerechte und Senkrechte kann die Diagonale aber auch eine imaginäre Linie sein, die z. B. als Blickrichtung in die Bildkomposition einbezogen wird.

*Freie Linien:*
Für geschwungene (Wellen) oder gezackte Linien gilt das bisher Gesagte. Häufig werden solche unstrukturierten Zeichen auch bewußt klaren Waagerechten und Senkrechten entgegengestellt. Auf diese Weise läßt sich wirkungsvoll ein Spannungsverhältnis zwischen Ordnung und Unordnung aufbauen. Die Gerade wirkt dann noch formaler und die freie Linie noch unstrukturierter.

### c) *Flächen*

Flächen können beliebig klein sein. Die kleinste Fläche ist der Punkt, die größte bei der Bildgestaltung die gesamte Bildfläche. Auch bei einer Beschreibung der Flächen ist zwischen wirklichen und imaginären Zeichen zu unterscheiden. Wirkliche Flächen werden meist durch Hell-Dunkel-Töne gebildet, imaginäre Flächen können durch ihre Umrißlinien oder auch nur durch imaginäre Umrißlinien aufgebaut werden.

So zeigt das Foto mit den drei Booten (Abb. 69) lediglich drei Punkte, die aber imaginär zu einem Dreieck verbunden werden

69 Die drei Boote lassen sich zu einem imaginären Dreieck verbinden. Sie gehören, obwohl inhaltlich voneinander losgelöst, formal zusammen.

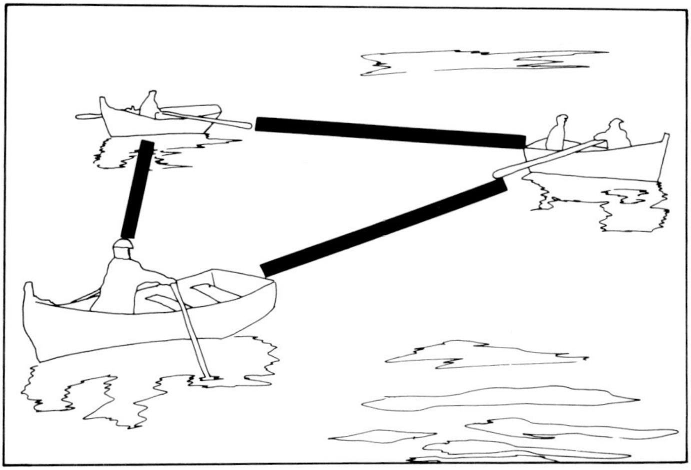

können. Dieses Dreieck korrespondiert einerseits mit der Form der Boote, zum anderen steht es in spannungsvoller, aber harmonischer Relation zum Gesamtformat des Fotos. Es wäre sicher eine andere Anordnung der Boote zueinander oder eine andere Stellung des Dreiecks innerhalb des Bildformats möglich gewesen, doch gewährleistet diese Anordnung die gelungenste Ausfüllung der Gesamtfläche. Da außerdem das rechteckige Bildformat zum innerbildlichen Dreieck einen Kontrast darstellt, wird selbst einem sehr einfachen Motiv noch Dynamik gegeben.

*Dreieck:*
Das Dreieck ist neben Kreis und Rechteck eine der ursprünglichsten Flächen. Seine Richtungstendenz wurde schon angesprochen; sie wird bestimmt durch den spitzesten seiner Winkel. Das gleichseitige Dreieck zeigt allerdings immer eine vertikale Tendenz.

*Kreis:*
Der Kreis gilt als Zeichen für Geschlossenheit und Vollkommenheit. Das Auge neigt jedoch dazu, einen Kreis in Segmente aufzuteilen (Rad mit Speichen, Rundbögen). Runde Motive eignen sich schon allein deshalb für die Bildkomposition gut, weil ihre Form zum Rechteckformat des Fotos kontrastiert. Allerdings sind Kreise als Motive in unseren Fotos häufig nur sehr klein (z. B. Bälle, Autoräder, Bullaugen), so daß der Formenkontrast nicht so deutlich wird.

*Rechteck:*
Beim Rechteck hat man zwischen dem waagerechten und dem senkrechten Rechteck, also dem Querformat und dem Hochformat zu unterscheiden. Das Rechteck ist die Form, die am häufigsten auftritt, z. B. in Gebrauchsgegenständen und in der Architektur. Ein Buch besitzt diese Form ebenso wie eine Tischplatte, ein Fenster oder ein Haus. Schmale Rechtecke zeigen die gleiche Wirkung wie senkrechte oder waagerechte Linien. Ansonsten hängt natürlich die Wirkung auch hier stark von der Größe der innerbildlichen Rechteckform ab. Ein einziges großes waagerechtes Rechteck in einem querformatigen Foto korrespondiert eng mit dessen Bildrändern

und hat häufig den Charakter eines Rahmens innerhalb des Bildes. Gleichzeitig wirkt ein solches Motiv sehr ruhig und streng. (Entsprechendes gilt auch für ein senkrechtes rechteckiges Motiv in einem hochformatigen Foto.) Damit die Ausgeglichenheit in einem solchen Bild nicht zur Langeweile wird, sollte die strenge Gliederung durch eine zusätzliche freie Form oder Linie aufgelockert werden.

*Quadrat:*
Die »Idealform« des Rechtecks ist das Quadrat. Es wirkt durch seine symmetrische Form neutral, sehr ruhig und oft monoton. Das Quadrat als Bildformat ist äußerst problematisch, da es nur sehr wenige Motive gibt, die sich gestalterisch für diese Form eignen. (Die Benutzer professioneller 6 × 6-Kameras wählen dieses Format lediglich, weil sich daraus beliebig waagerechte oder senkrechte Rechtecke schneiden lassen, ohne daß bei der Aufnahme die Kamera gedreht werden muß.) Freie optische Formen können in einem Quadrat sehr leicht disharmonisch wirken, doch auch die anderen Linien und Formen zerstören oft das innere Gleichgewicht des Quadrats. Natürlich kann gerade das gewollt sein. Innerhalb eines Fotos bilden quadratische Formen ruhige Zufluchtspunkte. Allerdings lassen sich in der Umwelt nicht viele quadratische Motive finden (Fenster, Bilderrahmen, Kacheln u. a.).

*Freie Formen:*
Eine freie Form kontrastreich gegen ein Dreieck, Rechteck oder einen Kreis gesetzt, kann zu einer interessanten grafischen Kommunikation zwischen beiden Zeichen führen. Häufig lassen sich aber die freien Formen auch durch Vereinfachung in fest definierte Formen überführen.

## d) *Bildaufteilung*

Wie auch immer die Zeichen innerhalb eines Fotos angeordnet sein mögen, stets teilen sie es in irgendeiner Weise auf. Als Fotograf sollte man ein Gespür dafür entwickeln, an welcher Stelle des Bildes ein bildwichtiges Detail postiert werden soll, wobei die zu wählende Position vom Gesamtmotiv abhängt. Kein Motiv, ob Landschaft oder Mensch, darf in eine Form gezwängt werden. Dennoch gibt es gestalterische Überlegungen, die es dem Betrachter erleichtern, zum Wesentlichen des Fotos Zugang zu finden.

187 934 254 841 465 243 199 651 785 273
781 556 232 479 811 179 153 274 451 998
832 354 672 172 938 635 844 721 439 588 732
843 953 712 366 491 576 354 255 178 200
950 534 560 787 910 376 123 987 234 876 345
524 708 345 923 830 499 294 775 102 904
100 876 156 488 922 473 688 209 387 572 699
999 284 577 506 195 616 705 923 399 622
575 719 274 195 215 519 525 272 283 190 545
601 635 484 175 323 400 373 288 364 466
910 993 944 300 288 353 912 276 964 388
671 768 535 234 390 351 299 723 987 532
100 390 477 828 361 209 384 444 299 111 472

70 Betrachten Sie die Abbildung und wählen Sie drei Zahlen aus dem Gesamtbild aus.

Auf der Suche nach bestimmten Stellen innerhalb eines beliebigen Bildes, die das Auge eher erfaßt als andere, machen Sie folgendes Experiment mit: Betrachten Sie kurz die Abbildung 70 mit den vielen dreistelligen Zahlen und schreiben Sie diejenigen drei Zahlen, die Sie zuerst bewußt wahrnehmen, auf einen Zettel. Wiederholen Sie dieses Experiment mit Familienangehörigen und Freunden. Bei den meisten Versuchspersonen wird sich herausstellen, daß die erste Zahl in der oberen linken Ecke, die zweite im mittleren Bereich und die dritte im unteren rechten Viertel zu finden ist. Deutlich »unerfaßt« sind die Gebiete oben rechts und unten links.

Dieser Versuch zeigt, daß das Auge eine Fläche tendenziell in der abfallenden Diagonale von links nach rechts abtastet. Der Einstiegsort für ein gleichmäßig strukturiertes Foto ist also links oben. Gleichzeitig muß man wissen, daß ein heller Ton das Umhergleiten des Auges erleichtert, ein dunkler Ton dieses erschwert. Wendet man diese Erkenntnis bei der fotografischen Gestaltung an, so sollte das Foto oben links eher etwas heller, unten rechts eher etwas dunkler sein. Gleichzeitig ist das bildwichtigste Detail in das obere linke Bildviertel bzw. auf der imaginären abfallenden Diagonale anzuordnen.

Sicher gibt es unzählige ausgezeichnete Fotos, bei denen dieser Bildeinstieg unberücksichtigt gelassen, ja sogar bewußt verhindert wurde, etwa bei Motiven mit starken linienperspektivischen Gestaltungselementen. Daneben werden sich aber ebenso viele Fotos finden, in denen man die Erkenntnis vom bevorzugten Bildort wiederfinden kann. Besonders Landschaftsaufnahmen und Strukturfotos werden darunter sein, aber auch zahlreiche gelungene Porträts. Vielleicht schauen Sie unter diesem Gesichtspunkt einmal Ihre Dias und Negative durch. Jedes Bild sollten Sie auch einmal seitenverkehrt betrachten. Möglicherweise können Sie durch dieses Kontern (so heißt der entsprechende Begriff aus der Drucktechnik) einem Motiv neue Attraktivität abgewinnen.

*Goldener Schnitt:*
Dieser wohl bekannteste Begriff aus dem Bereich der Gestaltungslehre beschreibt die Aufteilung einer Fläche oder auch eines Raumes nach einem festgelegten Maßverhältnis. Der über Jahrhunderte in der bildenden Kunst und Architektur praktizierte Lehrsatz besagt, daß der Mensch die Aufteilung einer Fläche, einer Strecke oder eines Raumes im Verhältnis von etwa 3 : 5 als besonders harmonisch empfindet. Genauer fordert diese Maßgabe, eine Strecke sei so aufzuteilen, daß sich der kleine Teil zum größeren Teil rechnerisch genauso verhält wie der größere Teil zum Ganzen, in Zahlen: 2 : 3; 3 : 5; 5 : 8; 8 : 13 usw.

Wenn also ein Foto sowohl in der Länge wie in der Höhe in fünf gleiche Teile aufgeteilt wird, ergeben sich vier Schnittpunkte im mittleren Bereich des Bildes, die im »Goldenen Schnitt« liegen (Abb. 71). Eine Strecke, Fläche oder Menge in diesem Zahlenverhältnis aufzuteilen, ist ein guter Weg, um zu einer ausgeglichenen Bildkomposition zu gelangen. Je weniger zusätzliche Linien oder Flächen die Einteilung des Goldenen Schnittes stören, desto leichter sind gute Ergebnisse zu erreichen.

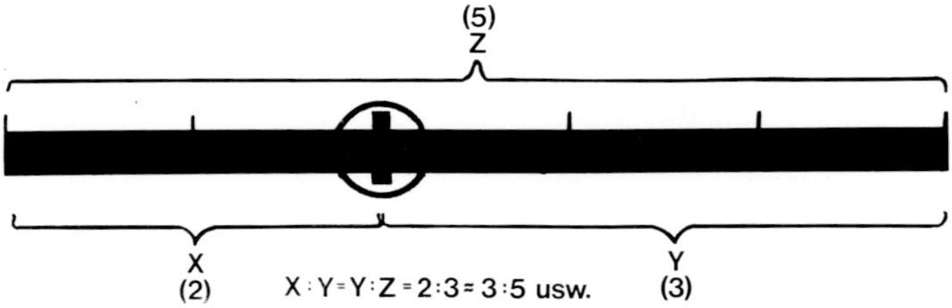


71 a) Prinzip des Goldenen Schnitts – b) Die vier Schnittpunkte in der Mitte teilen das Bild im Goldenen Schnitt.

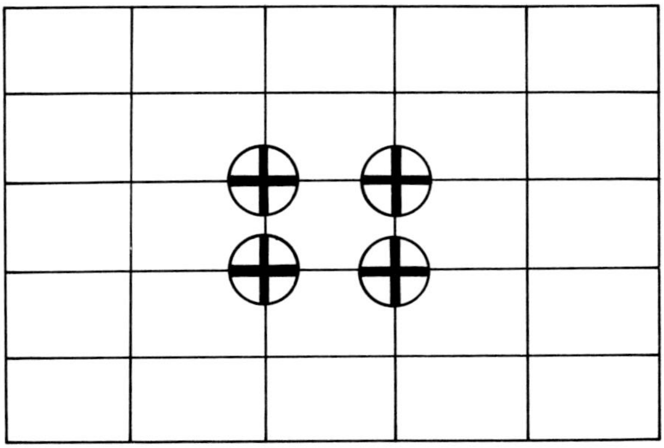

b

Dabei sollte während des Fotografierens keineswegs das Maßband angelegt werden. Der Goldene Schnitt ist eher ein Gestaltungsrichtwert, der gefühlsmäßig, vom visuellen Empfinden geprägt sein muß (Abb. 72). Er läßt sich für die Bestimmung der Lage des Horizonts bei Landschaftsaufnahmen wie für die Verteilung der Flächen bei Architekturaufnahmen anwenden. Die Flächen von Fenstern und Türen – gerade bei älteren Häusern – verhalten sich häufig zueinander wie 2 : 3. Bei Gruppenfotos können jeweils zwei und drei oder drei und fünf Personen Untergruppen bilden. Versuchen Sie mit den Ausschnitt-Winkelkartons Fotos so zu »beschneiden«, daß der Goldene Schnitt berücksichtigt wird.

Auch auf das Seitenverhältnis des Bildformats kann der Goldene Schnitt übertragen werden, allerdings meistens nur, wenn dieses beschnitten wird. Das etwas langgestreckte Rechteck der Kleinbildnegative und -dias von 24 × 36 mm besitzt zwar das Seitenverhältnis 2:3; die Fotopapiere haben jedoch ganz andere Abmessungen (9:13; 13:18; 18:24; 24:30 usw.). Noch anders orientieren sich Papier-DIN-Formate: Die längere Seite ist gleich der mit $\sqrt{2}$ multiplizierten kürzeren Seite.

Die zahlreichen Gedanken und Hinweise zur Bildgestaltung haben ihren Sinn in der Bedeutung dieses Themas. Der kritischste Inhalt und die spannendste Aussage erreichen den Betrachter nicht, wenn das Foto nicht wirkungsvoll gestaltet ist. Mit der Bildgestaltung ist es wie mit den Gewürzen eines Menüs: Man darf sie nicht auf Anhieb bemerken, soll sie jedoch als entscheidende kompositorische Abrundung empfinden. Aber wie jeder Koch auf eigene Weise würzt, Dosierung und Zusammenstellung seiner Zutaten variiert, so soll auch der Fotograf seine Fotos individuell gestalten und die Gestaltungshinweise dieses Buches nicht als stures Rezept verstehen: Die Zutaten der Motive sind zu unterschiedlich.

72 Strandsegler und Horizont teilen das Foto annähernd im Goldenen Schnitt.

# 5 Das Gestalten mit Farbe

Während der Fotograf mit dem Wissen um die Wirkung von Linien, Formen und Flächen im Bereich der Schwarzweißfotografie schon erfolgreich arbeiten kann, muß er bei der Farbfotografie zusätzlich den Informationsträger »Farbe« gestalterisch berücksichtigen, denn die Colorfotografie verfügt über subtile Eigengesetzlichkeiten. Bestimmte Farben und Farbkombinationen üben spezifische Wirkungen auf uns aus – ein Sachverhalt, dessen man sich auch als Amateurfotograf bewußt sein sollte.

## *a) Farbenlehre*

Die physikalischen Grundlagen der Farbe wurden bereits erläutert (Kap. IV/2). In der Farbenlehre geht es eher um ihre Wirkungen. Dabei sind einige Begriffe zu klären, die ein gemeinsames Verständnis erleichtern.

Fast sämtliche Farbenlehren bauen auf den drei Grund- oder Primärfarben Gelb, Rot und Blau auf. Sie lassen sich nicht aus anderen Farben mischen. Werden aber jeweils zwei von ihnen miteinander vermischt, entstehen die Sekundärfarben Grün, Orange und Violett. Wenn jeweils eine Primär- mit einer Sekundärfarbe gemischt wird, ergeben sich sechs weitere Farbtöne. Diese zwölf Farben bilden in der Farbenlehre des Schweizer Malers und Bauhaus-Lehrers Johannes Itten (1888–1967) den Farbkreis. Mit diesem System (vgl. Farbabb. 19) läßt sich in der Farbfotografie recht gut arbeiten. Da es aber noch zahlreiche andere Farbenlehren gibt (die alle keineswegs für Fotografen erstellt worden sind), kommt es bei der konkreten Bezeichnung von Farbzusammenstellungen gelegentlich zu Mißverständnissen. Auch sind die einzelnen Farben nicht einheitlich definiert: Vergleichen Sie bitte z. B. das Blau des Ittenschen Farbkreises mit dem Blau der Kodak-Color-Karte (Farbabb. 20).

Dennoch, der Farbkreis bietet die Möglichkeit, Farbkombinationen zusammenzustellen und in ihrem Verhältnis zu benennen. Einige Farbkombinationen gilt es näher zu betrachten.

a) Tageslichtfilm bei Tageslicht

b) Kunstlichtfilm bei Kunstlicht

c) Tageslichtfilm bei Kunstlicht

d) Kunstlichtfilm bei Tageslicht

e) Tageslichtfilm bei Leuchtstoffröhren

f) Kunstlichtfilm bei Leuchtstoffröhren

1 a–f Je nach Lichtart verursacht die Beleuchtung auf Tages- oder Kunstlichtfilm mitunter markante Farbstiche.

2 Die Jahreszeit übt einen entscheidenden Einfluß auf die Wirkung der Fotomotive aus. Während im Sommer die Bäume das Haus nahezu verdecken (a), öffnet sich im Winter der Blick auf das Fachwerk. Gleichzeitig läßt der Schnee das Motiv in grafischem Schwarzweiß erscheinen (b).

3 und 4 Das Licht als Gestaltungsmittel: Die Objektfarbe wird zum Stimmungsträger. Unterstützt wird die Bildwirkung durch die extreme Lage des Horizontes. Beide Fotos wurden nacheinander etwa an der gleichen Stelle ohne Korrektur der Belichtungsmessung aufgenommen.

a  b 

5 Farben erscheinen gegen einen dunklen Untergrund (a) leuchtender und intensiver als gegen eine helle Fläche (b) gesetzt.

6 Farbkontraste: Obwohl das Rotorange der Schaufeln nur etwa 1/10 der Bildfläche einnimmt, strahlt es dominant vom komplementären Hintergrund-Grün ab.

7 Durch die Wahl eines hellbraunen Hintergrundkartons hebt sich der Hautton kaum vom Umfeld ab. Der expressiven Körperhaltung wird so die Aggressivität genommen. Bezüglich der Linienführung ist die Diagonalstellung der Beine des Modells zu beachten.

8 Schnappschüsse mit dem Teleobjektiv erlauben eine weite Aufnahmedistanz. Um eine einzelne Person aus einer Menge durch Schärfe-Unschärfe-Kontrast herauszulösen, sollte eigentlich mit offenerer Blende als in diesem Beispiel fotografiert werden. Andererseits eröffnet eine mittlere oder kleine Blendenöffnung wegen des größeren Schärfebereiches mehr Spielraum bei schneller Scharfeinstellung.

9

9 und 10 Sportfotografie zeigt meist aktionsgeladene, kämpferische Situationen. Die Vielfalt der Farben vermag ebenso wie der Bildaufbau die Dynamik zu unterstützen (9). Foto: W. Baumann. – Ein Sport wie das Drachenfliegen gehört für den Betrachter eher zu den ästhetischen Sportarten. Das kühle Blaugrau unterstützt die distanzierte Ruhe (10); 1 : 125 s, Bl. 8, 200mm-Teleobjektiv.

10

11

12

11 und 12 Bereits fertige Schwarzweißfotos lassen sich auch ohne Fotolabor nachträglich in farbige Bilder verwandeln. Die Motive müssen jedoch zum Farbton passen: 11 Brauntoner (Schwefeltoner) – 12 Blautoner.

a

b

13 a und b  Farben müssen in der Schwarzweißfotografie nicht nur ihrer Helligkeitswerte, sondern auch ihrer Wirkung entsprechend wiedergegeben werden. Dennoch gehen häufig Kontraste verloren (b), was sich aber durch Filterung vermeiden läßt. Dieses Motiv bekommt seine Berechtigung allerdings erst durch die Farbe (a).

14  Nahaufnahme; Abbildungsmaßstab 1 : 6, Balgengerät, 105mm-Objektiv, Gegenlicht.

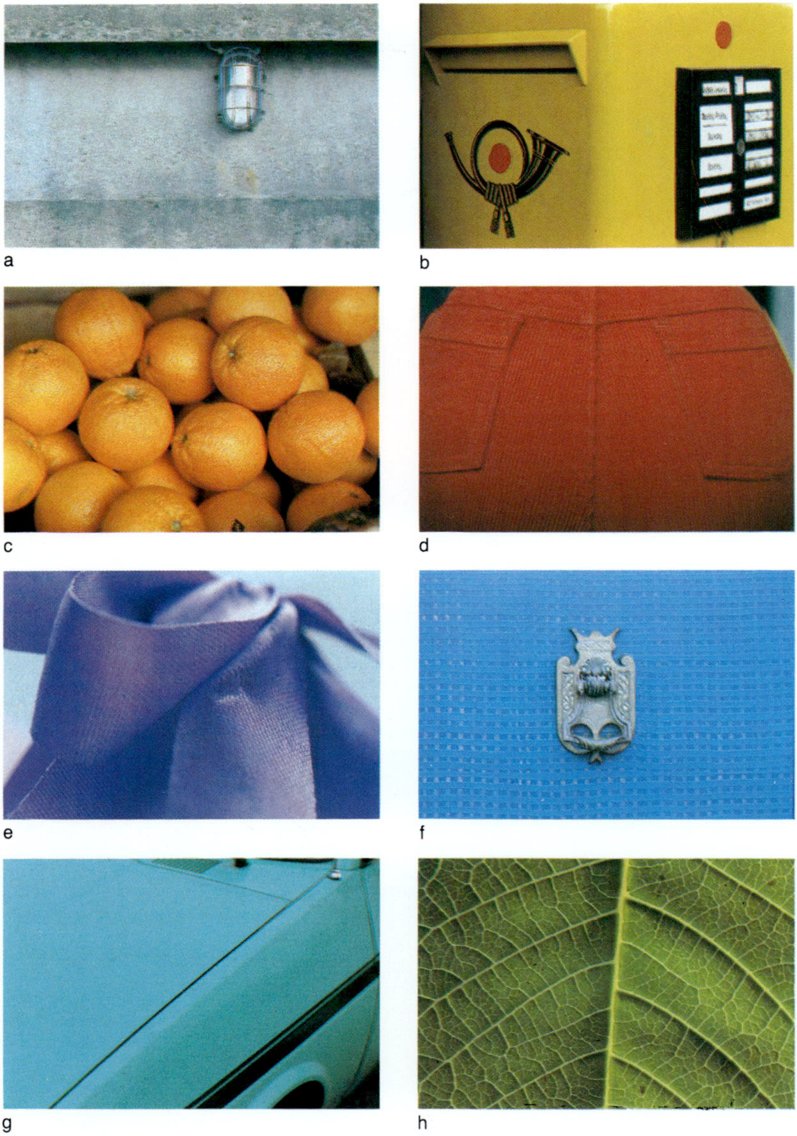


15 a–h Der sparsamste Einsatz von Farben macht häufig die Qualität einer guten Farbfotografie aus. Der Einsatz nur einer Farbe ist allein durch strengste Isolierung der Motive von ihrer Umgebung möglich. Strukturen und Hell-Dunkel-Kontraste lassen die Farben zu Motiven der Fotografie werden. Monochrome Bilder können eindeutig gegenständlich, aber auch als Struktur abstrahiert sein. Geeignete Objektive sind meist Normal-, Tele- und Makroobjektive.

16 Sandwich-Dia: Zwei Dias wurden aufeinandergelegt und zusammen gerahmt. Für solche Montagen ist es notwendig, daß beide Abbildungen nicht zu dunkel sind, da sich die Farben von beiden Dias addieren. Das bedeutet meistens, daß das Sandwich dunkler ist als jedes der Einzeldias. Gedeckt erscheint eine Stelle dann, wenn mindestens eines der Dias an dieser Stelle gedeckt ist (Baumstamm, Haare).

17 Bei der Doppelbelichtung wird dasselbe Filmstück mehrmals (mit unterschiedlichen Motiven) belichtet; der Film wird also in der Kamera nicht weitertransportiert. Da nur Licht auf dem Film eine Wirkung hinterläßt, bedeutet bei einer Doppelbelichtung doppeltes Licht eine besondere Bildaufhellung. Das heißt andererseits: Jede Bildstelle, die auch mit nur einem Belichtungsvorgang belichtet wird, erscheint später auf dem Positiv hell. Ein Foto wie dieses wäre also mit einer Mehrfachbelichtung nicht möglich.

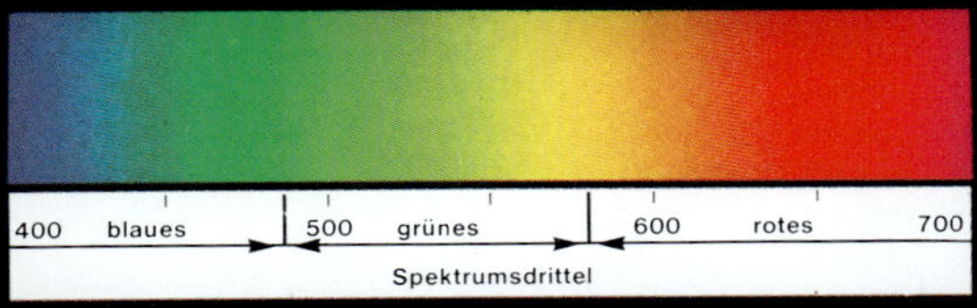


18 Farbenspektrum des sichtbaren Lichtes

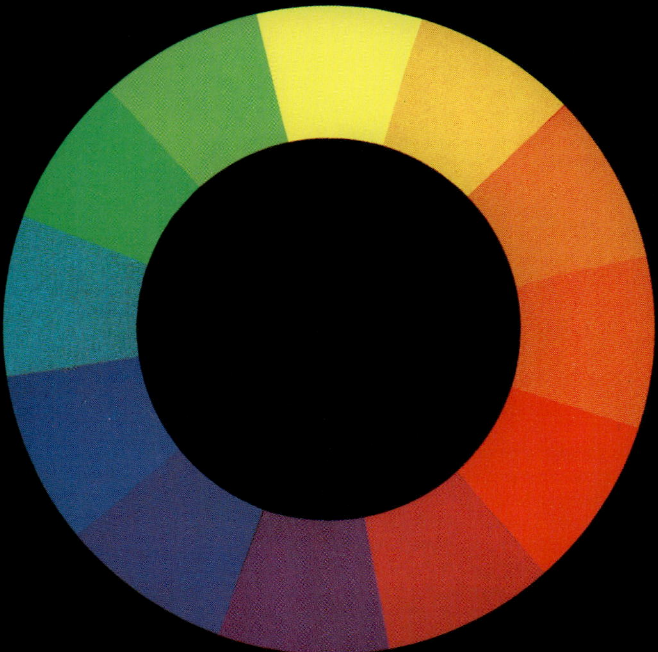

19 Farbkreis nach Johannes Itten

20 Kodak-Color-Karte

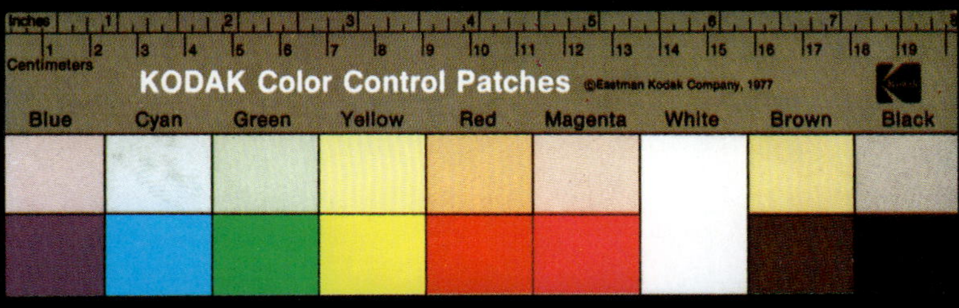

a

21 a und b Durch das Polarisationsfilter werden nicht nur Reflexe auf nichtmetallischen Objekten gemindert, auch die Objektfarben, besonders das Himmelsblau, erscheinen etwas kräftiger: a) ohne Filter – b) mit Filter.

b

22 Rote Augen – ein unerwünschter Blitzeffekt. Das Blitzlicht wird dabei von der Netzhaut des Auges genau in die Kamera reflektiert.

23 Wenn die Belichtungszeit bei Einsatz eines Blitzgerätes zu lang gewählt wird, verwischen die Konturen und Bewegungen. Belichtungszeit 1/15s.

24 Nachtaufnahme: Durch die erforderlich langen Belichtungszeiten werden die Scheinwerfer der fahrenden Autos als Leuchtstreifen abgebildet. Empfehlenswert ist eine Belichtungsreihe mit unterschiedlichen Zeiten z. B. 10, 40 und 100 Sekunden (Blende 8, ISO 100/21°). Die grünliche Grundfärbung auf der Abbildung kommt vom künstlichen Licht der Straßenlaternen.

25 Abgerissene Plakatwände weisen auf die Vergänglichkeit der Dinge hin. Das ausgeblichene Clownsgesicht steht in scheinbarem Kontrast dazu, verdeutlicht aber gerade dadurch die Symbolik des Verfalls.

26 Infrarotaufnahme: Der Himmel war in Wirklichkeit blau, die Bäume dunkelgrün, die Hose des Mädchens blau und die Wiese im Vordergrund bräunlich. Bei der Aufnahme wurde ein Orangefilter vorgesetzt und der Film auf 16 DIN/32 ASA belichtet.

27 Während der Bewegung des Karussells wurde die Kamera ein kleines Stück mitgezogen; Belichtungszeit 1/30 s.

28 Baumalleen erzeugen immer einen richtungsweisenden Tiefeneindruck.

29 Nur ein weißes Pferd konnte den notwendigen Kontrast zum Farnkraut zeigen. Ein braunes oder schwarzes würde auf dem Foto kaum auffallen.

a

b

30a und b Colornegative zeigen das Motiv in umgekehrten Helligkeitswerten und Komplementärfarben. Eine zusätzlich orangefarbene Maskierung des Films dient der besseren Farbwiedergabe, erschwert aber die Beurteilung der Negative. Zur Verdeutlichung wurde in Abb. b diese Maskierung entfernt.

32 Auch bei schlechtem Wetter sollte man den Fotoapparat mitnehmen. Nebel erzeugt auf den Farbfilmen häufig einen Blaustich. Es empfiehlt sich, einen Skylightfilter zu verwenden und eher etwas aufzublenden. ▷

31 Das Sofortbild entwickelt sich selbst bei Tageslicht. Die Entwicklersubstanz ist in jeder Bildplatte in einer Kapsel vorhanden. Wird das Sofortbild aus der Kamera herausgedrückt oder gezogen, verteilt sie sich gleichmäßig über das Foto (Foto: Polaroid, Frankfurt).

a

33a–d Wer in Farbe fotografiert, kommt an Blumen und Blüten kaum vorbei. Auch dabei gilt es, Ausschnitte, Farbwirkungen und Schärfebereich in ihrem Zusammenhang zu berücksichtigen. Jede Jahreszeit in der Natur hat ihre eigenen Reize, ihre eigene Farbcharakteristik und ihr eigenes Licht, das die Farbigkeit der Pflanzen unterschiedlich – harmonisch oder kontrastierend – wirken läßt.

b

c

d

34 Winterlandschaften wirken im Foto oft nur weiß und nichtssagend. Fotografenglück, wenn man erlebt, daß der Schnee die Wiesen wie Puderzucker bestäubt hat.

35 Die Lichtbrechung der Sonnenstrahlen im Sprühnebel des Springbrunnens erzeugt hier den Regenbogen. Ein dunkler Hintergrund und exakte Belichtung sind erforderlich, um das Farbenspektrum richtig zur Wirkung kommen zu lassen.

36 Moderne Architektur zeichnet sich oft durch geometrische Formen und intensive Farben aus, was man fotografisch mit extremer Perspektive, hartem Farbkontrast und gewagter Lichtgestaltung nutzen kann.

37 Mit hohen Motivkontrasten hat der Film bei solchen Durchblicken zu kämpfen. Die Schatten müssen noch ausreichend durchgezeichnet sein, die Motivlichter ausreichend Zeichnung besitzen.

38 Auch Motive aus der Arbeitswelt sind Themen der Farbfotografie.

39 Rost kann in den verschiedensten Farbtönen schillern und eignet sich ausgezeichnet für Strukturfotos. Dieses Foto zeigt die Türen eines abgebrannten Eisenbahnwagens.

40 Katze: Hell-Dunkel-Kontrast

41 Farbige, farbgetreue Reproduktionen sind nicht einfach zu erstellen. Interessante Fenstermotive finden sich in Kirchen und alten Bürgerhäusern.

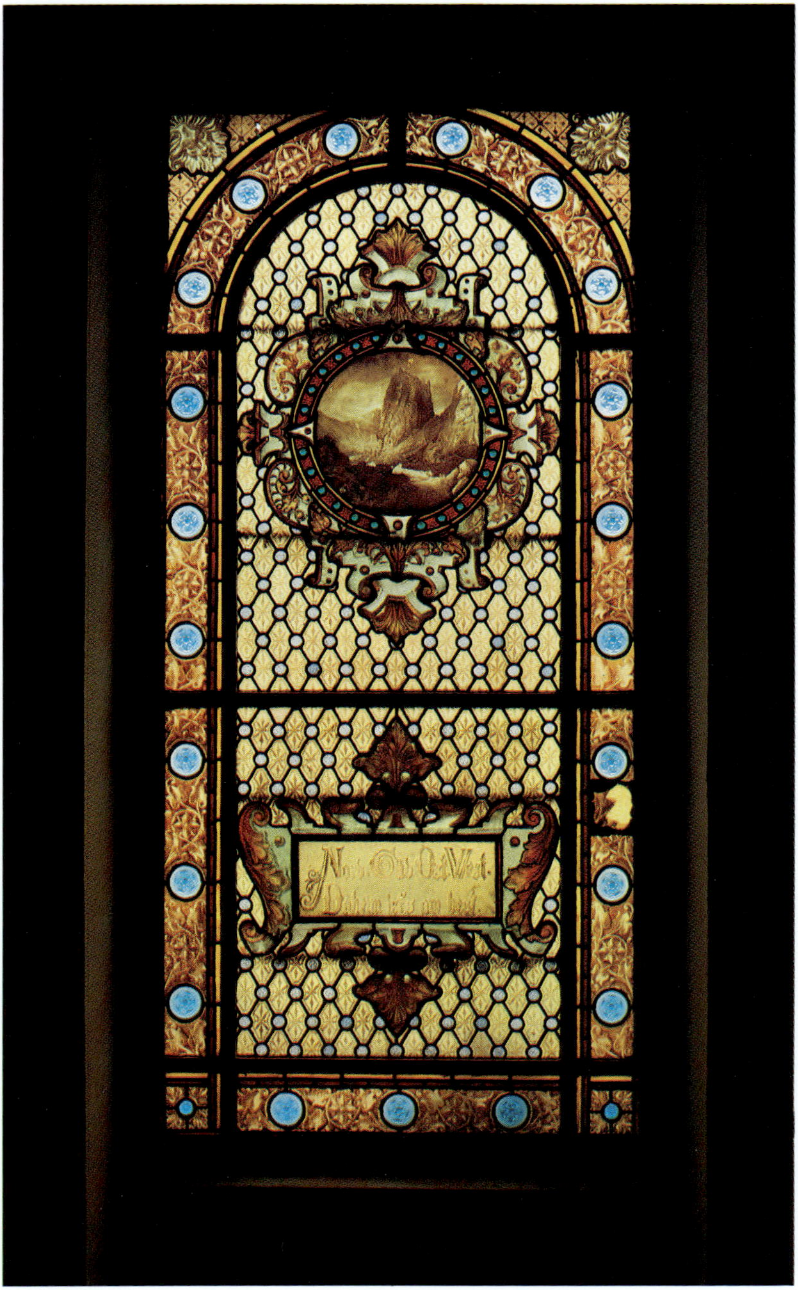

*Verwandte Farben:*
Diese nebeneinanderliegenden Farben eignen sich sehr gut für Fotos mit monochromem (einfarbigem) Charakter. (Beispiel: Gelborange-/Rottöne im herbstlichen Laubwald oder auch die Grüntöne eines Waldes). Die Kombination verwandter Farben wirkt sehr ruhig und ausgeglichen. Dennoch sei vor Ausnahmen gewarnt: Sie können sich auch »beißen« (so z. B. Rot und Violett).

*Komplementäre Farben:*
Die Zusammenstellung von gegenüberliegenden Farben innerhalb des Farbkreises (z. B. Rot und Grün) wirkt lebhaft leuchtend und provozierend. Der Einsatz von Komplementärfarben lohnt sich besonders bei Motiven mit intensiven Farbtönen (vgl. Farbabb. 6). Achten Sie jedoch darauf, daß solche Fotos nicht zu »knallig« werden. Ist aber gerade dies Ihre Absicht, läßt sich die Leuchtkraft der gegensätzlichen Farben durch ein Polfilter noch intensivieren. (Anmerkung: Es hatte zu Anfang geheißen, daß farbige Filter in der Schwarzweißfotografie Objekte in der Komplementärfarbe dunkler bzw. heller wiedergeben. Aufmerksame Leser werden nun bemerken, daß Rot und Blau zwar keine Komplementärfarben sind, ein rotes Filter aber dennoch einen blauen Himmel auf dem Foto fast Schwarz wiedergibt [vgl. Abb. 79]. Die Ursache ist aber lediglich in einer überdurchschnittlichen Blauempfindlichkeit von Schwarzweißfilmen zu suchen.)

*Harmonische Farben:*
Werden drei Farben des Farbkreises durch ein gleichseitiges Dreieck miteinander verbunden (z. B. Orange – Violett – Grün), erhält man ein »harmonisches Farbendreieck«, mit dem sich Kombinationen von Farben zusammenstellen lassen, die besonders ausgewogen zueinander stehen. Eine ebenfalls ausgewogene Flächenverteilung der drei Farben kann allerdings spannungsgeladene Bildmotive vor lauter Harmonie zerstören.

*Kalte und warme Farben:*
Diese Bezeichnung hat nichts mit der Farbtemperatur zu tun. Sie resultiert daraus, daß man Rot allgemein mit Wärme, Blau mit Kälte

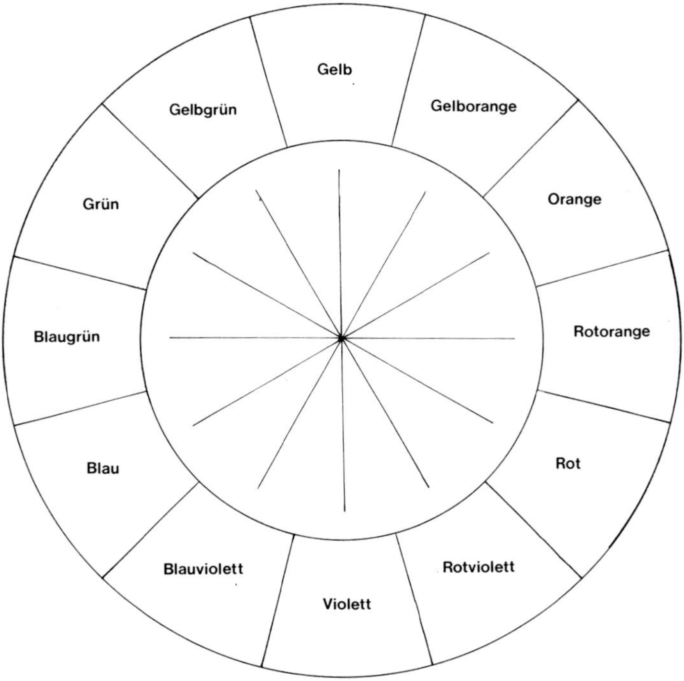


73 Komplementärkontrast: Die gegenüberliegenden Farben im Farbkreis stehen in besonders intensivem Kontrast zueinander.

verbindet. So trennt die Achse Gelb – Violett den zwölfteiligen Farbkreis in die Seite der kalten Farben, die sich um Blaugrün scharen, und in die warmen Farben um Rotorange herum (Abb. 74). Die Wahrnehmungspsychologie ist sich aber in der Unterstützung dieser Einteilung nicht völlig einig. Allerdings haben Versuche mit den polaren Farben Blaugrün und Rotorange ergeben, daß z. B. in zwei Zimmern, die mit jeweils einer der beiden Farben gestrichen waren, das gefühlsmäßige Empfinden der Raumtemperatur bei den Versuchspersonen um durchschnittlich 4° Celsius voneinander abwich. Da Rotorange die Blutzirkulation aktiviert, wurde der entsprechend gestrichene Raum wärmer eingeschätzt als der blau-

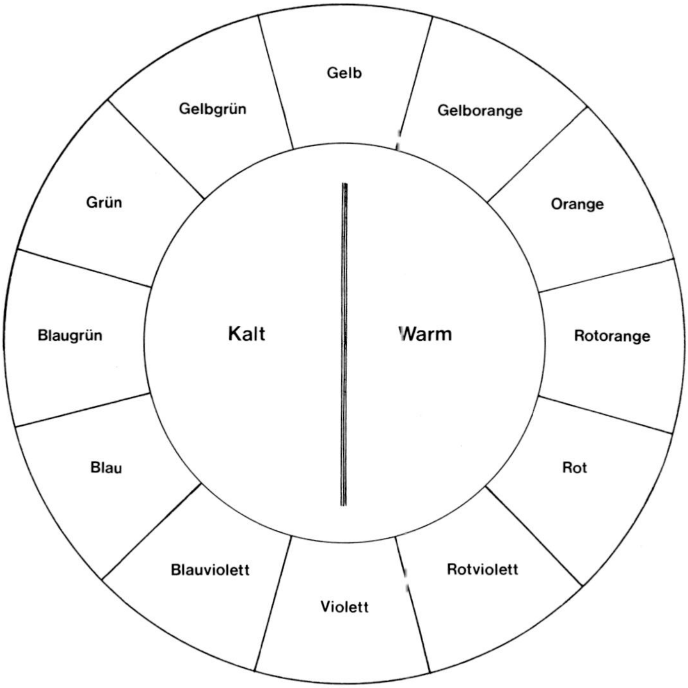


74 Kalt-Warm-Kontrast: Die senkrechte Achse teilt den Farbkreis in kalte und warme Farben.

grün gestrichene, dessen kräftiger Blaugrünfarbton die Zirkulation des Blutes dämpft. Für kühle, distanzierte Fotos empfehlen sich demnach eher die Blau- und Grüntöne; Rot und Orange erhalten ihre Berechtigung besonders da, wo Behaglichkeit, aber auch Hitze suggeriert werden soll.

*Leichte und schwere Farben:*
Untersuchungen haben gezeigt, daß bei fast allen Menschen Rot als die schwerste, d. h. dominanteste und eindrucksvollste Farbe gilt, Gelb dagegen als die leichteste. Blau liegt genau dazwischen. Man kann dieses Ergebnis auf vielen Colorfotos nachvollziehen. Ein

kleiner roter Fleck in einem Farbbild zieht alle Blicke auf sich. Betrachten Sie einmal Farbabb. 6: Die orangenen Schaufeln stechen aus dem Grün des Hintergrundes kräftig hervor. Als grüne Schaufeln vor einer orangefarbenen Wand würden sie kaum auffallen.

Es gibt noch eine Anzahl weiterer Methoden, Farben gelungen zu kombinieren oder gegenüberzustellen. Auf ihre Beschreibung soll verzichtet werden, da es mir wichtiger erscheint, den gefühlsmäßigen Gehalt einzelner Farben anzusprechen.

### *b) Farbtöne und ihre Wirkungen*

Die Empfindungen, die ein Farbton bei verschiedenen Menschen hervorruft, sind natürlich unterschiedlich. Sie hängen ab von Erziehung und Kultur, Lebensraum und augenblicklicher Stimmung, ja sogar von Alter und Geschlecht. Trends in Kunst und Mode haben ebenso auf die Wirkung des Zeichens Farbe Einfluß wie subjektive Erfahrungen. Dennoch zeigen die einzelnen Farben in ihrer Wirkung eine Grundtendenz, die es bei einer überzeugenden Bildgestaltung zu berücksichtigen gilt. Allerdings sind die charakteristischen Farbwirkungen bei jedem Motiv neu zu überprüfen.

Schwarz und Weiß symbolisieren als »unbunte« Farben Tag und Nacht, Licht und Dunkelheit. Weiß gilt in den westlichen Kulturen als rein und freundlich, Schwarz dagegen als Farbe des Unheils und des Todes. (In Ländern des asiatischen Raumes ist Weiß die Farbe der Trauer und des Verrates, Schwarz aber bedeutet Mut.) Die meisten bunten Farben gewinnen, gegen ein tiefes Schwarz gesetzt, an Leuchtkraft, im Kontrast zu Weiß verblassen sie (vgl. Farbabb. 5).

*Rot* ist die dominante und damit in der Farbgestaltung auch problematischste Farbe, da Rot als Intensivton die Wirkung eines jeden Motivs lenkt. Rot steht in allen Kulturkreisen für Aktivität und Erregung, Wärme, Hitze und Feuer.

*Gelb* ist als hellste Farbe Weiß am nächsten. Auf weißem Hintergrund verliert Gelb seine Leuchtkraft. Stets wird es als ein sehr heiterer Farbton empfunden. Allerdings ist der Bereich des reinen Gelb nur sehr schmal. Gelb-Blau (z. B. gelbe Blumen vor blauem Himmel) ist eine beliebte Kontrastkombination.

*Blau* ist, obwohl kalte Farbe, die beliebteste innerhalb des Farbkreises. Sie gilt als passiv und weicht, im Gegensatz zu dem nach vorn drängenden Rot, stets in die Bildtiefe zurück. Demnach ist Blau eine recht nützliche Hintergrundfarbe für alle Motive, die sich vom Hintergrund abheben sollen, oder jene, in denen die Tiefe betont werden muß.

*Orange* ist wie alle Mischfarben widersprüchlich. In seiner reinen Form hat es enorme aktive Leuchtkraft, die es jedoch in nur leicht abgedunkeltem Zustand schnell verliert und dann zum ruhigen schweren Braun wird. Aufgehellt reicht Orange bis zu einem fahlen Beigeton. Damit erweist sich Orange als sehr empfindlich für Über- oder Unterbelichtungen.

*Violett* war in den vergangenen Jahren mit seinen verschiedenen Abwandlungen immer wieder Modefarbe. Diese Farbe kommt in der Natur allerdings sehr selten vor. Ein kräftiges bis aufgehelltes Violett im geeigneten Motiv kann aus diesem Grund extravagant und verrückt wirken. Abgedunkelt steht Violett als Zeichen für Alter und Würde.

*Grün* trifft man als Fotograf am häufigsten an. Diese Farbe gilt allgemein als Zeichen der Fruchtbarkeit und Natürlichkeit. Grüntöne können in der Tendenz nach Gelbgrün und Oliv hin sehr beruhigend und neutral, nach Blaugrün aber übermäßig distanziert und kalt, im mittleren Bereich sogar aggressiv (»giftgrün«) wirken.

Wie stark diese Charakteristik der Farben vom einzelnen Motiv geprägt ist, soll ein Beispiel verdeutlichen: Der rote Sonnenuntergang wirkt ebenso wie ein vom Kaminfeuer erleuchtetes Zimmer warm und behaglich. Das vergleichbare Rot eines Brandes hingegen wirkt schrecklich, das des Blutes bestürzend oder das der Sonnenglut in der Wüste lähmend.

*Tips zur Farbgestaltung:*

1. Bunte, vielfarbige Bilder wirken nur, wenn die Buntheit auch wirklich Information bedeutet (vgl. Farbabb. 13).
2. Ziehen Sie beim Fotografieren möglichst nur wenige Farbtöne und große Farbflächen ins Bild ein. Durch Ausschnitt- und Brennweitenwahl lassen sich die meisten Motive so gestalten, daß Sie mit zwei oder drei kräftigeren Farben auskommen (vgl. Farbabb. 25, 33).
3. Fotografieren Sie auch mal ganz bewußt einfarbig (monochrom). Strukturen und Nahaufnahmen (Farbabb. 15, 37) bieten sich dazu ebenso an wie Stilleben und Porträts, aber auch einige Sportarten, wie das Bild des Drachenfliegers zeigt (Farbabb. 10). Monochrome Bilder strahlen eine große Gelöstheit aus und wirken zudem äußerst dekorativ.
4. Die Pop Art hat unser Farbempfinden beeinflußt. Leuchtende Farben in mutiger, unkonventioneller Zusammenstellung erregen unsere Aufmerksamkeit. Die Intensität der Farben kann durch ein Polfilter und die Verwendung eines niedrigempfindlichen Diafilmes noch gesteigert werden (vgl. Farbabb. 21).

## 6 Bildinhalt – Bildaussage

### *a) Objektivität*

Während das Filmmaterial empfindlicher und unbestechlicher auf Farben reagiert als das Auge, gibt es andere Bereiche, z. B. die Schärfe, in denen wir die Sehweise des Auges objektiver empfinden. Da wir als Menschen aber nur selektiv wahrnehmen, d. h. nur das sehen, was wir sehen wollen, geschieht es häufig, daß wir Dinge auf unseren Fotos finden, die wir bei der Aufnahme gar nicht wahrgenommen haben. Das Foto bildet also wesentlich mehr ab, als wir eigentlich sehen. Indem die Fotografie alles, was sichtbar ist, darstellt (innerhalb ihrer technischen Grenzen), hat sie den Ruf, objektiv und sachlich zu sein. So ließ das Pressefoto lange Zeit kaum Zweifel an der Glaubwürdigkeit seiner Bildinformationen. Durch die verstärkte Nutzung von Techniken der elektronischen Bildverarbeitung und den damit einhergehenden Praktiken der Manipulation sind solche Zweifel inzwischen dringend erforderlich. Nachdenklich werden engagierte Fotokundige aber bereits aufgrund der subjektiven Gestaltungsmöglichkeiten durch Wahl von Brennweite, Verschlußzeit, Filter und Film. Allein die optische Raffung des Raumes durch ein Teleobjektiv kann die Darstellung von Wirklichkeit entscheidend verändern. Wenn Sie bei den Brennweitenserien in diesem Buch (Abb. 10) für einen Augenblick Bildwinkel und angegebene Zusatzinformationen vergessen, wer vermag dann zu sagen, welches Foto die Wirklichkeit am ehrlichsten wiedergibt? – Andererseits muß man erkennen, daß die Fotografie nichts (ohne Tricks) aufnehmen kann, was nicht vorhanden ist – im Gegensatz zur Malerei etwa. Ein reichliches Maß an Authentizität wird man diesem Medium also nicht absprechen können. Authentizität ist aber etwas anderes als Objektivität.

### *b) Aussagekraft*

Daß zum hervorragenden Foto mehr gehört als eine ausgefeilte Technik und eine gestalterische Konzeption, liegt auf der Hand. Das

75 Die Kinder wohnen in Baracken hinter einem Zaun. Gibt das Foto ihre triste Wirklichkeit wieder oder verführt die sorgfältige technische Ausarbeitung den Betrachter zu einer Bemerkung über die »niedlichen« Kinder?

Motiv des Fotos muß für den Betrachter interessant sein. Sein Interesse ist aber von seinen Ansichten und Meinungen ebenso abhängig wie von seiner Beziehung zum Bildgegenstand. So hat das Foto eines Kindes für die Eltern sicherlich eine größere Bedeutung als für einen Fremden; das Foto einer abgerissenen Plakatwand (vgl. Farbabb. 25) bietet einem künstlerisch aufgeschlossenen Menschen mehr als einem desinteressierten Straßenpassanten. Fehlt einem Foto jegliche Aussage, wird es bestenfalls als banal empfunden.

Die Sicht des Betrachters wird von der Denkweise des Fotografen selbst bestimmt. Durch seine Wahrnehmung und deren visuelle Umsetzung in ein Foto wird das Motiv interpretierend dargestellt (vgl. Abb. 75). Vom engagierten Fotografen wird erwartet, daß er Stellung bezieht; dies geschieht in der Regel auf zwei Arten: dokumentarisch oder künstlerisch. (Beide Begriffe sind sehr verallgemeinernd und sollten eigentlich nicht in dieser Gegensätzlichkeit gebraucht werden.) Zur dokumentarischen Fotografie gehören die zahlreichen Fotos fürs Familienalbum ebenso wie Reportagefotos, das fotografische Festhalten und Sammeln von Dingen ebenso wie das für wissenschaftliche Zwecke hergestellte Foto.

Wenn hier etwas wie die »äußere« Wahrheit der Wirklichkeit festgehalten wird, so beschäftigt sich demgegenüber der künstlerische Bereich eher damit, der »inneren« Wahrheit der Dinge auf die Spur zu kommen. Formen, Farben, Gegenständen und Ereignissen wird z. B. durch die Darstellung und Gestaltung eine Symbolkraft gegeben. Sie können Stimmungen und Gefühle ausdrücken oder einen selbständigen Wert als Form oder Farbe bekommen. Ausstrahlung und Intensität kann ebenso das Spiel mit dem Licht bzw. mit der grafischen Struktur haben. Beide Arten der Darstellung – die dokumentarische ebenso wie die künstlerische – sollen unterhalten und unterrichten, erfreuen, bilden, aufklären, informieren und gelegentlich sogar schockieren. In jedem Fall aber muß das gelungene Foto die Gedanken des Betrachters anregen und ihn bewegen, sich mit dem Bild näher auseinanderzusetzen.

Es ist auch eine nach wie vor nicht endgültig beantwortete Frage in der Fotografietheorie, wie sich eine fotografische Abbildung der Wirklichkeit zur Wirklichkeit selbst verhält, oder anders: was ein Foto über das reale Motiv aussagt. Welche Information gibt z. B. ein »Bild unseres Wohnhauses« über uns, über unsere Nachbarn, über die Art und Weise des Zusammenlebens, über all das, was eigentlich an unserem Wohnhaus interessant ist? Das Foto zeigt vielmehr die Architektur, die Anzahl der Stockwerke, vielleicht zwei Fenster unserer Wohnung, die Farbe des Putzes. Um die Lücken der fotografischen Aussage zu ergänzen, kann man z. B. Details und Serien fotografieren, mit Symbolen und Vergleichen arbeiten. So sagen Fotos der Nachbarn sicherlich mehr aus als ein Bild des Hauses. Ein Foto vom Arbeitsplatz mit den beschäftigten Menschen (Farbabb. 38) besitzt mehr Information über einen Industriebetrieb als eine Außenaufnahme des Werkes.

Es gibt jedoch Anlässe, bei denen man das Fotografieren, sofern kein konkreter Grund vorliegt, unterlassen sollte. Trauernde am Grab oder Betende in der Kirche empfinden mit Recht den Fotografen als störend und belästigend. In gesteigertem Maß gilt dies für Unfallopfer, Schwerkranke oder Sterbende. Auch Fotos der Armut

und des Elendes anderer Menschen werden nicht immer aus Gründen der Aufklärung und Information, sondern zu häufig aus Sensationslust geschossen. Es ist schlimm, wenn diese Bereiche dann noch verschönt dargestellt werden. Das zerlumpte Kind im Müll bei Gegenlicht gehört sicherlich dazu; ebenso zahlreiche Urlaubsfotos aus den ärmsten der Entwicklungsländer. Diese Bilder mögen oberflächlich Ausstrahlung und Aussagekraft besitzen, stillen aber im Grunde nur die Sensationslust des Betrachters. Ihr Informationswert ist, wenn nicht in den richtigen Zusammenhang gestellt, gleich Null. Andererseits wird eine ehrlich gemeinte Sozialfotografie eine solche Betroffenheit beim Betrachter bewirken, daß er zu eingreifendem Handeln entschlossen ist (vgl. Abb. 76). Die Geschichte der Fotografie hat dies in vielen Beispielen bewiesen (J. A. Riis, L. Hine, J. Heartfield).

# 7 Wege zu besseren Fotos

Möglicherweise ist der eine oder andere, der dieses Buch bisher intensiv gelesen hat, etwas entmutigt von all den Faktoren, die es beim Fotografieren zu beachten gilt. Lassen sich die vielen Überlegungen und Regeln überhaupt in jedes Bild mit einbeziehen? Selbst wenn, entschwindet beim sorgfältigen Abwägen aller Faktoren nicht jegliche Spontaneität?

Zur Mutlosigkeit besteht kein Anlaß, denn der Weg zu besseren Fotos hat sicher nicht zur Voraussetzung, daß Ihnen alle bisher genannten Fakten (die ja auch nur ein Ausschnitt aus einem viel größeren Repertoir sind) ständig gegenwärtig sind. Ein Teil des Beschriebenen sollte sich in Ihrem Gedächtnis verankern, den größten Teil werden Sie wohl bald wieder vergessen. Wichtig ist aber, daß Information bei Bedarf abrufbar ist, was heißt, daß man

◁ 76 Kinder, Mülltonnen und hängende Wäsche – Hinterhofidylle nennen viele Fotografen solche Bilder. Ob sie als Teil engagierter Sozialfotografie zu bezeichnen sind, hängt oft vom Zusammenhang ab in den sie gestellt werden.

77 Statik und Dynamik sind hier in Kontrast gesetzt worden. Die kühn »vergitterte« Fassade betont bewußt die grafische Struktur als Gegensatz zur Bewegungsunschärfe der Person.

bei bestimmten Fragen weiß, wo man nachschlagen kann. Bevor Sie also Ihr Blitzgerät für einen abendlichen Streifzug einpacken, schauen Sie noch einmal kurz unter dem Stichwort »Blitz« nach, und rufen Sie sich die für Sie im Moment wichtigsten Informationen in Erinnerung. Erst mit der Zeit wird sich das Gelesene mit der eigenen praktischen Erfahrung verbinden und zu eigenen, schöpferischen Bildern führen. Ziel soll es sein, Aufnahmetechnik und Gestaltungsweisen mit einer gewissen routinierten Selbstverständlichkeit zu handhaben. Es ist deshalb unerläßlich, einige pädagogische Hilfen im folgenden etwas ausführlicher anzusprechen.

## *a) Lernen lernen*

Lernen hat gewiß etwas mit der Aneignung von Wissen zu tun, aber jede Information muß sich nicht notwendigerweise jederzeit abrufbereit im Kopf befinden. Da sich das Wissen der Menschheit in allen Bereichen ständig vergrößert, ja geradezu potenziert, ist es illusorisch, selbst in einem Spezialgebiet den aktuellen Wissensstand permanent gewärtig haben zu wollen. Daher bedeutet Wissen heute zunehmend auch: wissen, wo man spezielle Informationen finden kann. So müßte man eigentlich vor dem Versuch, lesen oder sehen zu lernen (als Prozeß bewußter Wahrnehmung und Umsetzung), erst einmal *lernen* lernen. Dabei darf man nicht vergessen, daß Lernen ein fortlaufender sozialer Prozeß ist, in dem die Aneignung von Faktenwissen nur einen Teilaspekt darstellt, den die meisten Leser bisher nur als »Pauken« (der traditionellen Form schulischen Lernens) erfahren haben werden. Den Möglichkeiten, Wissen längerfristig und leichter zu speichern, wird kaum Aufmerksamkeit geschenkt:

1. Lesen Sie auch ein Buch wie dieses kapitelweise, mit Pausen. Nach jedem Abschnitt sollten Sie versuchen, das Mitgeteilte zu rekapitulieren. Ihre Kamera sollten Sie neben sich aufbauen, um die Hinweise und das neu Erlernte sofort für Ihren speziellen Gebrauch überprüfen zu können. Mit der Kamera können Sie auch versuchen, einige Bildbeispiele nachzuahmen und verschiedene Ideen in die Praxis umzusetzen.
2. Dinge, die Sie für sehr wichtig halten, lesen Sie nach ein, drei, fünf, zehn usw. Tagen nochmals. Dieser Stoff setzt sich dann erfolgreich in ihrem Gedächtnis fest, während viele andere Informationen schon nach kurzer Zeit doch wieder vergessen werden.
3. Viele Menschen lernen visuell; gehören Sie auch dazu, prägen Sie sich vornehmlich die Bilder und Zeichnungen mit den Bildtexten ein. Durch eine solche Hilfe fallen einem auch nach langer Zeit noch zahlreiche Informationen aus dem Text wieder ein.
4. Teilen Sie sich den Lernstoff auf. Die Kapiteleinteilung eines Buches kann dabei eine Hilfe sein, an die Sie sich aber nicht unbedingt halten müssen.
5. Fassen Sie Fakten in Blöcken zusammen, die als solche viel einfacher zu behalten sind als Einzeldaten.

6. Suchen Sie nach Regeln, Oberbegriffen und Formeln, mit deren Hilfe Sie sich bei Bedarf selbst Tabellen u. ä. zusammenstellen können.
7. Erwarten Sie nicht gleich einen perfekten Lernerfolg. Daß noch »kein Meister vom Himmel gefallen ist«, gilt auch für die Fotografie. Lassen Sie sich also von unvermeidlichen Enttäuschungen in keinem Fall entmutigen.
8. Formulieren Sie für Ihre eigene fotografische Arbeit möglichst differenzierte Lernziele. Diese sollen abgestuft, zeitlich erreichbar und ganz klar definiert sein: »In diesem Monat will ich mehrere Fotos zum Thema ›Einfrieren von Bewegungen mit dem Blitzgerät‹ machen. Heute abend sammele ich Motivideen dazu.«
9. Vergleichen Sie meine Hinweise und die Erfahrungen anderer mit Ihren eigenen Erkenntnissen. Versuchen Sie, Widersprüche zu ergründen.
10. Planen Sie für jedes Lernziel angenehme Folgen ein. Eigentlich sollte ein Hobby nur Spaß machen. Aber selbst Dinge, die Spaß machen, können gelegentlich mühsam sein.
11. Machen Sie sich Ihre Lernumgebung attraktiv. Hängen Sie eigene Fotos oder auch anregende Fotos von anderen in Ihrer Wohnung und, wenn möglich, an Ihrem Arbeitsplatz auf. Vielleicht können Sie auch eine Raumecke Ihrer Wohnung zur Hobbyecke umfunktionieren.
12. Suchen Sie Lernpartner. Ein so faszinierendes Hobby wie die Fotografie sollte man mit anderen zusammen praktizieren. Der Erfahrungsaustausch mit Gleichgesinnten ist unerläßlich.

### *b) Zusammenarbeit in der Gruppe*

Leider geht eine Tendenz der modernen Freizeitgesellschaft dahin, daß sich jeder isoliert von anderen seinem Hobby widmet. Viele meiden Gruppen, weil sie mit »Vereinsmeierei« nichts zu tun haben wollen.

Dennoch wird man zwischen beiden Extremen Zwischenformen entwickeln müssen, da eine lebendige Kommunikation mit Gleichgesinnten eine der wichtigsten Voraussetzungen für schöpferisches Lernen und kreative Weiterentwicklung überhaupt ist. Die Vorteile der Zusammenarbeit in einer Gruppe können unter verschiedenen Gesichtspunkten formuliert werden:

1. Eigene Fragen, Unklarheiten und Probleme werden artikuliert, um sich ihrer völlig bewußt zu werden; durch eine klar formulierte Frage gibt man sich häufig schon selbst einen Teil der Antwort.
2. Sie profitieren von den Erfahrungen der anderen. Man lernt deren Fehler vermeiden, aus ihren Fragen die eigene Praxis verändern und durch ihre gelungenen Beispiele die eigenen Fotos besser machen.
3. Das Einbringen eigener Erfahrungen wird manchmal als mühsam und lästig angesehen, doch es ist ein unvertretbarer Egoismus, nur zu profitieren, ohne selbst etwas zu geben. Wem die Fotografie wichtig ist, dem wird es selbstverständlich sein, seine Kenntnisse weiterzuleiten.
4. Der eigene Einsatz in der Gruppe bringt Anerkennung und Bestätigung. Er fördert somit das Selbstwertgefühl.
5. Die eigene Arbeit wird in Frage gestellt (nichts ist so gut, daß man es nicht noch besser machen könnte!), wobei eine Kritik immer so konstruktiv sein sollte, daß sie zur Verbesserung des Ergebnisses motiviert und nicht zur Aufgabe verleitet.
6. Fehler in den Fotos der einzelnen Gruppenmitglieder werden gemeinsam analysiert. Damit kommt man den Fehlerquellen weitaus schneller auf die Spur.
7. Der Vergleich mit anderen spornt an, wobei sich die Gruppe allerdings von Beginn an bemühen sollte, Konkurrenzdenken zu vermeiden. Der daraus entstehende Leistungsdruck macht lustlos und verleidet vor allem den Neuanfängern schnell den Spaß am Fotografieren.
8. Für eine Fotogruppe ist es viel aussichtsreicher und realistischer, große Projekte anzufangen und durchzuführen, als für den isoliert arbeitenden Amateur.
9. In der zwanglosen Kommunikation mit anderen lernt man nette Menschen kennen, was schon ein Wert an sich ist.

Neben diesen allgemein-didaktischen Gründen gibt es noch einige rein pragmatische Gesichtspunkte, die für eine Fotoarbeit in Gruppen sprechen:

10. Zubehör kann ausgetauscht werden.
11. Man kann sich gegenseitig über Geräte, Bücher, Ausstellungen u. a. informieren.
12. Als eigenständige, fest gefügte Gruppe kann man ein gemeinsames Fotolabor oder ein Aufnahmestudio betreiben bzw. spezielle teure Geräte gemeinsam kaufen. Der finanzielle Aspekt sollte nicht gering eingeschätzt werden, denn Fotogeräte sind nicht billig.

Möglichkeiten, in Gruppen zu lernen und sich im fotografischen Bereich weiterzuentwickeln, bieten neben den allerorts existierenden Fotoclubs besonders die Volkshochschulen in ihren Kursen. Meist verfügt diese Institution auch über ein eigenes Fotolabor und qualifizierte Kursusleiter, die mit Rat und Tat bei allen Fotoproblemen zur Seite stehen. Man kann sich natürlich auch völlig ungebunden mit Freunden zusammentun und sich regelmäßig treffen. Für jede Gruppe gilt jedoch, daß sie nur Bestand hat und erfolgreich arbeitet, wenn sich jedes einzelne Mitglied für die Gruppe verantwortlich fühlt. Das bedeutet:

1. sich stets kooperativ zu verhalten und bei Streitfragen nach einem Rest von Gemeinsamkeit zu suchen, um eine neue Diskussionsbasis zu finden;
2. Gruppenmitglieder nicht als Konkurrenten zu betrachten;
3. Informationen nicht nur für sich, sondern auch für andere zu sammeln;
4. bereit zu sein, Vorbereitungsarbeiten für gemeinsame Treffen zu leisten (inhaltlich, technisch, organisatorisch).

Es hat sich bewährt, für jedes Zusammenkommen mindestens ein Thema zu planen oder vorzubereiten (vielleicht abwechselnd). Andernfalls sitzt man beieinander, plaudert recht angenehm, merkt aber nach dem zweiten oder dritten Mal, daß nichts Positives dabei herauskommt. Etwas Neues erfahren und gelernt zu haben, sollte in der Tat als Ergebnis für die Gruppenzusammenkünfte mit eingeplant werden. Ein sich jeweils änderndes konkretes Thema motiviert den einzelnen, auch dann zum Treffen der Gruppe zu kommen, wenn das Fernsehen an dem Abend einen Krimi zeigt. Themen für solche Abende könnten u. a. sein: Landschaftsbilder, Kinderporträts, Fotokalender, Fotolehrbücher, Blitzgeräte, Filter, Vorbereitung und Diskussion von Fotoprojekten, Besuch von Ausstellungen, Fotografen und ihre Bilder usw. (vgl. auch Kap. V 1a).

Bei der Beobachtung von Fotogruppen zeigt sich die Gefahr, nur über die Technik zu sprechen. Die Frage »Wie hast du das gemacht?« drängt sich massiv vor die Überlegung, *warum* der Fotograf dieses oder jenes so und nicht anders aufgenommen hat. Es ist zugegebenermaßen viel einfacher, sich über DIN/ASA und Blendenwerte oder Leitzahlen und Kelvingrade zu unterhalten als über gestalterische und inhaltliche Fragen. Dabei scheint man leicht den Punkt zu erreichen, an dem die dumme Redewendung, daß man über Geschmack nicht streiten solle, jede weitere Diskussion abbricht. Über Geschmack läßt sich aber sehr wohl streiten, allerdings mit begründeten Argumenten und ohne den Zwang, eine Einigung erzielen zu müssen. Man muß lernen, bei der Diskussion über schöpferisch gestaltete Objekte oder Kunstwerke, über ein »Es gefällt mir/gefällt mir nicht« hinauszukommen. Besser fragt man nach der Bildidee und der Konzeption der Darstellung. Sinnvoller ist auch die Frage, ob sich Absicht und Realisation des Fotografen nachvollziehen lassen, wenn ja, warum – wenn nein, warum nicht. Sich in einer Diskussion über Fotos (wie über die bildende Kunst überhaupt) auf »Geschmackssache« zurückzuziehen, ist gruppendynamisch ebenso falsch wie die Verwendung sogenannter »Killerphrasen«, die jedes sachliche Gespräch abblocken, eskalieren oder sterben lassen. (Beispiele: »Sie haben ja überhaupt keine Ahnung«, »Das war schon immer so/noch nie so«, »Deine Argumentation ist völlig unsinnig«, »Das meinst du doch nicht im Ernst?« usw.)

Noch ein Hinweis auf die Größe von (Foto-)Gruppen. Es ist leicht einzusehen, daß bei der Anwesenheit von 40 und mehr Personen keine differenzierten Diskussionen möglich sind. Als optimal hat sich eine Personenzahl zwischen sieben und zehn erwiesen. Bei einer viel größeren Anzahl sollten »Untergruppen« gebildet werden. Dabei ist aber stets dafür Sorge zu tragen, daß solche Untergruppen Kontakt untereinander haben. Eine geringe Gruppenstärke hat den Vorteil, daß diejenigen, die sonst eher schweigsam und passiv sind, aktiviert werden können, selber Beiträge zu liefern und ihre Meinung vor anderen zu artikulieren.

# V Motive

## 1 Themenorientiertes Fotografieren

Der Amateur kann, um die ihm für die Fotografie zur Verfügung stehende Zeit zu nutzen, auf zwei Wegen zu guten Fotos kommen: Entweder er nimmt beim Spazierengehen oder -fahren die Kameraausrüstung »nur so« mit, oder aber er bereitet sich planmäßig vor, an einem bestimmten Tag beispielsweise einige alte Gebäude der Stadt zu fotografieren. Über den Erfolg zufallsabhängigen Vorgehens läßt sich verständlicherweise wenig sagen. Es wird Ihnen schon gelegentlich während des Urlaubs passiert sein, daß Sie zwar über den ganzen Tag in einer fremden Gegend die Kamera getragen, aber kein einziges Foto gemacht haben. Der Vorteil permanenter Bereitschaft aber besteht darin, daß Sie bei spontanen Bildideen und unvorhersehbaren Ereignissen die Kamera zur Hand haben und damit selbst für Schnappschüsse vorbereitet sind. Nachteilig ist das Fehlen einer Konzeption. Dennoch sollte es selbstverständlich sein, immer eine Kamera bei sich zu haben, um spontan reagierend fotografieren zu können. Spontanes Handeln ist zweifellos ein wichtiger Bestandteil von Kreativität.

Wirkungsvoller ist die zielgerichtete und planmäßige Orientierung an bestimmten Themen. Wie könnte ein solches Thema lauten, und wie läßt es sich praxisgerecht eingrenzen? Im folgenden werden einige Motivgebiete beschrieben, die jedoch spezifischer aufgeschlüsselt werden müssen: Statt »Architekturfotografie« sollte das Thema, welches man sich gerade vorgenommen hat, eher »Fotos von Fenstern«, statt »Fotos von Menschen« eher »Weitwinkelporträts« oder »Körperteile« heißen. Unzählige andere Möglichkeiten werden Ihnen nach kurzer Überlegung einfallen. Zu einem solchenmaßen eingegrenzten Thema lassen sich dann auch zahlreiche Fotos konzipieren und Motive suchen. Natürlich muß bei einem Weg durch die Stadt auf der Suche nach attraktiven Fenstermotiven ausreichend Gelegenheit für sich zufällig ergebende Schnappschüsse bleiben.

So schränkt eine thematische Eingrenzung und Festlegung keineswegs die kreativen Entfaltungsmöglichkeiten ein, im Gegenteil, sie motiviert, mit wenigen zur Verfügung stehenden Mitteln und/oder Motiven spielerisch und frei gestaltend umzugehen. Gute und erstaunliche Fotos werden das Ergebnis sein.

### *a) Ein Vorschlag für die Gruppenarbeit*

Themenorientiertes Fotografieren ist eine Arbeitsweise, die besonders viel Freude mit anderen Fotoamateuren zusammen macht. Gerade durch die Kommunikation über ein konkretes gemeinsames Ziel tritt der die eigene Fotografie fördernde Lerneffekt viel schneller und intensiver ein, als wenn man allein arbeitet. Viele Personen tragen eben ein Vielfaches an Erfahrungen und Erlebnissen zusammen. Wie eine Beschäftigung mit vielen Einzelthemen über einen längeren Zeitraum in einer Gruppe organisatorisch aussehen kann, zeigt das abgebildete Schema (Abb. 78). Die kräftig eingerahmten Rechtecke, deren Länge einen Zeitraum von ca. acht Wochen beschreibt, geben die jeweiligen Themen an. Man beginnt mit der Themenauswahl, Sammlung von Ideen, Überlegungen zu möglichen Schwierigkeiten usw. Nach etwa vier Wochen ist ein Gespräch über die ersten Erfahrungen sinnvoll. Schwierigkeiten einzelner Gruppenmitglieder werden diskutiert, das Fotothema wird auf eventuell notwendige Korrekturen überprüft. Zu diesem Zeitpunkt beginnt auch die Beschäftigung mit Thema Nr. 2. Wiederum vier Wochen später wird das erste Thema abschließend besprochen. Doch die beiden äußeren Reihen der Skizze zeigen, daß damit keine völlige Beendigung gemeint ist. Jeder soll das gemeinsam Erlernte in neuen Bildern anwenden und für sich erproben. Die Themen laufen also begleitend weiter. Bei Bedarf kann eine auf das bereits abgeschlossene Thema bezogene Diskussion eingeschoben werden. Es

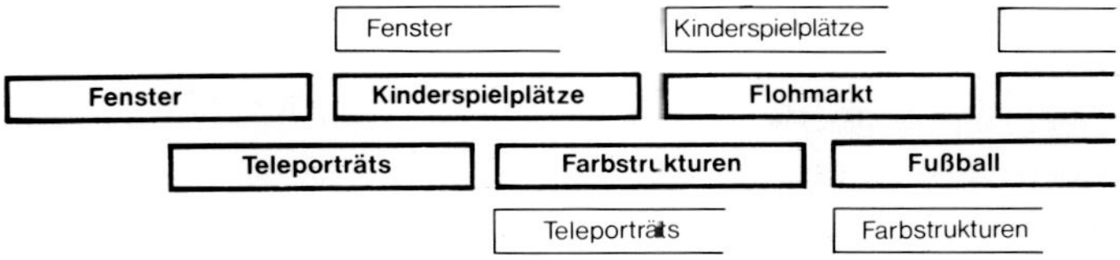


78 Arbeitsmodell für themenorientiertes Fotografieren in einer Gruppe.

hat sich bewährt, zum Abschluß eines Jahres eine Zäsur zu machen, die Ergebnisse zusammenzufassen und die Fotos vielleicht in einer Ausstellung zu präsentieren.

Die Praxis hat gezeigt, daß bei solcher Verfahrensweise gelegentlich einzelne Gruppenteilnehmer einwenden, warum man beispielsweise »Strukturen« fotografieren soll, wenn man sich selbst gar nicht dafür interessiert. Dieser individuell berechtigte Einwand ist jedoch vordergründig. Es geht nämlich beim themenorientierten Fotografieren darum, sich neben der eigenen üblichen fotografischen Tätigkeit einmal mit möglichst vielen Einzelbereichen zu beschäftigen, um Routine im Umgang mit der Kamera zu bekommen, um neue Motivgebiete für sich zu entdecken und in vielen Bereichen visuelle Erfahrungen zu machen.

Natürlich wird man bei einer Konzeption wie der beschriebenen nicht zu jedem Thema perfekte Fotos machen. Vorrangig ist es, Einblicke zu bekommen, zielgerichtet, damit auch *mehr* zu fotografieren und schließlich seinen eigenen Stil zu finden.

Nachfolgend werden die wichtigsten Motivfelder detailliert beschrieben. Es soll verdeutlicht werden, wie die allgemeineren Kenntnisse und Ideen beim Umgang mit Fotogeräten aus der »Aufnahmepraxis« auf das konkrete Motiv übertragen werden können. Neben zahlreichen Tips und Tricks, die den Zugang zu einzelnen Motivbereichen erleichtern sollen, steht am Schluß jeden Kapitels ein konkretes, praktisch erläutertes Beispiel oder ein Sonderthema, das eine genauere Beschreibung verdient. Die Anleitungen sollten in der eigenen Praxis erprobt, nachvollzogen und überprüft werden.

# 2 Architekturfotografie

Der Oberbegriff »Fotografieren von Architektur« ist ebenso präzise wie unzureichend; denn was ist Architektur? Zunächst denkt man möglicherweise an Schlösser und Paläste, Kirchen und kühne Stahl-Beton-Klötze, kurzum an Bauwerke, die – mit viel Aufwand errichtet – repräsentativen Charakter besitzen. Erst dann kommt einem in den Sinn, daß auch unsere Wohnhäuser, Straßenzüge und Städte, die Gartenlaube und Industrieanlagen, ja sogar die Innenräume von Gebäuden mit ihrer Ausstattung »Architektur« sind. Obwohl jeder Fotoamateur mit Sicherheit zahlreiche Bilder mit entsprechenden Motiven in seinen Fotoalben finden wird, gilt Architekturfotografie noch immer eher als Betätigungsfeld professioneller Fotografen. Da in der Vergangenheit starre formale Regeln den Einsatz einer großformatigen Fachkamera sowie höchst auflösenden Filmmaterials verlangten und zudem die Aufnahmen meist für Baufachleute, Kunstwissenschaftler oder Postkartenhersteller entstanden, hatte das Fotografieren von Bauwerken den Ruf, langweilig und umständlich zu sein. Erst die Entdeckung, daß man z. B. die Gebäude seiner Heimatstadt nicht nur vom Gesichtspunkt der Bautechnik her sehen kann, sondern auch unter dem Aspekt der Ausstrahlung, der ästhetischen und sozialen Wirkung, der subjektiven Empfindung, ihrem grafischen Reiz, machte zusammen mit der Entwicklung der Kleinbildtechnik das Fotografieren von Architektur zu einem gestalterisch reizvollen Thema für Amateure.

Bei Architekturfotos geht es darum, Gebäude und Bauten jedweIcher Art als starre Objekte von innen und außen zu fotografieren. Dies kann auf eine impulsiv schöpferische oder eine formal zweckbestimmte Art und Weise geschehen. So wird all das, was in diesem Kapitel zur Architekturfotografie zu lesen sein wird, von ganz verschiedenen Gesichtspunkten zu bewerten sein. Der Verwendungszweck des Bildes ist entscheidend: Für den Kunsthistoriker wird man ein Gebäude nicht perspektivisch verzerrt in hartem Seitenlicht fotografieren, für einen Fotowettbewerb mit kreativen Ansprüchen hat die Frontalaufnahme einer Kirche bei Vorderlicht kaum eine Chance. Auch die Gartenlaube wird anders zu fotografieren sein als ein Atomkraftwerk.

79 a und b Bei den meisten Architekturfotos ist der Himmel mit auf dem Bild. Gerade bei sehr hellen Gebäuden kann dann der fehlende Kontrast zwischen Bauwerk und Himmel die Bildwirkung ungünstig beeinflussen. In der Schwarzweißfotografie läßt sich ein blauer Himmel z. B. durch ein Orangefilter kräftig abdunkeln. a) ohne Filter – b) mit Filter.

## *a) Aufnahmegeräte*

Je nach Verwendungszweck des Fotos ist jeweils jeder Kameratyp brauchbar, ebenso alle Brennweiten, wobei bedacht werden sollte, daß die sehr kurzen Brennweiten an den Bildrändern verzeichnen können, d. h. gerade Linien biegen. Da Unschärfe bei Architekturmotiven meist unangebracht ist, sollte stets mit großem Schärfebereich fotografiert werden. Bei niedrigempfindlichen Filmen ist deshalb ein Stativ notwendig. Gelb-, Orange- oder Rotfilter sind oft nützlich, um vorhandene Kontraste zu intensivieren (Abb. 79). Ein Polfilter kann bei Coloraufnahmen Farbkontraste zwischen Gebäuden und Himmel steigern und zugleich Reflexe in Fensterscheiben abschwächen.

Bei der dokumentarischen Darstellung eines Gebäudes ist jedes Detail bis zur Materialstruktur von Bedeutung. Deshalb sind bei solchen Aufgaben niedrigempfindliche Filme zu verwenden, denn das Filmkorn soll ja später nicht die einzelnen Gebäudedetails überdecken.

## *b) Stürzende Linien*

Für den Architekturfotografen ist die Korrektur von stürzenden Linien das größte Problem. Die optisch konvergierenden Linien, die in Wirklichkeit als senkrechte Mauerecken oder Fensterkanten parallel verlaufen, lassen ein Gebäude auf dem Foto scheinbar in sich zusammenstürzen. Während uns die perspektivische Verjüngung von Straßen und Wegen, die mit zunehmender Entfernung schmaler zu werden scheinen, vertraut erscheint, empfinden wir stürzende Linien häufig als störend. Was ist also zu tun, wenn wir z. B. 10 m vor einem vierstöckigen Haus stehen und dieses ohne stürzende Linien aufnehmen wollen? Da man bei vorgegebener Aufnahmeentfernung (und 50 mm Brennweite) die Kamera kippen, also die Filmebene schräg ins Verhältnis zur senkrechten Hauswand setzen muß, wird das Haus auf dem Foto nach oben schmaler werden (Abb. 80 a). Setzen wir die Kamera parallel zur Hauswand, vermeiden wir zwar die Verzeichnung, der Aufnahmewinkel erfaßt aber nur die untersten Stockwerke und einen Teil des Bürgersteiges (Abb. 80b). Folgende Lösungen bieten sich an:

1. *Größerer Aufnahmeabstand:* Zunächst ist für eine gerade Haltung der Kamera zu sorgen; die Aufnahmeachse muß dabei senkrecht auf der Hauswand »stehen«, oder anders gesagt: Durch den Suchermittelpunkt muß man – vorausgesetzt, man fotografiert stehend – eine etwa in Augenhöhe befindliche Stelle an der Hauswand anvisieren. Bei ebenem Gelände muß man dabei so weit zurückgehen, bis der Bildwinkel das gesamte Gebäude erfaßt. Die folgende Tabelle zeigt das Verhältnis von Aufnahmedistanz, Gebäudehöhe im Hochformat bzw. Gebäudebreite im Querformat und Bildwinkel. (Die Angaben beziehen sich auf eine Augenhöhe von ca. 1,80 m und sind in die entsprechenden Brennweiten umzusetzen.)

| *Gebäudehöhe (bei Hochformat) Gebäudebreite (bei Querformat) in Meter* | *Aufnahmeentfernung in Meter* | | | | | | | | | |
|---|---|---|---|---|---|---|---|---|---|---|
| | 10 | 20 | 30 | 40 | 50 | 60 | 70 | 80 | 90 | 100 |
| | *Bildwinkel in Grad* | | | | | | | | | |
| 10 | 78 | 40 | 29 | 22 | 18 | 14 | 12 | 11 | 10 | 9 |
| 15 | 101 | 64 | 46 | 35 | 29 | 24 | 20 | 18 | 16 | 15 |
| 20 | 120 | 82 | 60 | 48 | 39 | 33 | 28 | 25 | 22 | 21 |
| 25 | 132 | 97 | 74 | 59 | 49 | 41 | 36 | 32 | 28 | 26 |
| 30 | 140 | 108 | 84 | 69 | 58 | 49 | 43 | 38 | 34 | 31 |
| 35 | 145 | 116 | 94 | 78 | 66 | 56 | 50 | 44 | 40 | 36 |
| 40 | 150 | 124 | 102 | 86 | 74 | 63 | 56 | 50 | 45 | 41 |

Bei einem 50 mm-Objektiv, welches einen Bildwinkel von 46° besitzt, beträgt also die notwendige Entfernungseinstellung, um ein 15 m hohes Gebäude aufzunehmen, mindestens etwa 30 m. Alternativ dazu kann der Bildwinkel natürlich auch durch Einsatz einer kürzeren Brennweite vergrößert werden. In beiden Fällen erfaßt der Bildausschnitt etwa zur Hälfte unnützen Vor-

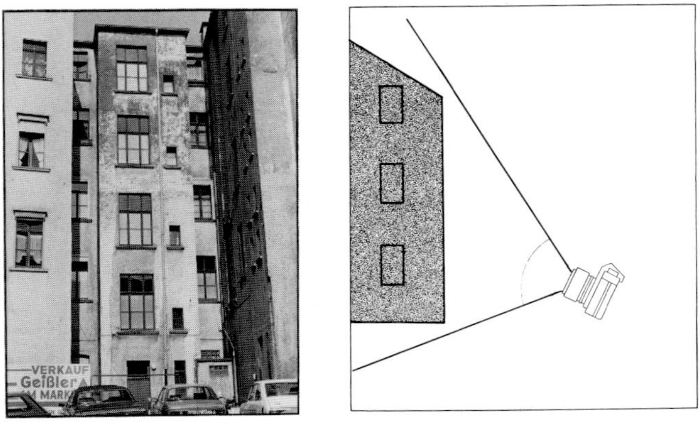

80a

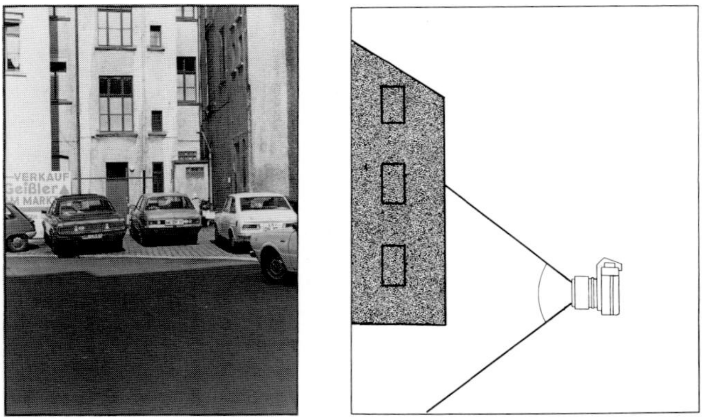

b

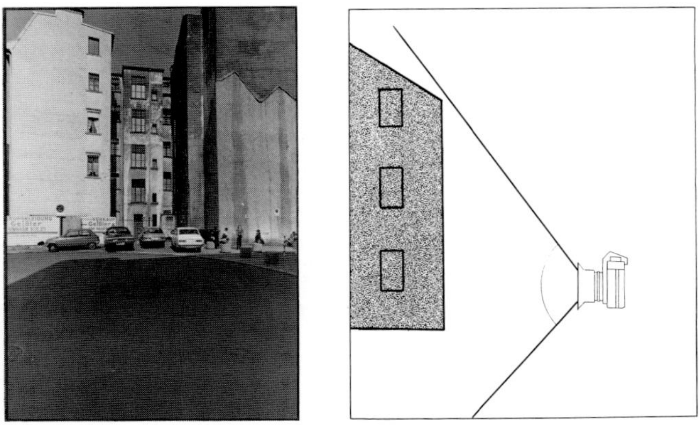
c

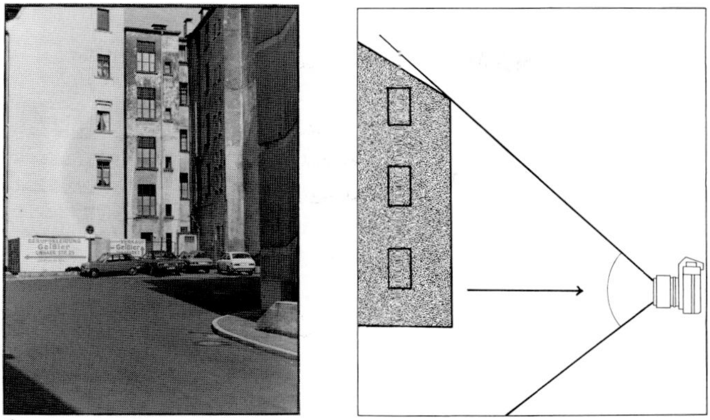

d

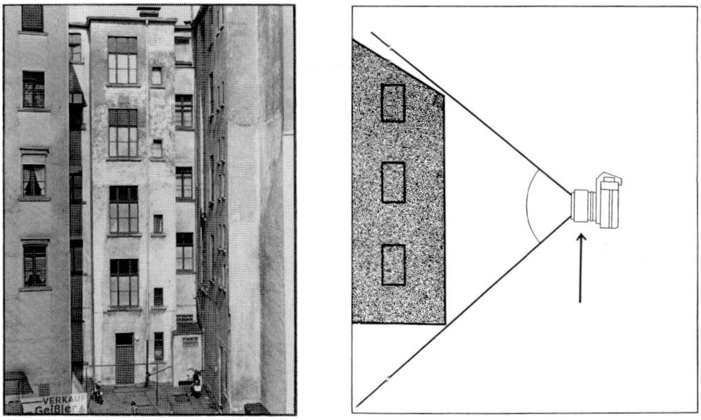


e

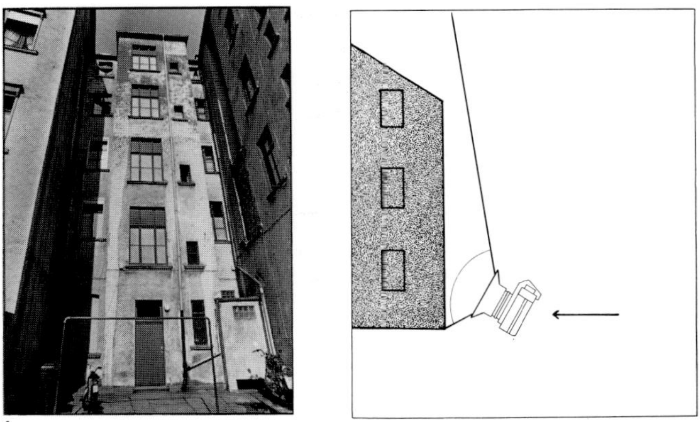

f

dergrund, der bei entsprechenden Vergrößerungen abzuschneiden wäre (Abb. 80 c, d).

2. *Höherer Aufnahmestandpunkt:* Häufig, z. B. in den engen Straßen der Städte, kann der Aufnahmeabstand nicht ausreichend erweitert werden. Um eine gerade Kamerahaltung zu erhalten, hilft es, von einem höhergelegenen Fenster eines gegenüberliegenden Hauses zu fotografieren (Abb. 80 e). Die Aufnahmeachse wird dabei einfach nach oben verschoben.
3. *Perspektiven-Korrektur:* Diese Lösung erfordert allerdings entweder eine Fachkamera oder eines der kostspieligen speziellen PC (»perspective control«)-Objektive für Kleinbildkameras, mittlerweile auch für Mittelformatkameras erhältlich. Ein Teil dieses Spezialobjektivs kann dabei parallel zur Filmebene nach oben (oder unten) verschoben werden. Dabei verschiebt sich gleichzeitig der Brennpunkt, und es kann, bei unveränderter Kamerahaltung, auf diese Weise der Motivausschnitt ebenfalls nach oben oder unten verschoben werden.
4. *Entzerren beim Vergrößern:* Wer im eigenen Fotolabor vergrößert, kann stürzende Linien in bestimmten Grenzen auch mit dem Vergrößerungsgerät korrigieren. Aber dies gilt nur bei der Selbstverarbeitung und der Erstellung von Papierpositiven.

Dennoch wird es immer wieder Aufnahmesituationen geben, wo all diese Wege zur Verhinderung stürzender Linien nicht helfen. Ein Beispiel dafür sind häufig Kirchen in mittelalterlichen Orten oder Hochhäuser in engen Neubausiedlungen. Hier kann als Ausweg nur noch die »Flucht nach vorn«, der Mut zur perspektivischen Verzeichnung empfohlen werden: Wenn sich stürzende Linien schon

◁ 80 a–f Bei Aufnahmen mit einer Normalbrennweite muß die Kamera meistens verkantet werden, um eine Fassade ganz auf das Filmformat zu bekommen (a). Bei gerade gehaltener Kamera wird der obere Teil abgeschnitten (b). Ein Weitwinkel erfaßt zwar das gesamte Motiv, jedoch nimmt der Boden die Hälfte des Bildes ein. Außerdem sind perspektivische Verzeichnungen erkennbar (c). Besser ist es, mit dem Normalobjektiv den Motivabstand zu vergrößern (d). Vielleicht kann man auch vom Fenster eines gegenüberliegenden Hauses fotografieren (e). Wenn stürzende Linien aber schon nicht zu vermeiden sind, sollte man sie deutlich hervorheben (f).

nicht vermeiden lassen, dann sind sie so wirkungsvoll und so deutlich einzusetzen, daß sie innerhalb der Bildgestaltung und Bildaussage eine aussagekräftige Bedeutung bekommen (Abb. 80f). (Nur gering stürzende Linien gelten dagegen fast immer als Bildfehler!) So wirken z. B. Fotos aus der Froschperspektive, also aus der Untersicht, eher bedrohlich, was entsprechend fotografierte alte Burgen oder verfallene Häuser in ihrer Wirkung unterstützen kann. Gleichzeitig wird durch die Untersicht auch die Größe eines Motivs betont, z. B. von Fernsehtürmen und ähnlichen Wahrzeichen.

Sorgfältig sollte bei dokumentarischen Architekturaufnahmen darauf geachtet werden, daß zumindestens eine Waagerechte oder eine Senkrechte parallel zum Bildrand bestehen bleiben. Die rechten Winkel fast aller Gebäude lassen selbst die leichteste Verkantung überdeutlich werden.

### c) *Kamerastandpunkt und Motivausschnitt*

Will man das oder die Gebäude ihrem Wesen, ihrer Epoche oder ihrer Funktion gemäß mit dem Foto individuell interpretierend erfassen, wird man sich auf die Suche nach einer optimalen Aufnahmeposition begeben müssen. Was aber »optimal« ist, kann man nicht generell festlegen, daher nur folgende Hinweise:

1. Jeder Bauherr schenkt der *Frontseite* seines Gebäudes besondere Beachtung. Sie ist architektonisch daher am sorgfältigsten gestaltet, was aber nicht bedeutet, daß sie auch immer für den Fotografen am interessantesten ist.
2. Ein Gebäude ist ein räumliches Objekt. Frontalansichten machen dies nicht unbedingt deutlich. Durch Einbeziehung einer Querseite wird die *Tiefe* betont.
3. Es ist zwar umstritten, ob Bauwerke nur »im Geiste« ihrer *Entstehungszeit* fotografiert werden sollten. Ob aber ein romanisches Gewölbe, mit hartem Blitzlicht ausgeleuchtet und mit Superweitwinkel aufgenommen, angemessen erfaßt wird, ist zu bezweifeln. Ähnliches gilt für Fotos von Stahl-Glas-Architektur im duftigen frühjahrshaften Morgennebel.

81 Architektur läßt sich auch im Detail fotografieren. Besonders alte städtische Bürgerhäuser bieten mit ihren Stuckfassaden reizvolle Einzelmotive. Das abgebildete eigenartige Relief war an einer Jugendstilfassade zu entdecken.

4. Eine Totalaufnahme eines oder einiger Gebäude wird häufig erst richtig wirkungsvoll durch zusätzliche Ausschnitt- und *Detail*aufnahmen von Eingängen, Fenstern, Ornamenten u. a. (Abb. 81). Zusätzlich ist zu überlegen, ob Landschaft und Umgebung in Architekturfotos mit einzubeziehen sind. Immerhin ist ein Gebäude ja Teil seiner Umgebung.
5. Durch die Wahl des *Aufnahmestandpunktes* sind störende Strom- oder Telefonleitungen, Gerüste, Erdwälle, Reklameschilder und Autos aus dem Bild zu verbannen. Unser Auge übersieht die Störwirkung dieser Dinge leicht.
6. Als ständiger Diskussionspunkt erweist sich die Frage, ob *Menschen auf Architekturfotos* zu sehen sein dürfen. Ich meine ja, denn ein Wohnhaus z. B. ist kein toter Stein, sondern ein Gebäude, das Leben enthält. Außerdem hat der Mensch als Größenmaßstab eine wichtige Funktion. Dennoch kann es bei bestimmten Aufgaben sinnvoll sein, Menschen aus dem Bild zu verbannen. Dies kann durch die Wahl einer besonders langen Verschlußzeit geschehen. Bei niedrigempfindlichem Film und

zusätzlichem Einsatz von lichtschluckenden Filtern werden alle sich bewegenden Gegenstände aus dem Bild verschwinden (Abb. 82).

7. Zahlreiche Gebäude, die man im Sommer wegen eines dichten Baumbestandes nur unzureichend auf das Foto bekommt, lassen sich an einem schönen *Wintertag* besser fotografieren, da die Bäume dann ihr Laub abgelegt haben und den Blick auf das Gebäude freigeben (Farbabb. 2).

## *d) Beleuchtung*

Fotografieren bedeutet eigentlich »mit Licht malen«. Licht ist der Stimmungsträger unserer Bilder. Ob ein Bauwerk seitlich oder frontal, hart oder diffus beleuchtet wird, bestimmt entscheidend seine Charakteristik auf dem Foto. Frontales Licht läßt eine Häuserfront flach erscheinen, Vorsprünge und Mauerritzen werden nivelliert; erst seitliches Licht arbeitet die Strukturen und Details aus einer Fassade heraus, die Räumlichkeit wird offensichtlich. So beantwortet sich die Frage, ob eher bei Sonnenschein oder bewölktem Himmel mit diffusem Licht fotografiert werden soll, von selbst. Mit gerichtetem Licht läßt sich gestalten und interpretieren, neutraler aber ist diffuses Licht. Wenn Sie mit dem Sonnenlicht gestalten wollen, sollten Sie den Weg beachten, den die Sonne am Himmel beschreibt. Mit einem kleinen Kompaß läßt sich der Sonnenstand und damit die günstigste Beleuchtung für das Motiv vorausberechnen. Wenn Ihnen klar ist, wo die Sonne auf- und wo sie untergeht, gelingt es Ihnen eher, Schattenwirkung und Lichtwinkel vorauszusehen.

82 a und b Eine Methode, Architekturfotos ohne Menschen aufnehmen zu können: ▷ a) 1/125 s – b) 30 s. Beide Fotos wurden zeitlich unmittelbar hintereinander aufgenommen. Durch die lange Belichtungszeit werden die Personen so sehr verwischt, daß sie auf dem Bild verschwinden. Sie ist aber nur möglich bei einem niedrigempfindlichen Film und mehreren, hintereinandergeschalteten Farbfiltern, daher die Randabschattungen und die unterschiedliche Kontrastwiedergabe. Besser wäre ein entsprechend dichtes Graufilter gewesen.

82 a

b

Doch Architektur läßt sich nicht nur am Tage fotografieren. Wenn es am frühen Abend langsam dunkler wird, dann ist die beste Zeit für »Nachtaufnahmen«. In den Fenstern der Häuser ist dann schon Licht zu sehen, aber andererseits ist es auch noch nicht so dunkel, daß alle Details der Gebäude in der Dunkelheit verschwinden. Da aber bei nächtlichen Aufnahmen hohe Lichtkontraste zu Fehlergebnissen der Belichtungsmessung führen können, empfiehlt es sich, eine Belichtungsreihe anzufertigen. Anhaltspunkt kann ein Mittelwert zwischen einer Messung auf die Lichter und einer Messung auf die Schatten sein, wobei hellste Lichter und tiefste Schatten auszuklammern sind.

### e) *Beispiel: Innenaufnahmen*

Wer Aufnahmen von Innenräumen machen will – etwa um eine Wohnung oder eine Wohnungseinrichtung zu fotografieren –, wird meist mit der Enge des Raumes zu kämpfen haben, wenn es sich bei dem Motiv nicht gerade um ein Kirchenschiff, einen großen Saal oder eine Empfangshalle handelt. Wie bekommt man also mit einer Kleinbildausrüstung den größten Teil eines durchschnittlichen Zimmers auf sein Bild, obwohl man sich mit dem begrenzten Blickwinkel des Kameraobjektivs selbst im Raum befindet?

Der Blickwinkel ist tatsächlich begrenzt, denn wegen der Verzeichnung von Weitwinkelobjektiven sollte bei Innenaufnahmen – wenn eine sachliche Darstellung gewollt ist – keine kürzere Brennweite als ca. ein 35 mm-Objektiv benutzt werden. Andererseits muß man sich aber als Fotograf nicht unbedingt selbst im Raum befinden! Wenn der Bildausschnitt aus der hintersten Ecke des Zimmers noch immer nicht alles Wichtige zeigt, läßt sich manchmal auch vom Nachbarzimmer oder vom Balkon durch die jeweils geöffneten Türen fotografieren.

Diese zusätzliche Vergrößerung der Aufnahmedistanz läßt sich auch mit Hilfe eines größeren Spiegels simulieren (Abb. 83). Man gewinnt durch diese Methode zwar nicht viel, aber häufig gerade genug Spielraum, um die wichtigsten Charakteristika des Zimmers wiederzugeben.

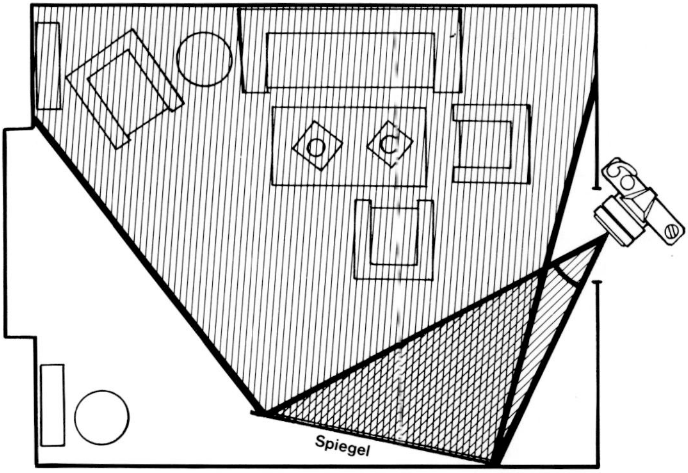


83 Über einen großen Spiegel erfaßt man in engen Innenräumen selbst mit einem Normalobjektiv ein breites Bildfeld

Sie werden aber dennoch Schwierigkeiten bekommen, drei Ecken, geschweige vier Ecken eines rechtwinkeligen Zimmers gelungen aufs Bild zu bekommen. (Um drei Ecken zu erfassen, muß das Superweitwinkelobjektiv mehr als 90° Aufnahmewinkel besitzen.) Der räumliche Eindruck bleibt besser erhalten, wenn eher zwei als nur eine Ecke ins Bild einbezogen werden. Dabei ist ganz besonders auf die mögliche Konvergenz von Gestaltungslinien (Raumkanten, Möbelkanten) zu achten. Auch bei Innenaufnahmen sollten senkrechte Linien auf dem Foto wirklich senkrecht sein. Die ideale Aufnahmehöhe liegt in den heutigen Wohnungen etwa bei 1,50 m. Gelegentlich zeigt aber auch ein Blick von schräg oben einen gelungenen Motivausschnitt.

Da unsere Wohnungen zum Wohnen und nicht zum Fotografieren gemacht sind (dieser Gedanke steht häufig der Konzeption von Werbefotos der Möbelindustrie entgegen), erscheinen die Zimmer bei Innenaufnahmen meist sehr voll. Scheuen Sie sich nicht, einige ablenkende »Raumfüller« beiseite zu stellen oder einige Möbelstücke zu verschieben. Natürlich soll dabei nicht das Typische des Raumes verlorengehen, aber der Betrachter des Fotos braucht ein zentrales Motiv, auf das er sich konzentrieren kann. Dies kann eine Sitzgruppe, ein alter Schrank, ein Fenster, eine Treppe o. ä. sein. Ein geöffnetes Buch, eine aufgeschlagene Zeitung oder einige Blumen geben dem Raum etwas Leben. Die perfekte Ordnung oder gar die farbliche Abstimmung aller Accessoires (Buchrücken passend zu Gardinen und Blumen) gibt Ihrem Foto nur eines: Künstlichkeit und Sterilität.

Auch hier noch einige Sätze zur Beleuchtung bei Innenaufnahmen: Die entstehenden Lichtkontraste sind in der Regel sehr hoch, da meist das Licht gerichtet durch ein Fenster fällt. Die Folge sind nicht nur ein Lichtabfall von einer Seite zur anderen, sondern immens große Helligkeitsunterschiede, wenn sich das Fenster im Bildausschnitt befindet (vgl. Kap. IV 1 d). Als Ausgleich können große Aufhellschirme eingesetzt werden oder Fotolampen; auch die Deckenbeleuchtung schwächt große Lichtkontraste ab. Es ist jedoch zu beachten, daß das Licht der Aufheller nicht die natürliche Lichtrichtung überlagert.

Durch die Aufhellung tritt beim Colorfilm das Problem des Mischlichtes auf. Das durch das Fenster fallende Tageslicht und der gleichzeitige Einsatz von Fotolampen führen zu farbstichigen Fehlaufnahmen. Statt Fotolampen kann man ein Blitzgerät benutzen, oder man wartet bis zum Abend, wenn durch das Fenster kein Tageslicht mehr in den Raum fällt. Dann kann der Raum ausschließlich mit dem warmfarbigen Licht der Fotolampen ausgeleuchtet werden. (Denken Sie bei Innenaufnahmen aber an das diskontinuierliche Farbspektrum von Leuchtstoffröhren.)

Die eigene Wohnung wird übrigens als Motiv überraschend vernachlässigt. Zwar sind Sie mit Ihrer gegenwärtigen Wohnungseinrichtung vertraut, es kann jedoch höchst amüsant sein, nach zehn oder 20 Jahren Fotos von Räumen zu betrachten, in denen man früher lebte. Ein anderer interessanter Gesichtspunkt ist die Tatsache, daß man ein Foto seiner Wohnung ganz anders sieht als die Wohnung selbst.

Ein weiteres faszinierendes Motivfeld sind Fenster oder Türen. Es gibt ganze Bildbände, in denen die verschiedensten interessanten

Varianten gesammelt sind. Daraus ist aber auch zu erkennen, daß, wie bei allen Motiven, eine attraktive Architektur nicht notwendigerweise zu einem guten Architekturfoto führt. Erst die Überlegungen und Betrachtungen des Fotografen und sein bewußtes Gestalten führen zu einer gelungenen Aufnahme.

## 3 Landschaftsfotografie

Die Landschaftsfotografie zählt wohl zu den beliebtesten Motivgebieten der Fotoamateure. Ein großer Teil jener Aufnahmen, die der Urlauber aus seinen Ferien mitbringt, gehören dieser Sparte an. Es sind Fotos von Feldern und Stränden, von Seen und Wäldern, vom Meer und von den Bergen. Ebenso können Bilder von Straßenzügen, Kohlenhalden und Industriegebieten zum Bereich Landschaft zählen (Abb. 84). Dabei ist selbstverständlich der Übergang zur Architekturfotografie und anderen Motivbereichen fließend.

Verweilen wir einen Augenblick bei den angesprochenen Urlaubslandschaften: Sie stehen, nehmen wir an, auf einem Berg, genießen eine phantastische Fernsicht und greifen natürlich zur Kamera, um dieses Erlebnis für die zuhause Gebliebenen festzuhalten. Nach dem Urlaub, bei einem Diaabend, stellt sich dann heraus, daß die Fotos nur einen Bruchteil dessen, was Sie selbst gesehen und erlebt haben, wiedergeben. Ein anderer Fall: Sie wollen in den wenigen Urlaubstagen möglichst viel sehen. Mit dem Auto oder Bus durchkreuzen Sie die schönsten Gegenden eines Landes. An vorher bestimmten oder spontan ausgesuchten Stellen wird jeweils fünf Minuten »Fotopause« bewilligt (Fahrer von Reisebussen betrachten dies als Service und steuern dazu Aufnahmeplätze für konventionelle Postkartenansichten an). Zuhause zeigen Ihnen die Fotos dann, wo Sie überall gewesen sind. Sie können sich nicht mehr an alle Orte erinnern? Was ist passiert? Sie haben zwar nicht vergessen, die Landschaft zu fotografieren, es aber leider versäumt, sich selbst die Gegend anzusehen. Im ersten wie im zweiten Beispiel werden Sie immer wieder den Eindruck haben, daß Ihre Fotos den Betrachter ebenso langweilen wie eine billige Postkarte, die man an jeder

84 Ein Landschaftsfoto muß nicht unbedingt Wälder, Felder und Berge zeigen. Auch Kohlenhalden sind Landschaft – Industrielandschaft.

Straßenecke kaufen kann. Wie man als Fotoamateur zu viel besseren Landschaftsaufnahmen kommt, soll Gegenstand der folgenden Überlegungen sein.

## *a) Tageszeit – Jahreszeit*

Eine der Ursachen für die Aufnahmefehler in den geschilderten Beispielen besteht darin, daß man nicht zu jedem Zeitpunkt eine gelungene Landschaftsaufnahme machen kann. In den Morgenstunden ist das Licht anders als am Nachmittag, bei Sonnenschein anders als bei Schnee, im Frühling anders als im Herbst. Welche Lichtstimmung zu welchem Landschaftsmotiv paßt, ist natürlich verschieden und hängt auch von der subjektiven Sichtweise ab; dennoch sollen hier einzelne Aufnahmezeitpunkte skizziert werden:

*Früher Morgen:*
Im Licht der aufgehenden Sonne sind die Farben zart, duftig und frisch. Zu früher Stunde erlauben aufsteigende Bodennebel geheim-

nisvolle Impressionen. Leichter Dunst hindert an weiter Fernsicht. Bei Nebel zeigen Belichtungsmesser eine zu knappe Belichtung an. Das Licht ist wärmer als am Mittag, aber doch wesentlich kälter als bei Sonnenuntergang.

*Mittag:*
Beim Höchststand der Sonne überschreitet die Lichtfarbe die Grenzen des reinen Weiß. Größte Kontraste bei hellen und leuchtenden Farben sind das Resultat. Wer die Leuchtkraft der Farbtöne in seinen Fotos als Gestaltungsmittel einsetzen will, fotografiert bei Sonne um die Mittagszeit. Die übersteigerte Blauwiedergabe der Tageslichtfilme läßt sich durch ein unbedingt notwendiges Skylightfilter mildern. Außerdem können die Schatten verblauen (insbesondere auf hellen Flächen), da das Blau des Himmels intensiv reflektiert. Die Lichtkontraste werden übergroß.

*Nachmittag:*
Die Stunden des frühen Nachmittags erlauben gerade an heißen Sommertagen bezaubernde impressionistische Spielereien mit dem Licht. Versuchen Sie einmal, die flimmernde Luft in der Ferne auf dem Foto zu erhalten (lange Brennweite!).

*Später Nachmittag:*
Das Licht besitzt zunehmend mehr Gelb- und Rotanteile, was die Fotos dramatischer wirken läßt. Beliebtestes Motiv dieser Zeit ist der Sonnenuntergang. Der ideale Zeitpunkt für ein entsprechendes Foto ist eigentlich dann gekommen, wenn man mit bloßem Auge in die Sonne blicken kann, ohne geblendet zu werden (vgl. Farbabb. 36). Wird dabei die Belichtung auf die Sonne gemessen, erscheint das Rot der Sonne und des Abendhimmels besonders intensiv. Hügel, Bäume und Menschen werden dann allerdings nur silhouettenhaft schwarz wiedergegeben, was bei der Bildkomposition zu berücksichtigen ist.

*Abend:*
Fälschlicherweise werden jetzt die meisten Kameras eingepackt, »weil es zum Fotografieren viel zu dunkel ist«. Zugegeben, ein Stativ

braucht man bei Aufnahmen nach Sonnenuntergang schon, aber das fahle Abendlicht läßt sich gestalterisch gut einsetzen. Obwohl die Farben an Leuchtkraft verloren haben, lohnt sich gerade jetzt der Einsatz eines Farbfilms für »unbunte«, geheimnisvolle Stimmungsaufnahmen.

Die Reste des Tageslichts sind aber auch noch für einen anderen Zweck nützlich. Jeder, der das Licht als Gestaltungsmittel bewußt einzusetzen versucht, weiß, wie sehr die Realisierung einer konkreten Idee von Sonne und Wetter abhängig sein kann. Zwar läßt sich bei schlechtem Wetter nur schwer künstlich Sonnenschein-Stimmung für ein Foto erzeugen, umgekehrt aber gibt es einen Trick: Wenn den ganzen Tag über während des Sommers die Sonne scheint und man unbedingt ein Foto fast ohne Schatten bei diffusem Licht benötigt, kann man dieses am Abend nach Sonnenuntergang machen. Es wirkt allerdings etwas anders als bei verhangenem Himmel, jedoch keineswegs unnatürlich.

*Winter:*
Es ist seltsam, daß die meisten Fotos in der Sommerzeit gemacht werden, die wenigsten im Winter. Jedenfalls stört uns ein sommerliches Landschaftsbild an der Wohnungswand keineswegs, wenn draußen die Frostgrade klirren, aber wo sieht man im Hochsommer ein Bild mit verschneiten Wäldern? Eine Schneelandschaft besitzt streng grafischen Charakter; die weißen Flächen der Felder und Ebenen sind dazu bewußt einzusetzen; das blattlose Geäst der Bäume hebt sich wie eine Tuschezeichnung ab. Die Belichtungszeit muß unter Umständen etwas länger als vom Belichtungsmesser angegeben eingestellt werden, damit die Schatten noch Zeichnung aufzeigen und der Schnee nicht grau wird.

*Frühling:*
Von vielen Fotofreunden wird er als die schönste Zeit zum Fotografieren bezeichnet. Die Luft ist klar, Bäume und Wiesen zeigen die ersten frischen Farben, und die Blumen geben den Fotos Fröhlichkeit. Außerdem werden die Tage länger, so daß die meisten Freizeitfotografen, die im täglichen Arbeitsprozeß stehen, auch noch nach Feierabend bei ausreichendem Licht zum Fotografieren kommen.

*Sommer:*
Diese Zeit ist nicht immer ideal für Landschaftsaufnahmen, dennoch wird jetzt wegen der Urlaubszeit am meisten fotografiert. Die Schatten sind oft sehr hart und dunkel. Wenn Sie die Sonne mit ins Bild einbeziehen, so läßt sich die intensive Hitze- und Lichteinstrahlung visualisieren. Messen Sie aber die Belichtung so, daß die Sonne dabei nicht direkt in den Belichtungsmesser scheint (eventuell mit der Hand abschatten) (Abb. 85).

*Herbst:*
Jetzt ist die Jahreszeit gekommen, um Wälder und Bäume in den schillerndsten bunten Farben zu fotografieren. Herbstsonne (möglichst nachmittags) unterstützt die verschiedenen Braun-Gelb-Rot-Töne durch ihre niedrige Farbtemperatur. Wer Kontraste liebt, bezieht den strahlendblauen Himmel mit ein. Doch auch die stürmische Seite des Herbstes will gesehen (und fotografiert) werden.

85 In der Reduktion der Bildelemente auf das Wesentliche liegt die gestalterische Leistung im fotografischen Prozeß. Der Baum als Element für Landschaft, die geometrische Fassade als Element der modernen Stadt, die Spiegelung als Verbindung zur Stadtlandschaft.

a

b

## *b) Gestaltung*

Häufigstes falsch angewandtes Gestaltungsmittel bei Landschaftsaufnahmen ist die Einstellung der Totale. Vergessen wir nicht, die Kamera kann nur Ausschnitte aufnehmen, und der anfangs angesprochene grandiose Weitblick läßt sich mit den Mitteln der Fotografie kaum wiedergeben. Jede Landschaft besteht aus weit mehr Elementen, als auf einem einzigen Foto Platz haben. Ein Ausschnitt ist also so zu wählen, daß er ein Maximum an qualitativer (nicht quantitativer!) Bildinformation liefert. Beziehen Sie einen einzelnen Baum oder einen Hochspannungsmast in das Motiv mit ein, berücksichtigen Sie die Hügel am Horizont, die Schwingungen eines Weges oder die Struktur der Wolken – aber beschränken Sie sich. Führen Sie sich das noch einmal vor Augen, was im Kapitel über die Struktur des Fotos (IV4) festgestellt worden war. Das Landschaftsfoto lebt erst dadurch, daß Sie das Mit- und Gegeneinander von Punkt, Linie und Fläche richtig anwenden.

c

86 a–c Der Stellung des Horizonts wird in der Regel zu wenig Aufmerksamkeit geschenkt. Unüberlegt setzt man ihn in die Mitte des Bildes, wo er das Foto in zwei gleiche Teile zerschneidet und äußerste Ausgewogenheit bewirkt. Spannung erreicht man durch extreme Lagen des Horizonts. Hilfreich ist in diesen Fällen ein Weitwinkelobjektiv.

Hier sind einige Tips, die Sie bei der Gestaltung von Landschaftsfotos berücksichtigen sollten:

1. Landschaftsfotos im *Hochformat* wirken dynamisch und zeigen enorme Spannung. Bei Einsatz eines Weitwinkelobjektivs läßt sich sehr viel Vordergrund mit ins Bild einbeziehen. Das üblicherweise benutzte Seitenverhältnis der Fotopapiere von ca. 3 : 4 im Querformat läßt Landschaftsaufnahmen meist ziemlich langweilig wirken. Wenn Sie eine Übersicht fotografieren, beschneiden Sie das Querformat auf einen schmaleren Streifen.
2. Ein Weitwinkel ist nicht nur nützlich, um den *Bildwinkel* zu vergrößern, nutzen Sie auch die Vorteile seines größeren Schärfebereichs aus. Bereits bei einem 35 mm-Objektiv reicht die *Schärfe* bei Blende 16 von ca. 1,20 m bis ∞. Das ist meist genug, um Vordergrund *und* Horizont scharf abzubilden. (Berücksichtigen Sie, daß ⅔ des Schärfebereiches hinter und ⅓ vor der eingestellten Entfernung liegen.)

87 Das Panoramafoto entsteht durch einen Schwenk von 180°. An einigen Stellen lassen sich die Ansatzkanten noch erkennen.

3. In beinahe allen Landschaftsaufnahmen liegt der *Horizont* innerhalb des Bildes: Entweder teilt er das Bild in zwei Hälften oder nicht (Abb. 86). Der erste Fall erzeugt eine Wirkung von Ruhe, Leere, Öde und Einsamkeit, aber auch von Langeweile. Nur innerbildliche Motivdetails und eine völlig durchdachte Bildkonzeption können diesen Bildaufbau begründen. Gleichzeitig sollte die Himmelspartie ausreichend Struktur zeigen. Den meisten unserer Landschaftsfotos bekommt es aber viel besser, wenn der Horizont *nicht* in der Mitte des Bildes liegt. Eine wohlgefällige,

interessantere Gestaltung erreichen Sie, wenn Sie ihn in der oberen Hälfte, oberhalb der Mitte, ansiedeln, bei charakteristischem Himmel auch in der unteren Hälfte. Wirklich eindrucksvolle Aufnahmen aber entstehen, wenn man extreme Lagen des Horizonts – etwa im oberen oder unteren Achtel (!) – anpeilt. Doch wie die Horizontlinie Ihre Bilder auch immer durchschneidet, sorgen Sie stets dafür, daß sie auch wirklich gerade durch das Bild verläuft. Ein schief fotografiertes Bild zerstört die durchdachte Bildkomposition.

4. Eine sehr häufige Gestaltungsaufgabe wird die *»einsame Landschaft«* sein. Es reicht aber dabei nicht, wenn Sie einfach einen leeren, weiten Strand oder eine kahle Hügelkette fotografieren. Setzen Sie irgendwo in den vorderen oder hinteren Bildmittelgrund einen einzelnen Menschen; ein karger Strauch oder ein vereinzeltes Tier können ebenso helfen, Einsamkeit zu symbolisieren.
5. Eine in allen alten Fotobüchern wiedergegebene Regel besagt, daß ein Landschaftsmotiv stets *»einzurahmen«* ist. Gemeint war meist im Vordergrund ein Strauch, am rechten und linken Bildrand jeweils ein Baum; von oben reicht dann noch ein Zweig ins Bild hinein. Unsere heutige Bildauffassung hat sich glücklicherweise etwas geändert. Dennoch sollte man solches Einrahmen bei einigen Motiven zumindest ansatzweise praktizieren und nicht ganz vergessen.
6. Wie bereits festgestellt, werden die meisten Landschaften während des Urlaubs fotografiert. Orientieren Sie sich an den in den Feriengebieten angebotenen *Postkarten,* aber bitte nicht, um diese zu imitieren, sondern um sich die Suche nach günstigen Aufnahmestandorten zu erleichtern. Nehmen Sie diese Stellen als Ausgangsort für Überlegungen, eine noch bessere Aufnahmeposition bei noch besserem Aufnahmelicht zu finden. Betrachten Sie die konventionellen Postkarten als Ansporn, die Landschaft wirklich zu entdecken, bewußt unkonventionell zu sehen und zu fotografieren.

*Filter:*
Die Landschaftsfotografie ist eigentlich der typische Einsatzbereich von Filtern. Unsere Schwarzweißfilme geben den blauen Himmel weiß wieder, ebenso wie die weißen Wolken. Ein Gelborange- oder Rotfilter hilft hier, entsprechend zu differenzieren und das Himmelsblau abzudunkeln (vgl. Abb. 79). (Weitere Hinweise Kap. II 4 g) Für den Colorbereich sei nicht nur nochmals auf den Einsatz von Skylightfiltern und Polarisationsfiltern aufmerksam gemacht, sondern ebenso auf die Gestaltungsmöglichkeiten der sogenannten Chromofilter, die gerade in der Landschaftsfotografie zur Abdunkelung des Himmels angewendet werden.

### c) *Beispiel: Panoramaaufnahmen*

Nicht einmal das extremste Weitwinkelobjektiv kann den »Rundblick« ins Foto übersetzen, wie ihn das Auge gewohnt ist. Einige Überlegungen zur Panoramaaufnahme (Abb. 87) sollen zeigen, wie man gelegentlich doch zu einer attraktiven »Totale« in der Landschaftsfotografie kommt (übrigens gilt das hier Gesagte auch für Sparten der Architekturfotografie). Der Trick besteht darin, mehrere Aufnahmen aneinanderzusetzen. Technisches Hilfsmittel ist ein Stativ mit Panoramakopf und Gradeinteilung. Möglicherweise können Sie den Stativkopf mit einem Klebeband oder einem aufgeklebten Papierring – in 360 gleiche Teile aufgeteilt – entsprechend selber ausstatten. Panoramaaufnahmen lassen sich aber auch aus der Hand machen.

Folgende Überlegungen sind bereits vor der Aufnahme zu berücksichtigen:

1. *Keine Weitwinkelobjektive* verwenden! Je länger die verwendete Brennweite ist, desto mehr Aufnahmen benötigt man zwar später für das Zusammensetzen des Panoramas, aber desto besser passen diese Aufnahmen auch zusammen.
2. Der *Horizont* muß bei allen Teilbildern in gleicher Höhe verlaufen. Machen Sie dazu ruhig einmal eine Trockenübung am Motiv.
3. Das *Licht* sollte diffus bei bewölktem Himmel sein. Es ist sonst kaum möglich, die Himmelsteile so auf das Papierbild zu kopieren, daß sie in ihren Hell-Dunkel-Werten nahtlos zusammenpassen.

Beim Fotografieren schwenken Sie nun nach jeder Aufnahme die Kamera weiter, so daß Sie später an jeder seitlichen Kante des Bildes etwa 1/8 abschneiden können (Abb. 88). Sie werden nämlich feststellen, daß Sie wegen der perspektivischen Verzeichnung – etwa bei naheliegenden Gebäuden – Knickstellen in waagerechte Dachkanten und Grundlinien bekommen (Abb. 89). Dieser »Fehler« kann durch Beschneiden der einzelnen Bilder zumindest abgeschwächt werden. In jedem Fall ist darauf zu achten, daß die Schnittkanten möglichst

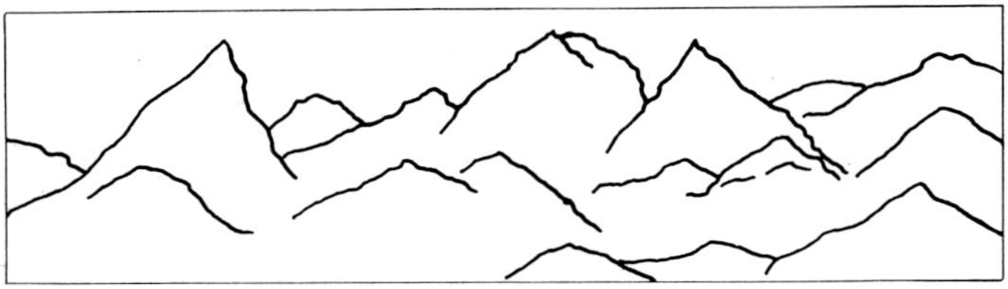

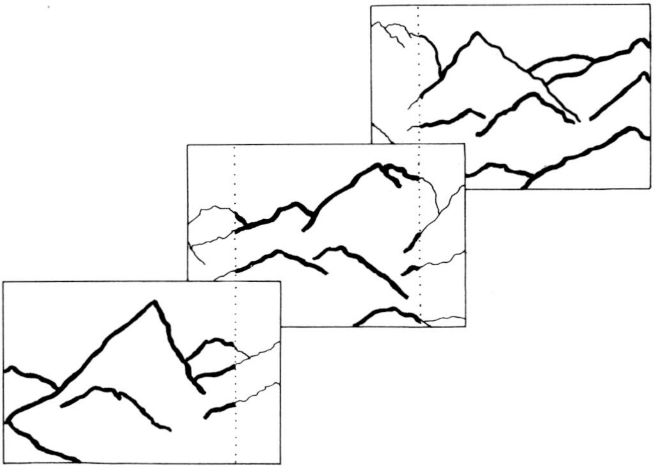

88 Bereits beim Fotografieren der einzelnen Panoramateile sollten Sie beachten, daß Sie später von jedem Foto links und rechts etwa 1/8 abschneiden müssen, damit Sie die Bilder genau aneinandersetzen können.

89 Kaum zu vermeiden sind »Knicke« im Panoramabild an den Nahtstellen bei Gebäuden. Setzt man das Gesamtbild aus einer noch größeren Anzahl von Einzelbildern zusammen, verschwinden die Knickstellen zwar auch nicht ganz, sind jedoch nicht mehr so auffällig.

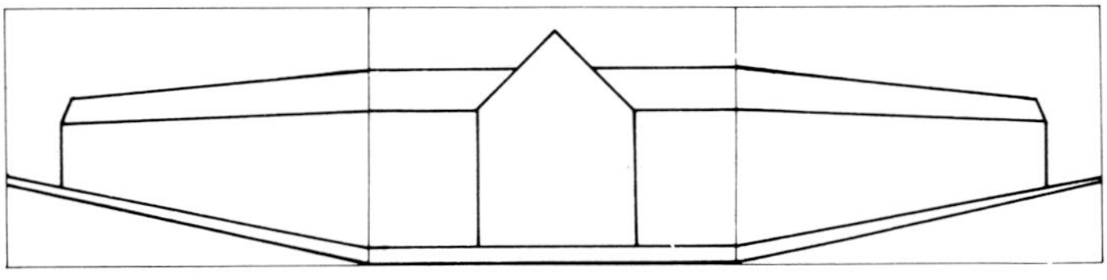

entlang senkrechter Motivlinien (Bäume, Häuserkanten, Leitungsmasten u. a.) laufen. Etwas kleiner wird dieses Problem, wenn man bei der Aufnahme die Kamera nicht um die Stativachse dreht, sondern statt dessen mit dem Fotoapparat einen größeren Kreis oder Halbkreis beschreibt. Je größer der Kreis, den man beschreibt, desto weniger Knickstellen werden letztlich auftreten. Für ein Panorama von 180° benötigt man, wenn man mit Stativ arbeitet, bei einer Kleinbildkamera mit einem 50 mm-Objektiv sechs Aufnahmen im Querformat, mit einem 80 mm-Objektiv etwa acht und mit einer 135 mm-Brennweite etwa 14 Aufnahmen, für ein Rundumpanorama die doppelte Menge.

Die Bilder sind nach ihrem Beschnitt aufs sorgfältigste aneinanderzusetzen und auf Karton aufzukleben. Wenn man die Schnittstellen sauber retuschiert und vielleicht das gesamte Panorama noch einmal reproduziert (vgl. Kap. V 8), erhält man einen totalen Überblick über eine Landschaft, der den Betrachter verblüffen wird. Wer mit Dias arbeitet, hat es dabei allerdings schwerer. Über einen dabei angedeuteten Panoramaeffekt, der unechten Breitwandprojektion, ist im Abschnitt über die Diaprojektion (Kap. VI 3 b) Näheres zu lesen.

## 4 Ein Bild des Menschen: das Porträt

Der Mensch ist wohl das beliebteste, aber auch schwierigste Thema der Fotografie. Wir alle haben Erfahrungen in diesem Motivbereich: Zu Weihnachten, im Urlaub oder zu ähnlichen Anlässen fotografiert »man« sich eben. Außerdem hatte fast jeder von Geburt an als Modell herzuhalten: zum Babyfoto auf dem Fell, für das Foto am ersten Schultag, zum Kommunions- oder Konfirmationsbild, für das Paß-, Bewerbungs- oder Freundschaftsfoto. Wenn man sich die eigene Haltung jenen Fotos gegenüber, auf denen man selbst abgebildet ist, bewußt macht, erkennt man die eigene Eitelkeit. Als Fotograf verstehen wir dann leichter, daß die von uns fotografierten Menschen ein schönes Bild erwarten, wobei »schön« eher die Bedeutung von »idealisiert« hat.

90 Der Clown – Verkörperung des Menschen als Träger einer Rolle.

Was als Porträt zu bezeichnen ist, darüber gehen die Meinungen weit auseinander. Gehen wir davon aus, daß der Begriff die charakteristische Detailaufnahme des Gesichtes ebenso wie das Foto der ganzen Person in irgendeiner Umgebung einschließt. Am häufigsten ist sicherlich das Kopf- oder Brustbild gemeint, wenn man vom Porträt spricht.

Eine gewisse Ähnlichkeit zwischen Modell und Foto sollte bestehen. Ob diese Ähnlichkeit aber nun hauptsächlich auf äußerliche Merkmale oder mehr auf eine Darstellung des Charakters gerichtet ist oder ob es um das Einfangen eines spontanen Augenblickes geht, hängt von Aufnahmesituation und Modell, Absicht und Stil des Fotografen sowie dem Zweck des Fotos ab. Das Modell muß auch keineswegs immer sich selbst darstellen, sondern kann auch Träger einer Rolle, einer fotografischen Idee sein (vgl. Abb. 90). Wie auch immer, das Bild des Menschen stellt hohe Ansprüche an das technische Können, das psychologische Einfühlungsvermögen und die fotografische Kreativität.

## *a) Modelle*

Wenn im bisherigen wie im folgenden vom Modell die Rede ist, so ist damit nicht an ein professionelles Fotomodell gedacht, sondern ganz allgemein an das jeweilige Gegenüber des Fotografen. Für wirklich gute Porträtfotos muß eine angenehme, konzentrierte Beziehung zwischen Fotograf und Modell herrschen. Beide müssen aneinander und an der gemeinsamen Arbeit interessiert sein. Menschen, die Sie nicht interessieren, mit denen Sie nichts gemeinsam haben, sollten Sie nicht porträtieren. Am Ende bleibt dann meist

91 Schnappschuß.

nichts als vielleicht ein besseres Paßfoto. Zwei Dinge sind also sehr wichtig: Einfühlungsvermögen und Zeit.

Wo findet man »geeignete« Modelle? Für Schnappschüsse mit dem Teleobjektiv (ideal 135–200 mm Brennweite) sucht man sich interessante Menschen und Gesichter (Abb. 91) in den Straßen und auf Märkten, bei kulturellen und sportlichen Veranstaltungen. Schwieriger ist es bei den ersten Versuchen mit bewußt gestalteten Porträts. Sie sollten sich dabei als Modell nicht gerade jemanden aussuchen, dem Sie imponieren wollen. Kalkulieren Sie ein nicht ganz befriedigendes Ergebnis mit ein, und machen Sie die ersten Porträtschritte lieber mit dem Partner oder guten Freunden. Aber auch hier empfiehlt sich vorher etwas »Trockentraining«. Mit Ihren ersten überzeugenden Fotos werden Sie in Ihrem Bekanntenkreis Erstaunen hervorrufen. Es ist dann nicht allzu schwierig, Leute, die Sie interessieren, mit diesen Bildbeispielen für eine Porträtaufnahme zu gewinnen. Aber Vorsicht, gutes Aussehen bzw. ein hübsches Gesicht garantieren noch keine guten Porträts! Statt dessen ist bei einem Modell ein wenig Interesse an der Fotografie ebenso wie Spontaneität und Engagement hilfreich. Vor dem gemeinsamen Fototermin sollten Sie als Fotograf die folgenden Punkte durchdacht und die meisten von ihnen mit dem Modell abgesprochen haben:

- Wen will ich warum fotografieren?
- Welche Vorstellungen habe ich von den fertigen Fotos?
- Welche Vorstellungen hat das Modell?
- Stimmen meine Vorstellungen mit dem Charakter und Wesen des Modells überein?
- Wo sollen die Aufnahmen gemacht werden?
- Welche Kleidung und welche Accessoires unterstützen die Charakterisierung?
- Welche Fotogeräte und welches Zubehör reichen aus?
- Welche Filme – Schwarzweiß oder Color – mit welcher Empfindlichkeit sollte man wählen?
- Bei Studioaufnahmen: Wie stellt man die Beleuchtung auf?
- Mit welchen Gesprächsthemen kann ich das Modell unterhalten und in bestimmte Stimmungen versetzen?

Möglicherweise mutet die letzte Frage seltsam an. Es wird aber immer wieder längere Augenblicke bei den Aufnahmen geben, wo

Foto- und Beleuchtungstechnik volle Konzentration verlangen. Diese Augenblicke dürfen für das Modell nicht langweilig werden, es muß sich ständig im Mittelpunkt fühlen.

## *b) Blickrichtung und Haltung*

Wenn also alles arrangiert ist und das Modell vor dem Fotografen sitzt oder steht, sollte dieser mit einigen Regeln von der Darstellung des menschlichen Körpers vertraut sein.

Einiges dazu in Stichworten:

1. Die *Scharfeinstellung* erfolgt immer auf die Augen, da sie das wichtigste Ausdrucksmittel sind.
2. Jeder Mensch besitzt eine *»Schokoladenseite«*; diese herauszufinden, kann sehr schwierig sein; notfalls macht man eine Bildserie und wählt dann aus.
3. Eine frontale *Haltung* zur Kamera wirkt eher statisch, ruhig und kühl, aber auch manchmal langweilig. Eine entspannte Haltung des Modells erreichen Sie, wenn Sie es, den Oberkörper ganz leicht vorgeneigt, auf einem Stuhl sitzen lassen.
4. Geben sie Ihrem Modell eventuell irgend etwas in die Hand, z. B. eine Zeitung, ein Glas, eine Blume, einen Zweig. Die wenigsten Menschen wissen, was sie vor der Kamera mit den Händen machen sollen.
5. Ergibt sich eine bestimmte *Blickrichtung*, z. B. bei Profilaufnahmen, sollte ausreichend Bildraum für diese Blickrichtung zur Verfügung stehen, sonst »kippt« der Blick aus dem Bild heraus (vgl. auch Abb. 93).

Gesichtsporträts entstehen im Regelfall aus Augenhöhe, Dreiviertelporträts aus Brusthöhe. Werden Ganzporträts von unten aufgenommen, wirkt der Körper verlängert. Bei allen Porträtvarianten wirkt die Untersicht dominierend und stark, gelegentlich aber auch brutal.

## *c) Hintergrund und Umgebung*

Bisher ist immer wieder gesagt worden, daß es sehr wichtig sei, sich voll auf ein Motiv, in diesem Fall auf das Modell zu konzentrieren. Das führt gerade bei Porträts zu einer häufig störend wirkenden Vernachlässigung des Hintergrundes. Da wächst dann scheinbar ein Ast oder Baum (der in Wirklichkeit hinter dem Modell steht) der oder dem Porträtierten aus dem Kopf, oder ein Schatten an der Wand stößt an die Nase. Ein häufiger Fehler ist auch, daß bei Außenporträts der Horizont den Kopf des Modells abschneidet. Unterstützt wird diese Fehlerquelle gerade bei Spiegelreflexkameras durch die Betrachtung des Sucherbildes bei offener Blende. Der dabei sichtbare geringe Schärfebereich läßt dann den Hintergrund nahezu aufgelöst erscheinen. Bei der Aufnahme schließt sich aber der Blendenwert eventuell auf 16, der Schärfebereich nimmt rapide zu, und Elemente des Hintergrundes stören. Abhilfe: Den Schärfebereich vorher kontrollieren. Allerdings bekommt es den meisten Porträts besser, den Schärfebereich ziemlich gering, die Blende also möglichst offen zu halten, um das Gesicht oder die Figur vom Hintergrund abzuheben. (Einen tiefschwarzen Hintergrund bietet übrigens die Dunkelheit der Nacht; häufig reicht auch die Tiefe eines abgedunkelten Zimmers. Ein schwarzer Karton erscheint häufig wegen seiner restlichen Reflexion nur grau.)

Soll der Mensch in seiner Umgebung fotografiert werden, wird meist zuviel Wert auf das Drumherum gelegt. Accessoires und Requisiten lenken den Betrachter ab und lassen den Menschen im Bild nur noch als Beiwerk erscheinen. Durch eine gezielte Ausleuchtung oder eine kühne Wahl des Bildausschnitts läßt sich der Fehler meist beheben. Auch hier gilt der Grundsatz über die Reduzierung auf das Wesentliche.

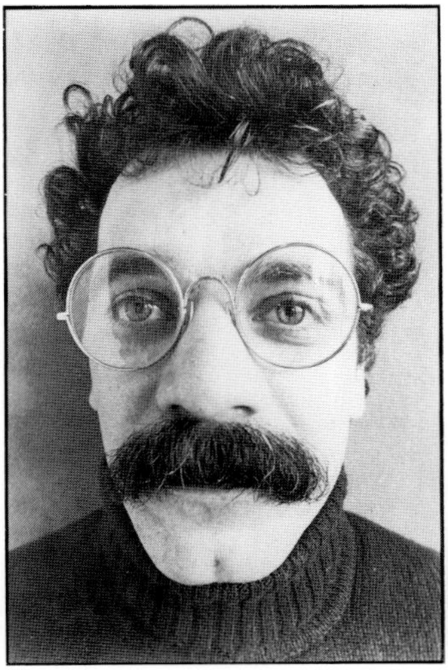

a

b

92 a) Aufnahmen mit dem Weitwinkelobjektiv verzerren auf unnatürliche Weise das Gesicht zur Karikatur (20 mm Brennweite) – b) Kleinbildbrennweiten um 85 mm werden auch als Porträtobjektive bezeichnet: Sie geben die Gesichtsproportionen natürlich wieder – c) Durch längere Telebrennweiten verlieren Gesichter zunehmend an Plastizität (350 mm).

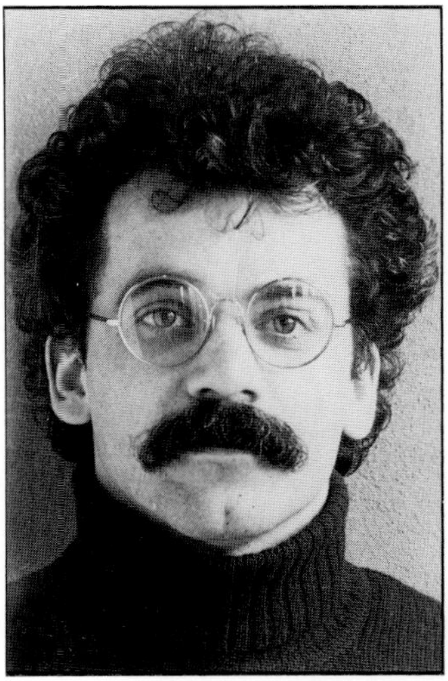

c

93 Das Foto wurde mit der einfachsten Weichzeichnermethode aufgenommen, einer mit Fett bestrichenen Glasscheibe bei offener Blende. Der Weichzeichnereffekt wird hier überdeutlich.

## *d) Objektive und Zubehör*

Solange es festgefügte Gestaltungsnormen für Porträts gab, galten leichte Teleobjektive (für Kleinbild ca. 80–135 mm Brennweite) als notwendiges Aufnahmezubehör. Tatsächlich vermag es nur dieser Brennweitenbereich, das Gesicht eines Menschen einigermaßen formatfüllend und dennoch verzeichnungsfrei abzubilden (vgl. Abb. 92). Bei einem Weitwinkelobjektiv wird die Tiefe betont und dadurch die Nase des Abgebildeten besonders groß dargestellt. Bei Brennweiten über 300 mm erscheint durch die Raffung der räumlichen Tiefe ein Gesicht dagegen übertrieben flach. Wegen der so begründeten Verzeichnung sollte für eine natürliche Abbildung mit einem 50 mm-Objektiv der Abstand zum Modell nicht unter 2 m betragen. (Allerdings verkleinert sich dabei der Abbildungsmaßstab.) Gerade die letzten Jahre haben aber bewiesen, daß mit allen Brennweiten eindrucksvolle Fotos von Menschen entstehen können.

Der große Schärfebereich von Weitwinkelobjektiven eignet sich für Themen wie »Mensch am Arbeitsplatz« (Farbabb. 38) und »Mensch und Umwelt« besonders gut. Das Teleobjektiv löst dagegen den einzelnen aus seiner Umgebung heraus.

Nicht immer muß es von Vorteil sein, scharf gezeichnete Porträts zu erhalten. Beliebt sind häufig leichte Unschärfen zum Bildrand oder Überstrahlungen der Lichter.

Dieser letztgenannte Weichzeichnereffekt – eine immer wiederkehrende Modeerscheinung – eignet sich besonders für hell ausgeleuchtete Porträts, wird aber auch bei anderen Motivbereichen angewandt. Die *Weichzeichnung* ist auf unterschiedliche Weise zu erreichen:

1. Bestreichen Sie ein UV-Filter ganz oder teilweise mit Fett (Abb. 93) oder spannen Sie einen Damenstrumpf, Tüll oder Gaze bzw. Schichten einer Mullbinde (eventuell mit einem Loch in der Mitte) vor das Objektiv. Kontrollieren Sie den Schärfebereich bei verschiedenen Blendeneinstellungen durch das Objektiv. Meist werden die Ergebnisse bei offener Blende am interessantesten sein.

2. Von beinahe allen Filterherstellern werden Weichzeichnervorsätze in verschiedenen Stärken angeboten. Je intensiver der Effekt dieser »Soft«-Linsen ist, desto stärker kann das Objektiv unter Beibehaltung der Weichzeichnerwirkung abgeblendet werden.
3. Für Großbild und Mittelformat gibt es zahlreiche Weichzeichnerobjektive; für das Kleinbildformat ist die Auswahl sehr gering (z. B. Minolta Variosoft Rokkor 2,8/85). Der Anschaffungspreis dieser Spezialobjektive ist allerdings hoch.

Weichzeichnerporträts wirken nicht nur romantischer und gelöster, sondern lassen auch eventuelle Unreinheiten der Haut verschwinden. Hüten Sie sich allerdings davor, diesen Softeffekt überzustrapazieren.

Natürlich sind prinzipiell alle Filter und Vorsätze auch in der Porträtfotografie anwendbar. Erwähnt werden soll an dieser Stelle noch, daß Sie durch ein Rot- oder Orangefilter beim Schwarzweißfilm die Hauttöne aufhellen und so Sommersprossen oder Pickel der Haut dabei verschwinden lassen können. Allerdings wird das Rot der Lippen dann auch beinahe weiß wiedergegeben.

### e) *Beleuchtung und Belichtung*

Die sanfteste Beleuchtung bekommen Sie mit Tageslicht bei bewölktem Himmel. Allerdings sind die Möglichkeiten der Beeinflussung bei solch weichem Licht nicht besonders groß. Fröhlicher wirken Aufnahmen bei strahlendem Sonnenschein, die Schatten werden plastischer, aber auch härter. Vorsicht ist zur Mittagszeit bei hochstehender Sonne geboten. Leicht entstehen dann tiefe Augenhöhlen. Zu harte Schatten können Sie möglicherweise durch einen Aufhellblitz oder Reflexfolie (ein Zeitungsbogen tut es zur Not auch) ausgleichen. Die Folie oder ein weißer Aufhellkarton reflektieren – richtig gehalten – das Licht auf die Schattenpartien und hellen diese spürbar auf. Der Aufhellblitz wird meist bei Gegenlichtsituationen empfohlen. Bei Integralmessung bewirkt der dabei angegebene Belichtungswert eventuell Unterbelichtung des Motivs,

Selektiv- oder Nahmessung auf das im Schatten liegende Gesicht führt manchmal zu Überstrahlungen.

Leider wird die Aufhellung mit dem Blitz meist zu reichlich dosiert. Die Gesichter sind dann zwar richtig durchgezeichnet, die Aufnahmen wirken aber, zumindest für meinen Geschmack, zu künstlich. Etwas besser funktioniert diese Methode durch Halbierung oder sogar Viertelung der Blitzenergie am Gerät – oder binden Sie einfach ein Taschentuch vor den Reflektor.

Es ist bereits darauf hingewiesen worden, daß farbige Flächen auch farbiges Licht reflektieren. Vermeiden Sie also Porträts unter grünen Laubbäumen, roten Sonnenschirmen, in blauen oder violetten Zimmern. Wir sind in den seltensten Fällen bereit, in unseren Bildern falschfarbige Hauttöne zu akzeptieren, und ein vorheriges Ausfiltern ist ohne Farbtemperaturmesser bei solchen Aufnahmesituationen kaum möglich.

*Studiobeleuchtung:*
Schwieriger, aber in ihren Wirkungen besser zu beeinflussen, sind Aufnahmen im Studio bei Kunstlicht (Kunstlichtfilm!). Es gibt dazu die verschiedensten Scheinwerfertypen, Lichtwannen, normale Reflektoren, Spotlights usw. Sie unterscheiden sich in der Leuchtfläche und in der Härte der Ausleuchtung. Meist teurer sind Blitzscheinwerfer. Sie sind eine feine Sache, schonen die Augen und werden nicht heiß, außerdem besitzen sie meist Tageslichttemperatur. Wirklich brauchbar sind sie aber nur, wenn sie über Einstellicht, d. h. einen integrierten Scheinwerfer mit Dauerlicht verfügen. Schreibtischlampen, Klemmleuchten u. ä. reichen für den Anfang aber auch völlig aus. Ein ganzer Lampenpark hindert zudem eher, als daß er nützt; zu hohe Wattzahlen vergeuden nur Energie.

Es ist nahezu unmöglich, allgemeine Richtwerte für die notwendige Beleuchtungsstärke anzugeben, aber 500 Watt-Fotolampen werden in den meisten Fällen schon zu hell sein, falls Ihr Studio nicht gerade die Größe eines Saales hat, so daß Sie die Lichtintensität durch die Entfernung zwischen Modell und Scheinwerfer regulieren können. Mit einer einzigen Lampe läßt sich ohnehin ein Großteil der Beleuchtungsprobleme meistern, wie die Beispiele zeigen (Abb. 94).

a

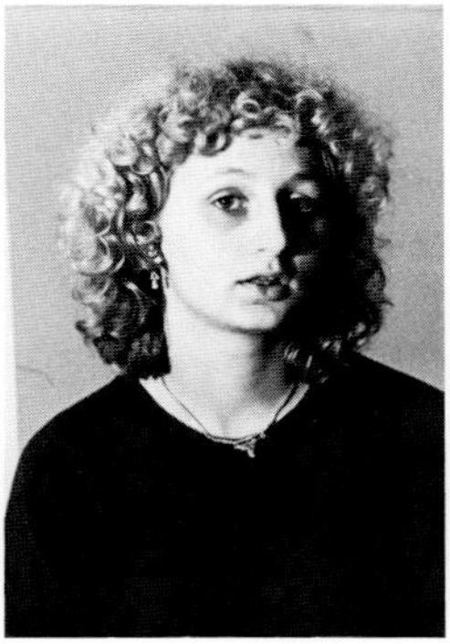
b

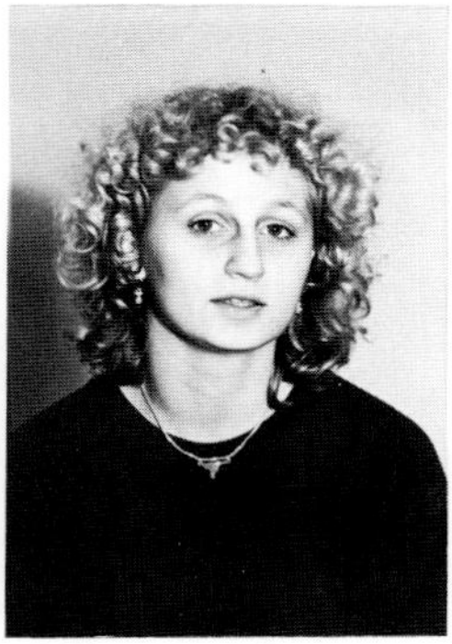
c

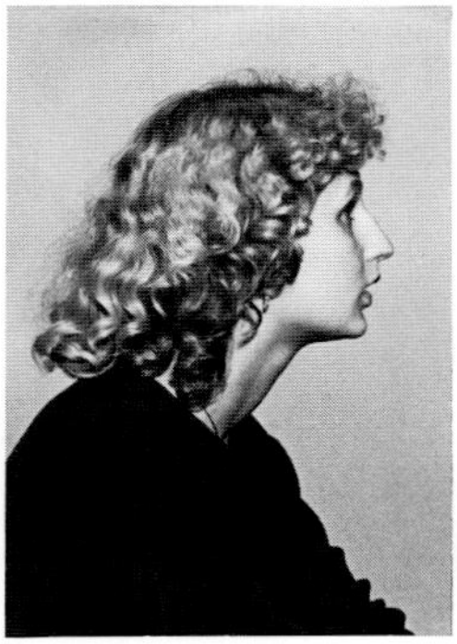
a

b

c

a

b

c

d

e

94/1a–e Frontalaufnahme mit wechselnder Beleuchtungsrichtung: a) Beleuchtung von links – b) Beleuchtung von halblinks – c) Beleuchtung von vorne – d) Beleuchtung von halbrechts – e) Beleuchtung von rechts.

d

e

94/2a–e Profilaufnahme mit wechselnder Beleuchtung: a) Beleuchtung von vorne – b) Beleuchtung von der Seite – c) Beleuchtung von schräg hinten – d) Beleuchtung von hinten (Gegenlicht) – e) Beleuchtung von hinten mit Aufhellung.

d

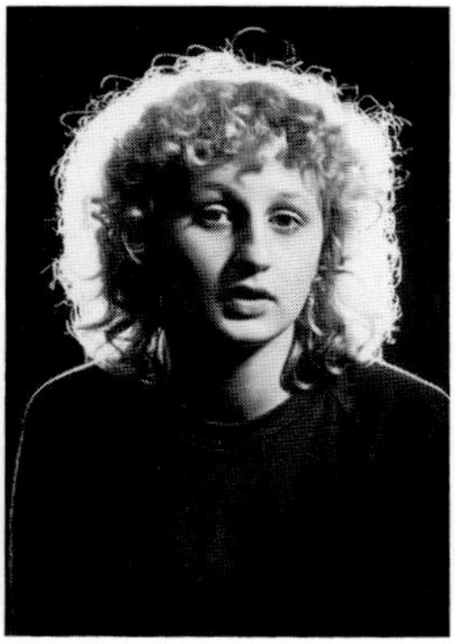

e

94/3a–e Frontalaufnahme mit wechselnder Beleuchtung: a) Beleuchtung von schräg oben – b) Beleuchtung von unten – c) Beleuchtung von hinten (Gegenlicht) – d) Gegenlicht mit übertriebener Aufhellung – e) Gegenlicht mit gezielter Aufhellung.

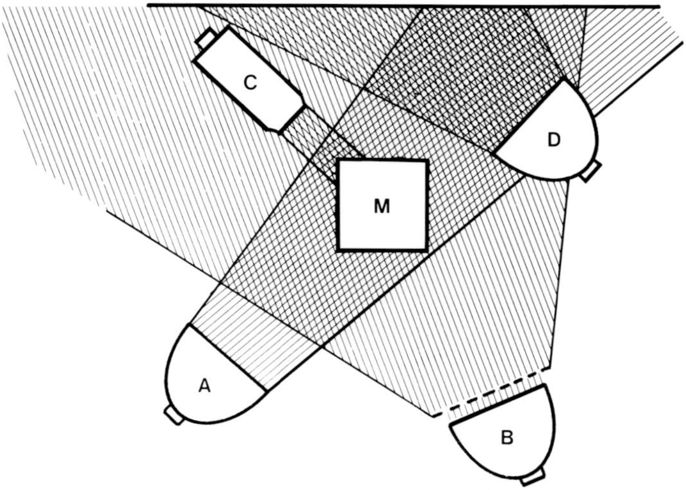


95 Ein Beispiel für die Anordnung von Scheinwerfern im Studio bei der Porträtfotografie mit Hauptlicht (A), Aufheller (B), Spotlight (C) und Hintergrundlicht (D). M bezeichnet das Motiv. Die Kamera befindet sich zwischen den Scheinwerfern A und B.

Natürlich gibt es für Studioaufnahmen standardisierte Beleuchtungsanordnungen mit mehreren Scheinwerfern (Abb. 95):

Das Hauptlicht (A) steht seitlich neben der Kamera über der Kopfhöhe des Modells (M). Da es das hellste Licht ist, bestimmt es die Lichtführung und den Charakter des Bildes. – Der Aufheller (B) mildert die harten Schatten des Hauptlichts; es sollte um die Hälfte schwächer sein als das Hauptlicht und keine eigenen Schatten erzeugen. Der Aufheller steht auf der anderen Seite der Kamera in Höhe des Objektivs. – Das Spotlight (C) ist von seiner Position schräg hinter dem Modell steil von oben auf die Person gerichtet. – Das Hintergrundlicht (D) sollte den Hintergrund durch Aufhellung abheben und die Schatten an der Rückwand löschen.

## *f) Beispiel: Aktfotografie*

Alles, was bisher über das Porträtmodell gesagt wurde, gilt selbstverständlich auch für den Breich der Aktfotografie – sogar in verstärktem Maße. Die Abbildung des nackten Körpers hat seit Urzeiten die bildenden Künstler fasziniert. Die Betrachter fühlten sich je nach Art der Darstellung, der eigenen Aufgeschlossenheit und/oder der gesellschaftlichen Moral beeindruckt oder mehr oder minder provoziert. Auch heute müssen wir, trotz »sexueller Revolution« und moralischer Offenheit, bei der Absicht, Aktfotografie zu betreiben, mit zahlreichen dummen Bemerkungen, Vorbehalten, Einwänden und Schwierigkeiten rechnen, die mit der Aufnahmetechnik gar nichts zu tun haben.

Zunächst: Ob Sie ein männliches oder weibliches Aktmodell fotografieren wollen, sollte vom heutigen Stand der Aktfotografie gleichgültig sein. Fest steht allerdings, daß wohl über 90% der Aktaufnahmen mit weiblichen Modellen gemacht werden. Das hängt sicherlich mit der Ästhetik weiblicher Proportionen, mit Erotik und Sexualität, aber auch der Stellung der Frau in der Gesellschaft zusammen. Die hier gemachten Aussagen gelten dennoch prinzipiell für beide Geschlechter.

Auf der Suche nach einem Aktmodell werden Sie sich vielleicht zunächst an Ihren Partner wenden. Mit diesem sollten Sie in jedem Fall über Ihre Absichten sprechen, auch wenn Sie ein anderes Modell im Auge haben. Freund, Freundin oder Ehepartner reagieren gelegentlich eigenartig, wenn Sie jemand anderen nackt fotografieren wollen. Gut gebaute Personen zu Aktfotos zu überreden, ist wohl gar nicht so schwierig, da sich das Modell in jedem Fall geschmeichelt fühlt. Die folgenden drei Ratschläge sollten Sie unbedingt beachten:

1. Sprechen Sie mit Ihrem Modell vorher über die Art und Gestaltung der Fotos, die sie machen wollen. Zeigen Sie einige eigene oder gedruckte Vorbilder, die etwa Ihren Vorstellungen entsprechen. Klären Sie vorher die Verwendung der Aufnahmen ab. Lassen Sie sich die Genehmigung für eine eventuelle Veröffentlichung schriftlich geben. Räumen Sie dem Modell Mitsprache bei der späteren Auswahl der Aufnahmen ein. Sprechen Sie über ein eventuelles Honorar.
2. Die Grenzen zwischen erotischer Fotografie, künstlerischen Akten, Pin-up, Nacktaufnahmen und seichter bis harter Porno-

grafie verlaufen fließend, da die Moralvorstellungen unterschiedlich sind und sich auch ändern. Das bedeutet, daß Sie sich, auch im Interesse Ihres Modells, sehr wohl überlegen sollten, welche Aufnahmen Sie wann und wo zeigen und veröffentlichen. Private Fotos sollten auch im privaten Bereich bleiben.

3. Fotografieren Sie nie Aktmodelle unter 18 Jahren, es sei denn, sie besitzen ein ausdrückliches schriftliches Einverständnis der Eltern bzw. Erziehungsberechtigten.

*Aufnahmetechnik und -praxis:*
Hier ist im wesentlichen auf das über das Porträt Gesagte zu verweisen. Wenn Sie im Freien fotografieren, fahren Sie in eine einsame Gegend, oder stehen Sie sehr früh auf. Nichts ist lästiger als gaffende Zuschauer. Eine andere Möglichkeit: An vielen Stränden darf man sich im Sommer auch hüllenlos bewegen (Abb. 96). Einfacher dürfte es, auch für das Modell, zunächst im Raum bei Kunstlicht sein. Indirekte Beleuchtung modelliert den Körper. Silhouetten und Gegenlichtaufnahmen wirken reizvoll. Nutzen Sie die Kontraste von Körperrundungen und kantigen, kühlen Möbel-

96 Für Aktfotos im Freien bieten sich einsame Strände und Dünengebiete an (Foto: J. Gerhold, Dortmund).

stücken und anderen Requisiten. Suchen Sie sich anschauliche Leitbegriffe, die Sie zu visualisieren versuchen: knisternde Erotik, kühler Sex, Verspieltheit, Romantik, Partnerschaft, Aggressivität usw. Regen Sie das Modell an, sich ganz langsam zu bewegen, sich zu drehen, zu setzen, zu legen und wieder aufzustehen. Verändern Sie nicht ständig die Scheinwerferstellung. Nur so finden Sie die idealen Kombinationen von Körperhaltung und Beleuchtung.

## 5 Die Sportfotografie

In diesem Motivgebiet sind zwei Massenhobbies unserer Zeit vereinigt. Jedes Wochenende strömen Hunderttausende in Sportarenen und Wettkampfstätten zu Fußball und Leichtathletik, Motocross und Kanuregatten, Pferderennen und Skiwettbewerben. Jeder dieser Sportfans läßt sich, ebenso wie sportlich weniger Interessierte, stets von aktionsgeladenen, dynamischen Sportfotos fesseln.

Seltsamerweise gilt die Sportfotografie als Domäne der Profis, obwohl jeder als Amateur zu ebensolchen Spitzenfotos kommen kann. Die Unsicherheit des Amateurs, sich an dieses Thema heranzuwagen, beruht auf zwei Annahmen: a) für die meisten guten Sportfotos fehle ihm die entsprechende Fotoausrüstung, und b) er habe bei Sportveranstaltungen keinen Zugang zu günstigen Aufnahmeplätzen. Beide Argumente besitzen jedoch nur für einige wenige Sportbereiche und -situationen Gültigkeit.

### *a) Ausrüstung*

Bei Schlagerspielen der Fußball-Bundesliga offenbart sich beinahe eine ganze Philosophie über den Unterschied zwischen Fotoamateur und Fotoprofi. Die professionellen Reporter sitzen neben den Toren mit zwei, drei oder vier der teuersten Kameras bewaffnet, jede von ihnen ausgerüstet mit Transportmotor und möglichst Spezialmagazin für 250 Aufnahmen. Vor den Fotografen stehen Stative mit ellenlangen Teleobjektiven, und in den Taschen ruhen

97 Mit dem Teleobjektiv lassen sich packende Studien einfangen (Foto: M. Sass, Dortmund).

98 Mit dem Motor lassen sich Bewegungsabläufe im Sport in ihren einzelnen Phasen festhalten. Kurze Belichtungszeiten sind dazu notwendig, hier: 1/1000 s, Bl. 2 (Fotos: M. Korte, Bochum).

endlose Filmvorräte, die nach dem Spiel durchaus erschöpft sind (400 Aufnahmen pro Fußballspiel sind durchaus keine Ausnahme!) Anders dagegen die Amateure auf den Rängen. Bei Flutlicht blitzen die kleinen Würfel oder Flashbars an den Pocketkameras auf, mit denen die Spielerhelden auf dem Rasen abgelichtet werden sollen – ein hoffnungsloses Unterfangen. Was aber ist nun wirklich an Ausrüstung notwendig?

Die Fotoausrüstung hängt natürlich von der jeweiligen Sportart ab. Die meisten Sportarten sind wegen ihres Bewegungstempos nur mit höchstempfindlichen Filmen zu fotografieren, um auf kürzeste Verschlußzeiten zu kommen. Ob Farbe oder Schwarzweiß entscheidet auch hier der Verwendungszweck. Schwarzweißfotos unterstützen eher die Dramatik des Geschehens, besonders, wenn die Kornstruktur auch noch deutlich hervortritt (Abb. 97). Dem Farbfilm kommt die farbenfrohe Zusammenstellung der meisten Sportausrüstungen entgegen.

Zwar ist jede Objektivbrennweite zu verwenden – selbst extreme Weitwinkelobjektive –, besonders favorisiert sind aber die Telebrennweiten. Die Anschaffung eines Superteles (empfehlenswert sind Schnellschußobjektive, 400 mm) lohnt sich wegen des Preises nur für Spezialisten. Ein Transportmotor oder Winder erhöht entscheidend die Wahrscheinlichkeit, den »richtigen Moment« (Torschuß, Treffer beim Boxen usw.) zu erwischen (Abb. 98), aber erfolgreiche Sportfotografen haben andererseits immer wieder gezeigt, daß es auch ohne dieses Zusatzgerät geht. Wer bei Aufnahmen mitziehen will, denke an den Motivsucher (Abb. 53).

Bei langen Wartezeiten erleichtern Handgriffe oder Stative die Last der Kamera, eine stabile Fototasche dient als Sitz. Der Einsatz eines Blitzgerätes ist bei Wettkämpfen zu vermeiden (die Aktiven werden in ihrer Konzentration gestört und möglicherweise irritiert).

### *b) Motivsuche*

Die zweite These, mit der Fotoamateure ihre Skepsis gegenüber der Sportfotografie begründen, bezieht sich auf den Aufnahmestandpunkt. Packende Sportfotos lassen sich aber nicht nur bei großen Sportereignissen schießen, bei denen es für den Amateur schwierig ist, sich nahe dem Zentrum des Geschehens zu postieren. Daß man bei »kleinen« Ereignissen ebenso faszinierende Bilder machen kann, dafür gibt es viele gelungene Beispiele. Hier einige bewährte Tips zur Wahl des Aufnahmestandpunktes:

1. Informieren Sie sich frühzeitig über Termin, Uhrzeit und genauen Ort der Veranstaltung sowie ihren Zweck (Freundschaftstreffen oder Meisterschaft u. ä.);

2. Wer keine Ahnung von den Spielregeln bzw. dem Ablauf einer Sportart hat, kann auch keine Entscheidung über den Aufnahmestandort fällen. Eine gute Schule können Fernsehübertragungen sein.
3. Schauen Sie sich das Stadion, die Sprungschanze oder die Regattastrecke schon vor dem Veranstaltungstermin an. Suchen Sie sich alternative Stellen, und erproben Sie die benötigten Brennweiten.
4. Häufig genug wird nicht berücksichtigt, wie wichtig die Bewegungsrichtung für die Sportaufnahme ist. Sie müssen die Läufer, Radrennfahrer usw. von vorn, allenfalls von der Seite her aufnehmen können, nicht aber von hinten!
5. Kontaktieren Sie die veranstaltenden Vereine. Man gibt Ihnen hier letzte entscheidende Tips. Wenn Sie sich auch noch bereit erklären, dem Verein und den Sportlern einige Fotos zur Verfügung zu stellen, kommt man Ihnen meist auch sehr bereitwillig entgegen.
6. Selbst Amateure bekommen häufig Zugang zu Spitzensportveranstaltungen, wenn sich die Organisatoren darauf verlassen können, daß der Fotoamateur sich ruhig und souverän verhält. Falls Sie sich also bei einer Turnveranstaltung an den Mattenrand begeben dürfen, bleiben Sie dort auch unauffällig sitzen und laufen Sie nicht permanent herum.
7. Viel einfacher wird man beim Training zu guten Aufnahmen kommen. Hierzu erhält man leichter Zugang, und die Sportler selbst »spielen« auch viel lieber für das Foto mit.
8. Wenn Sie trotz aller Bemühungen nicht an das Spiel- oder Kampfgeschehen herankommen, denken Sie auch an jene Sportfotos, die am Rande der Veranstaltung aufzunehmen sind. Die Spannung in den Gesichtern der Zuschauer und der Sportler vor, nach und zwischen den Wettkämpfen bietet ausreichende Möglichkeiten, Bildideen eindrucksvoll zu realisieren.

*Bewegungsprobleme:*
Bei derartigen Sportfotos werden kaum Probleme mit der Verschlußzeit auftreten, da das Geschehen meist über wenig Eigenbewegung verfügt. Normale Belichtungszeiten von 1/125 s sind hier

völlig ausreichend. Die meisten Wettkämpfe haben jedoch ein so rasantes Tempo, daß es schwierig ist, die Bewegung einzufrieren. Es wurde bereits darauf hingewiesen, daß die dazu notwendige Verschlußzeit nicht nur von der Motivgeschwindigkeit, sondern auch von der Bewegungsrichtung des Sportlers zur Filmebene abhängig ist (vgl. Kap. IV 1 e). Als weiterer dominanter Faktor kommt der Abbildungsmaßstab hinzu, der sich bei feststehender Brennweite (50 mm) auch im Abstand zwischen Objekt und Kamera ausdrücken läßt.

| *Motiv* | *Aufnahme-distanz* | *Verschlußzeit in Sekunden je nach Bewegungsrichtung zur Filmebene* parallel ⟷ | schräg ⤡ | quer ↕ |
|---|---|---|---|---|
| Pferde (Schritt) | 5 m | 1/ 250 | 1/125 | 1/ 60 |
| Schwimmen, Surfen, Drachenfliegen | 8 m | 1/ 125 | 1/ 60 | 1/ 60 |
| | 15 m | 1/ 125 | 1/ 60 | 1/ 30 |
| | 25 m | 1/ 60 | 1/ 30 | 1/ 15 |
| Langlauf, Trabrennen, Segeln, Hochsprung, Eiskunstlauf | 5 m | 1/ 500 | 1/250 | 1/125 |
| | 8 m | 1/ 250 | 1/250 | 1/125 |
| | 15 m | 1/ 250 | 1/125 | 1/ 60 |
| | 25 m | 1/ 125 | 1/ 60 | 1/ 30 |
| Rudern, Mittelstrecken-Laufwettbewerbe, Turnen, Pferde (Galopp, Springen) | 5 m | 1/1000 | 1/500 | 1/250 |
| | 8 m | 1/ 500 | 1/250 | 1/125 |
| | 15 m | 1/ 250 | 1/250 | 1/125 |
| | 25 m | 1/ 125 | 1/125 | 1/ 60 |
| Ski-Slalom, Radrennen, Motorcross, Hürdenlauf, Sprintrennen, Hunderennen | 5 m | 1/1000* | 1/500 | 1/250 |
| | 8 m | 1/1000* | 1/500 | 1/250 |
| | 15 m | 1/ 500 | 1/250 | 1/125 |
| | 25 m | 1/ 500 | 1/250 | 1/125 |
| Ski-Abfahrtslauf, Autorennen, Motorbootrennen | 5 m | – | 1/2000* | 1/500 |
| | 8 m | 1/2000* | 1/1000* | 1/250 |
| | 15 m | 1/1000* | 1/ 500 | 1/250 |
| | 25 m | 1/1000 | 1/ 500 | 1/125 |

* Kamera mitziehen

Bei den Angaben der Tabelle handelt es sich natürlich nur um ungefähre Richtwerte. Lassen Sie sich von den teilweise langen Verschlußzeiten nicht irritieren. Wie man sieht, helfen diese nur bei weiten Aufnahmedistanzen, woraus sich auch ein kleiner Abbildungsmaßstab mit viel Umfeld ergibt. Bei Sportfotos ist jedoch das ausgefüllte Format und die gestalterische Dichte durch einen äußerst knappen Ausschnitt entscheidend für die Ausdruckskraft. Bei riesigen Ausschnittvergrößerungen wird aber die Bewegung verwischt erscheinen. Die Angaben der Tabelle gelten für das Standardobjektiv. Etwa ab 135 mm Brennweite sollte die Verschlußzeit allerdings sowieso nicht länger als 1/250 s, bei noch längeren Brennweiten nicht länger als 1/500 s sein. Wer draußen im Sonnenschein seine Sportfotos aufnimmt, wird mit kurzen Verschlußzeiten keine Probleme haben, in der Halle oder auch bei diesigem Wetter kann es aber selbst mit hochempfindlichen Filmen bei voll geöffneter Blende schwierig werden, die Belichtungszeit auf 1/500 s zu kürzen.

### c) *Verschiedene Sportarten*

Um den Einstieg in die Praxis zu erleichtern, sollen im folgenden einige Aufnahmehinweise für spezielle Sportarten gegeben werden, gleichzeitig ist jedem ehrgeizigen Sportfotografen das Studium entsprechender Bildbände anzuraten.

*Hallensport:*
Die schlechten Raum- und Lichtverhältnisse werden hier das Hauptproblem darstellen. Da das Blitzen bei Wettkämpfen verboten ist, helfen nur noch die ISO 400/27°-Filme, die zusätzlich noch empfindlichkeitssteigernd entwickelt werden sollten.

Ein ausgesprochen temporeiches Spiel ist *Hallenhandball.* Der beste Standort für den Fotografen liegt 2–3 m neben dem Tor. Zu seiner Ausrüstung sollte ein 50- bzw. 80 mm-Objektiv gehören. Vorsicht: Bei diesem Spiel wird hart geworfen. Typische Szenen sind die Würfe der Spieler aus dem Sprung auf das Tor. – *Judo* und *Ringen* sind zwei typische Mattensportarten, wobei für Judo-Aufnahmen vom Fotografen die gleiche Reaktionszeit zu erwarten ist wie von den beiden Kämpfern. Dankbare Motive sind Hüft- und Hebewürfe. Beim Ringen bieten sich Studien der Gesichter bei Bodenkämpfen an. Fotos von Gesichtern in voller Konzentration und Anspannung sind auch beim *Gewichtheben* möglich. Besonders ergiebig für stilvolle künstlerische Aufnahmen sind die Turnsportarten (vgl. Abb. 99). Dabei ist weniger das Action-Foto verlangt, vielmehr die wohlausgewogene, durchkomponierte Aufnahme. Beim *Geräteturnen* hilft ein Stativ, den Bildausschnitt zu erhalten. Die Entfernung wird schon vorher auf das Turngerät justiert. Ausgelöst werden sollte stets vor dem Höhepunkt einer Bewegung, denn im Moment der Richtungsänderung der Bewegung beträgt die Geschwindigkeit nahezu null. Jetzt reicht auch eine längere Verschlußzeit für bewegungsscharfe Aufnahmen. Diese Regel gilt natürlich für alle Bewegungsfotos und nicht nur für Sportaufnahmen. Auch beim *Boxen* und *Catchen* (wobei letzterem der Sportstatus oft abgesprochen wird) ist die Geschwindigkeit im Moment des Treffers auf Null abgebremst. Bei beiden Ringsportarten wird man von schräg unten fotografieren müssen. Zum Problem werden dann die Seile, die beim Fotografieren kaum wahrzunehmen sind, auf den Fotos aber später die besten Szenen verdecken.

*In Stadien und Arenen:*
Am bedeutendsten sind neben dem Fußballspiel, das beispielhaft später beschrieben werden soll, die Leichtathletik-Wettbewerbe. Der Vorteil liegt in den eng abgesteckten Handlungsbereichen, zu denen auch der Amateur mit Einfachausrüstung Zugang hat. Bei den *Sprung*disziplinen sind Start, Absprung, Höhepunkt und Landung am spannendsten; Aufnahmerichtung: von der Seite oder frontal, beim *Stabhochsprung* natürlich von unten (vgl. Abb. 98) oder sogar aus der Froschperspektive. Achten Sie jedoch in jedem Fall auf einen ruhigen Hintergrund. Spannungsvolle Fotos aus *Mittel-* und *Langstreckenläufen* erhalten Sie kurz nach dem Start, wenn noch alle Läufer zusammen sind, oder kurz vor dem Ziel beim Kampf um die letzten Meter und Sekunden. Bildträchtig sind auch *Hürdenläufe*, wobei auf eine Hürde bereits im voraus scharf einzustellen ist. Ausgelöst wird, kurz bevor der Läufer über dem Hindernis »schwebt«. Eine seitliche Aufnahmerichtung lohnt sich kaum.

99 a und b Hallensport zwischen Kraftakt und graziöser Körperästhetik. In den Sporthallen reicht das Licht meistens gerade aus, um einen akzeptablen Kompromiß zwischen kurzer Belichtungszeit und dem erforderlichen Schärfebereich zu finden. Fotografieren Sie, wenn eben möglich, *mit* dem Licht aus Fenstern und Beleuchtungskörpern (Fotos: M. Korte, Bochum).

100 Durch Mitziehen der Kamera wird die Geschwindigkeit visualisiert, Belichtungszeit 1/30 s.

*Tennis* ist ein äußerst schneller Sport für den Fotografen, da der Ball mit seiner hohen Geschwindigkeit einen Augenblick vor oder nach Schlägerberührung scharf abgelichtet sein soll. Verfolgen Sie aber, wie bei allen Ballspielen, nie mit der Kamera den Ball. Das Objektiv ist immer auf jene Stelle zu richten, an der der Ball auftreffen wird. Praktisch verfolgen Sie also mit einem Auge das Spielgeschehen und den Ball, mit dem anderen focussieren Sie vorausplanend die Kamera. Ein solches Vorgehen hört sich viel schwieriger an, als es in Wirklichkeit ist. *Grasbahnrennen* sind im Gegensatz zum weißen Tennis eine sehr schmutzige Angelegenheit. Doch gibt es dabei, ebenso wie bei *Geländerennen,* immer einen guten Zuschauerplatz, von dem ausdrucksstarke Fotos möglich sind. Die schweiß- und schmutzgezeichneten Gesichter spiegeln viel von den Strapazen dieser Sportarten wider. Bei allen Bahnwettbewerben lohnt sich das Mitziehen der Kamera während der Aufnahme. In Motorrad-, Auto- und Motorbootrennen kommt man für halbwegs formatfüllende Fahraufnahmen wegen der hohen Geschwindigkeit auch gar nicht um das Mitziehen herum (Abb. 100), es sei denn, Sie fotografieren in Kurven hinein, in denen die Fahrer ihr Tempo drosseln müssen. Bei *Autorennen* verlangt die bunte Lackierung der Fahrzeuge nach Einsatz eines Farbfilms. Während des Trainings kommt man übrigens auch als Amateur in die Fahrerlager und an die Boxen.

*Wassersport:*
*Wasserball, Turmspringen* und *Schwimm*wettbewerbe in Hallenbädern erfordern hochempfindliche Filme, beim Turmspringen wird man für eine scharfe Abbildung oft ohne Blitz gar nicht auskommen. Achten Sie auch darauf, daß Sprungturm und/oder Wasser mit ins Foto einbezogen werden. Der beste Standort liegt schräg seitlich vom Turm. Gute Schwimmotive sind beim Sprung der Sportler ins kalte Naß einzufangen. Den einzelnen Athleten erfassen Sie besonders dann, wenn er frontal auf Sie zuschwimmt.

Beim *Ruder-* und *Kanu*sport dürfte jeder Fotoamateur leicht gute Aufnahmeplätze entdecken. An der Längsseite der Boote am Ufer oder von oben (Brücke) findet sich immer eine Stelle mit guter Sicht. Aufmerksamkeit verlangt die Haltung der Ruder und Paddel. Problematisch werden diese Wettbewerbe allerdings, wenn sie auf einem See stattfinden; ohne starkes Tele oder ein Begleitboot stehen die Chancen für gute Aufnahmen schlecht. Bedenken Sie, daß die Boote in ihrer Form ausgeprägten Liniencharakter besitzen, der gestalterisch deutlich einzusetzen ist. In ähnlicher Weise hat die Fläche (Dreieck) beim Windsurfen und bei Segelbooten Bedeutung. Für beide Sportarten empfiehlt sich ein Teleobjektiv, wenn man nicht von einem Boot aus fotografiert. Gegenlicht, Polfilter und ausnahmsweise einmal das Sterneffektfilter sind hier erfolgreich zu benutzen. Beide Sportarten sind auch ohne Eintrittsgeld und Erlaubnis an vielen Seen der Freizeitgebiete an Sommerwochenenden zu fotografieren.

*Wintersport:*
Wie bei allen Aufnahmen mit hohem Lichtkontrast ist beim Wintersport exakteste Belichtungsmessung notwendig (Selektivmessung, Ersatzobjektmessung). Beim *Abfahrtslauf* herrscht sehr hohes Tempo, weite Sprünge nach Bodenwellen geben äußerst dynamische Aufnahmen. Durch Mitziehen kann das Tempo, das bis zu 130 km/h beträgt, visualisiert werden. Im *Riesenslalom* sind ebenso wie beim *Slalom* die Richtungsverlagerungen an den Toren bildlich

101 Die Slalomstangen sind markante Punkte, an denen man sich bei der Entfernungseinstellung orientieren kann. – Auch bei Sportaufnahmen gilt übrigens der Grundsatz, daß im Bild Platz für die Bewegungs(richtung) bleiben sollte.

vielversprechende Aktionen. Auch hier stellt man vorher auf das Tor scharf und läßt die Rennläufer »in die Schärfe« hineinfahren (Abb. 101). Bei den Slalomdisziplinen sollte der Läufer auf die Kamera zufahren. Schwierig wird es immer sein, das Gefälle des Hanges zu verdeutlichen. Eventuell muß man die Kamera stark verdrehen, um den richtigen Eindruck wiederzugeben. Studien von wohlausgewogener Schönheit lassen *Langlauf* und *Skispringen* zu, wobei man allerdings bei den Schanzenwettbewerben kaum ohne eine längere Brennweite (ab 135 mm) auskommen wird.

Bei den Wintersportdisziplinen wird man auch als Fotoamateur ständig mit der Kälte zu kämpfen haben. Denken Sie also daran, sich selbst und die Kamera gut einzupacken. In den Aufnahmepausen gehört der Fotoapparat in die Jacke, damit er nicht völlig auskühlt und die Batterien sich nicht entladen. Ein zweiter Satz Batterien in der warmen Hosentasche leistet gute Dienste. Nicht ganz so kalt wie bei den Außenwettbewerben ist es beim *Eisschnellauf* (gute Aufnahmeposition im spitzen Winkel zum Kurvenauslauf), beim *Eiskunst-*

*lauf* (Hebe- und Sprungfiguren), beim *Bobrennen* (Auslauf in den Kurven und Einsicht in den engen Eiskanal) und beim *Eishockey*. Für die letztgenannte Sportart braucht der Fotograf ein gut trainiertes Reaktionsvermögen. Die Jagd der Spieler nach dem Puck erfordert 1/1000 s Verschlußzeit. Gute Aufnahmepositionen liegen am Spielfeldrand mit seitlichem Blick auf das Tor. Auch Porträtstudien der gepolsterten Spieler versprechen ausdrucksstarke Fotos.

### *d) Beispiel: Fußball*

Die Spielregeln dieses wohl populärsten Mannschaftsspiels sind sicher bekannt. Um von der Tribüne formatfüllend Aufnahmen zu schießen, benötigen Sie ein Teleobjektiv ab 400 mm Brennweite. Erst wenn Sie auf die Schmalseite des Fußballfeldes hinter die Torlinie gelangen, eröffnen sich Ihnen Fußballmotive voller Dynamik, für die auch schon eine Standardbrennweite ausreicht. Es muß auch keineswegs ein Bundesligaspiel sein, das hervorragende Aufnahmen ermöglicht; auf den lokalen Plätzen lassen sich ebenso gute Fotos schießen (Abb. 102).

Wenn Sie also nun ausgerüstet mit Kamera, Objektiv(en) und ein oder zwei Ersatzfilmen auf den Fußballplatz marschieren, wird die erste Frage lauten: Hinter welches Tor? Wenn Sie *für* eine bestimmte Mannschaft fotografieren, dann natürlich hinter das Tor des Gegners, damit Sie den Ansturm der Spieler Ihrer Mannschaft von vorn aufnehmen können. Sonst suchen Sie die Torseite der vermutlich schwächeren Mannschaft aus, dort wird nämlich weit mehr Aktion sein als auf der gegenüberliegenden Seite. Wenn man allerdings falsch informiert ist oder das Spielgeschehen sich anders entwickelt als erwartet, kurzum, wenn sich also alles vor dem entfernten statt dem nahen Tor abspielt, ist der Fußballfotograf im Zwiespalt: Soll man die Seite wechseln oder lieber doch nicht? Sich hinter das andere Tor zu stellen, könnte man nur dann erwägen, wenn das Kräfteverhältnis der beiden Mannschaften völlig eindeutig ist. Doch selbst routinierte Sportfotografen haben häufig genug erfahren müssen, wie sich das Spiel um den Ball nach ihrem Seitenwechsel ebenfalls geändert hat. Sie standen also anschließend wieder auf der falschen

102 Spannungsvolles Fußballballett: Das Einfangen der ausgeprägten Diagonalkomposition war zugegebenermaßen Zufall.

Seite des Spielfeldes. Abermals wäre ein Wechsel möglich und danach noch einer und noch einer, und schließlich liefe man als Fotograf genausoviel wie die Spieler. – Ein weiteres Kriterium für die Seitenwahl sollte das Licht sein. Die besten Aufnahmen machen Sie mit der Sonne im Rücken; Gegenlicht bringt große Belichtungsprobleme mit sich und ist auch nicht sonderlich gut geeignet, Fußballszenen fotografisch zu dokumentieren.

Im Torbereich kann man links oder rechts neben dem »Kasten« Position beziehen oder auch hinter dem Tor (Abb. 103). Für Aufnahmen durch das Netz eignen sich besonders Torschußszenen und Freistöße in Tornähe. Elfmeter lohnen sich eigentlich nur bei guten Torwartparaden für den Fotografen. Bei allen Aufnahmen vor Toren sollten der Torwart, der Ball und der schießende Spieler auf dem Foto zu sehen sein, was gar nicht immer so einfach zu gewährleisten ist. Häufig sagt aber auch ein am Boden liegender, geschlagener Torwart mehr aus als ein Torschußfoto mit einem Ball im Netz. – Rechts oder links fotografieren Sie entweder von Höhe der Torraumgrenze oder von der Strafraumgrenze aus. Die Spielfeldecke ist als Aufnahmeposition zu weit entfernt. Bei Eckstößen, die besonders spannende Kampfsituationen hervorbringen, sollten Sie stets auf der Seite stehen, von der »die Ecke« geschossen wird. Die Kamera richten Sie auf den Torraum, in dem sich die Spieler zur Ballannahme postiert haben. Die Fußballer schauen also in Richtung Kamera (stehen Sie als Fotograf auf der anderen Seite des Tores, bekommen Sie nur die Spielerrücken auf das Foto). Wenn der Ball geschossen wird, haben Sie schon auf den Spielerpulk scharfgestellt. Sie lösen aus, kurz *bevor* der Ball die Spieler erreicht. Ihre Reaktionszeit zusammen mit der Auslöseverzögerung sorgen schon dafür, daß die Spieler im richtigen Moment erfaßt werden. Es ist eine *Regel der Sportfotografie,* daß alles, was man sieht, nicht mehr fotografiert werden kann. Daran muß man sich erst gewöhnen. So

103 Auf einem Fußballfeld gibt es mehrere geeignete Standorte für den Fotografen, die auf der Skizze eingezeichnet sind. Diese Standorte erfordern allerdings für Aufnahmen, die das Motiv formatfüllend zeigen, unterschiedliche Brennweiten: A) ca. 400 mm – B) ca. 80–200 mm – C) 50–135 mm – D) 35–80 mm.

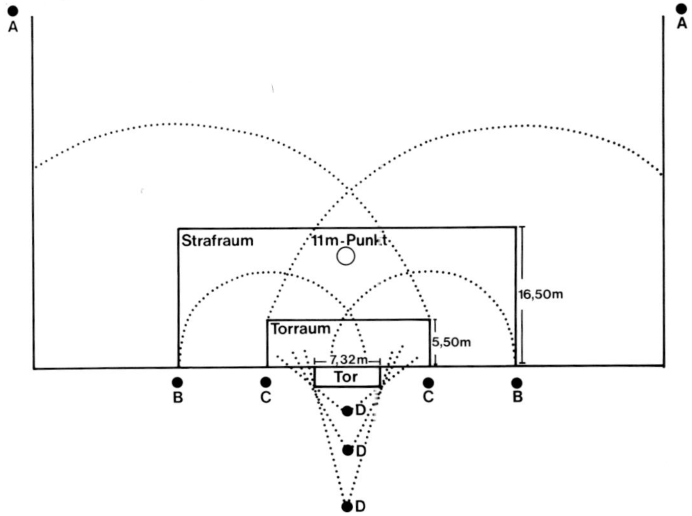

104 Einen Torschuß so zu erwischen, ist für den Fotografen genauso ein Glück wie für den Spieler.

wird auf vielen Ihrer ersten Fußballbilder der Ball bereits außerhalb des Bildausschnittes liegen. Machen Sie sich nichts daraus. So etwas passiert selbst professionellen Bildjournalisten. Diese verfügen für solche Fälle über ein »Ballarchiv«, also eine Negativauswahl mit besonders schönen, unterschiedlichen Bällen. Auf das richtige Maß vergrößert, ausgeschnitten, auf das ballose Foto aufgeklebt und retuschiert, bemerkt beim Zeitungsdruck niemand mehr die Manipulation. Dieser Trick ist bei Dias nicht möglich. Andererseits: Selbst ballose Fußballfotos können originell sein.

Denken Sie auch beim Fußball an die zur Sportfotografie gehörenden Alternativfotos: Der »arbeitslose« Torwart, der verzweifelte Trainer, die militärische Gestik des Schiedsrichters, die Zuschauer und die Fans mit ihren Fahnen, Hoffnungen und Enttäuschungen, die Mimik und Zeichensprache des Sieges oder der Niederlage, die erschöpften Spieler auf dem Weg in die Kabine, und unzählige andere Motive bieten sich an. Diese Bilder des »Drumherum« sind mindestens ebenso interessant wie die Aufnahmen vom Spiel selbst.

# 6 Die Bildfolge

Bei dem Begriff Fotografie denkt man zunächst eigentlich an einzelne Fotos, die den Moment eines Geschehens festhalten. Die Möglichkeit, einen gesamten Ablauf in Bildern »zu erzählen«, wurde bisher nur von wenigen Amateuren gesehen und genutzt. Dabei sind die ersten Versuche mit Bildfolgen schon sehr alt. Auf dem Weg zur technischen Realisation des Films (Laufbild) fotografierte bereits Eadweard Muybridge in der zweiten Hälfte des vergangenen Jahrhunderts Bildfolgen u. a. von galoppierenden Pferden, laufenden Männern usw. In der zeitgenössischen Fotografie haben u. a. Duane Michals, David Hockney und Jürgen Klauke zahlreiche fotografische Beispiele geliefert.

Ein Argument für die Beschäftigung mit der Bildfolge ist in vielen Fällen die Komplexität der Motive. Häufig lassen sich gar nicht alle Aspekte in einem Bild einfangen. Der wesentlichere Grund scheint mir eine Abgrenzung zum Film (Laufbild) zu sein, also jenem Medium, dessen eigentliche Aufgabe es ist, Abläufe zu zeigen. Da die Filmbilder nur nacheinander gesehen werden können, ist ein Blick auf das Ganze nicht möglich. Hier liegt die Stärke der fotografischen Bildfolge.

Kriterium der hier beschriebenen Fotoserien ist ein strenger inhaltlicher und/oder formaler Zusammenhalt der Einzelbilder (Abb. 105). Die in der Fachliteratur verwendeten Begriffe für Bildfolgen sind nicht ganz einheitlich. Neben »Serie« und »Reihe« findet sich u. a. der Begriff der Variation, der Sequenz und des Zyklus. Die allgemeine Meinung geht dahin, daß die *Variation* einen Austausch der einzelnen Bilder möglich macht, in der *Sequenz* das Aufeinanderfolgen jedoch festgelegt ist.

Um Bildfolgen zu fotografieren, ist man in der Wahl seiner Geräte völlig frei. Häufig ist ein Stativ hilfreich, besonders wenn der exakte Bildausschnitt über mehrere Fotos gehalten werden muß. Für die Aufnahme schnell ablaufender Zeitabschnitte kann ein motorischer Filmtransport nützen.

Äußerst wichtig ist ein frühzeitiges Konzept über die Art der Präsentation. So muß man sich schon vor der Aufnahme überlegen, wie die beabsichtigte Serie denn zum Schluß aussehen soll. Dabei

105 Auch grafische Elemente können zu Serien zusammengestellt werden. In diesem Fall zeigen die Baumkronen, die entlang eines Waldweges fotografiert wurden, sowohl den Formenreichtum der Natur wie auch den Reiz einer Komposition, die planmäßig oder spielerisch entstehen kann (Foto: A. Faust, Bochum).

wird die Anzahl der Einzelbilder bei umfassenderen Arbeiten (Anordnung in mehreren Reihen) große Bedeutung erlangen (1 mal 6 Fotos oder 4 mal 5 Fotos u. ä.). Die Belichtung der Bilder muß gleichmäßig sein. Helligkeitsunterschiede zwischen gleichwertigen Einzelbildern fallen auf! Und bei der Filmwahl berücksichtigen Sie bitte vorher, ob Sie Aufsichtsbilder oder Dias benötigen. Dias werden Sie sich nur nacheinander anschauen können, denn wer verfügt schon über 4, 6, 8 oder mehr Diaprojektoren, um eine Serie parallel projizieren zu können? (Allerdings lassen sich ja auch von Dias ausgezeichnete Abzüge machen.)

Im folgenden sollen einige Arten von Bilderfolgen beschrieben werden, um das breite Spektrum von Möglichkeiten anzudeuten, das von ganz praktischen, gegenständlichen Bildreihen bis zur Darstellung sensibler und komplexer Zusammenhänge reicht, die sich dem Betrachter vielleicht erst nach einiger Auseinandersetzung mit der Serie eröffnen. Dabei sind die Grenzen zwischen den einzelnen Typen fließend.

### *a) Dokumentationsreihe*

Das Beispiel des stürzenden Schornsteins in seinen Fallphasen (Abb. 106) gehört ebenso dazu wie eine Fotoreihe über die Geburt eines Kindes. Auch das bekannte Bildduo »Vorher – Nachher« ist dazuzurechnen. Wichtiges Merkmal einer Dokumentationsreihe wird sein, daß der Fotograf nur einen geringen Einfluß auf den Ablauf des Geschehens hat. Er zeichnet auf, was er sieht, und wird aus den zahlreichen Fotos diejenigen aussuchen, die das Ereignis in den wichtigen Stufen zeigen. Wie bei allen Bildfolgen sollten das nicht allzu viele Einzelschritte sein. Zwar läßt sich keine konkrete Zahl angeben, aber für mehr als 30 Bilder sollte es schon eine einleuchtende Begründung geben. Je mehr sich die Bilder dabei voneinander unterscheiden und je abstrakter die Bildaussage ist, desto weniger sollten es sein, sonst ist eine Überschaubarkeit nicht mehr gewährleistet.

### *b) Instruktionsreihe*

Die Instruktionsreihe ist eine Art visueller Gebrauchsanweisung. Die Einzelbilder zeigen die wichtigsten Schritte eines Arbeitsablaufs. So läßt sich in einigen Fotos demonstrieren, wie man einen Baum beschneidet, einen Siebdruck herstellt, eine Bohrmaschine

106 Serie: Sprengung eines Schornsteins. Durch die zunehmende Fallgeschwindigkeit konnten in der letzten Phase des Sturzes keine Zwischenstufen mehr festgehalten werden (manueller Filmtransport). Mit einem Winder hätte man einige zusätzliche Aufnahmen machen können. Verschlußzeit 1/500 s.

bedient oder einen Film entwickelt (vgl. Abb. 138). Die einzelnen Fotos müssen klar aufgebaut und ihre Reihung logisch sein. Zu jedem Foto beschreibt ein Text, was auf dem Bild geschieht. Gestalten Sie die Hintergründe einer Instruktionsreihe ruhig und die Beleuchtung konstant. Ob Sie den einmal gewählten Aufnahmeabstand und -ausschnitt beibehalten, immer näher an das eigentliche Motiv herangehen oder mit dem Auge der Kamera das Geschehen einkreisen, hängt vom Motiv ab.

*c) Zeitreihe*

An einer solchen Sequenz läßt sich ein ungefährer oder genauer Zeitraum ablesen. Bei kürzesten Intervallen findet der Motorantrieb seine eigentliche Verwendung. Der Einlauf des Athleten ins Ziel z. B. ist sonst kaum einfangbar. Die Zeitspanne kann aber auch über Minuten, Stunden, Monate oder Jahre gehen. So hat die Darstellung eines Motivs in den vier Jahreszeiten eine sehr interessante Wirkung (vgl. Farbabb. 2). Natürlich kann auch eine Zeitsequenz dokumentierenden oder instruktiven Charakter haben. Die Zeit kann aber auch das eigentliche Aufnahmekriterium sein, wenn man z. B. von einer vorher ausgewählten Szenerie im Abstand von jeweils 30 Sekunden, zwei Minuten o. ä. ein Foto schießt. Die Gesamtheit der Aufnahmen zeigt dann in gewisser Weise gleichzeitig aufeinanderfolgende Momente als Ausschnitte der Wirklichkeit. Bei der Präsentation solcher Zeitreihen ist natürlich die Angabe des jeweiligen Zeitrhythmus sinnvoll.

### *d) Räumliche und visuelle Veränderungen*

Wenn man die ursprünglichen Fotos für eine Panoramaaufnahme unbeschnitten nebeneinandersetzt, entsteht eine Bildfolge, bei der der Zeitfaktor unwichtig ist. Interessant mag dabei lediglich die Veränderung des Motivs durch Verschiebung der Aufnahmerichtung sein. Oder fotografieren Sie z. B. eine Plastik, einen Menschen oder einen Baum von verschiedenen Seiten, und stellen Sie die Fotos zu einer Serie zusammen. Die räumliche Struktur des Objektes bekommt dadurch eine außergewöhnliche Bedeutung (vgl. Abb. 108). Ein weiteres Beispiel für eine visuelle Veränderung zeigt ansatzweise die Beleuchtungsserie im Abschnitt über das Porträt des Menschen (vgl. Abb. 94). Auch können Sie eine Person fotografieren, die auf jedem Foto eine andere Grimasse zieht oder jeweils einen anderen Hut aufhat. Statt das zentrale Motiv zu variieren, läßt sich natürlich auch ständig die Umgebung verändern. Dem freien Spiel der Ideen sind dabei keine Grenzen gesetzt. Verschiedenste Abstufungen der Abstraktion sind möglich und notwendig.

### *e) Motivsammlung*

Wer kennt nicht jene Fotosammlungen von spaßigen Arztpraxen-Schildern oder verblüffenden Buchstabenkombinationen auf Autoschildern. Auf den Humorseiten der Illustrierten tauchen solche Beispiele immer wieder auf. Außer Schildern lassen sich alle mögli-

107 Türklopfer gibt es in den verschiedensten Formen und Materialien. Sie zu fotografieren, kann eine lohnende Ferienbeschäftigung sein (Fotos: U. Franke, Iserlohn).

chen Dinge fotografisch sammeln: Türklopfer (Abb. 107), Fenster, Briefkästen, Wirtshausschilder u. a. Auch Toilettentöpfe, Zechentürme und bemalte Häuser lassen sich in fotografischer Serie festhalten und höchst interessant vergleichend zusammenstellen. Hierbei kann es gelegentlich schwierig werden, den formalen Zusammenhalt aller Bilder noch zu gewährleisten. Dennoch: Über das gleiche Bildformat, gleiche Abbildungsgröße sowie gleichbleibende Aufnahmerichtung läßt sich auch dieses Problem bewältigen.

### *f) Beispiel: Bildergeschichten*

Hier sind nicht die sogenannten Fotocomics oder Fotoromane gemeint, die hin und wieder in Illustrierten zu sehen sind. Diese haben einen sehr eigenständigen Charakter und große Nähe zum Film. Im Beispiel »Bildergeschichten« geht es darum, in wenigen Fotos ein Stück »Lebensgeschichte« anzudeuten. Etwa: Sie fotografieren aus Ihrem Fenster auf die Straße hinunter. Zwei Personen kommen aus verschiedenen Richtungen aufeinander zu, begrüßen sich, bleiben beieinander stehen, verabschieden sich, gehen in verschiedene Richtungen auseinander und sind schließlich außerhalb des Blickfeldes der Kamera (6–8 Fotos). Zugegeben, die Geschichte ist sehr einfach, vielleicht sogar banal, aber es müssen ja nicht gleich Völkerschlachten sein, die man in Bilderserien darstellen will. Wichtig ist, daß dem Betrachter genügend Spielraum zum Nachdenken bleibt und daß seine Phantasie angeregt wird, wie z. B. in der abgebildeten Serie des biertrinkenden Jungen (Abb. 108). Man kann sich nur vorstellen, was im Blickwinkel des Kindes passiert. Es scheint nichts Interessantes zu sein. Der Eindruck der Langeweile und Monotonie wird durch die bewußte Wiederholung einzelner Bilder unterstützt. Durch die sorgfältig gewählte Zusammenstellung der Bilder werden Ursachen für den Alkoholkonsum bei Kindern angedeutet. Jeder Leser mag die Serie weiter für sich interpretieren. Die Aufnahmen entstanden übrigens in einer ganz anderen Reihenfolge. Für die Serie wurde nur eine kleine Auswahl der belichteten Fotos genutzt, um die Bildidee zu verdeutlichen. Daran zeigt sich, daß die Konkretisierung solcher Bildsequenzen

108 Ein kleiner Junge trinkt aus einer Bierflasche. Zur Verstärkung der Aussage wurden einige Bilder in der Serie wiederholt.

auch erst im Nachhinein geschehen kann. Meist wird man Bildergeschichten entweder arrangieren müssen, oder aber ihre Entstehung bleibt dem Zufall überlassen; denn wer weiß schon im voraus, wie ein Geschehen ausgehen wird, wenn er es fotografierend mit der Kamera beobachtet und in einzelnen Phasen festhält.

# 7 Der Nahbereich

Als Nahaufnahmen werden allgemein jene Fotos bezeichnet, für die die konventionelle Einheit Kameragehäuse – Objektiv nicht mehr ausreicht, da der Abstand zwischen Motiv und Kamera geringer ist als die kleinstmögliche Entfernungseinstellung. Es handelt sich dabei um Abbildungsmaßstäbe von 1 : 10 bis 10 : 1 und kleiner, wobei Verkleinerungsmaßstäbe bis 1 : 1 den Nahbereich beschreiben, Vergrößerungsmaßstäbe ab 1 : 1 bezeichnen den Makrobereich (oder Lupenbereich).

## *a) Abbildungsmaßstab*

Der Abbildungsmaßstab beschreibt die Größe der Objektabbildung auf dem Film im Verhältnis zur realen Objektgröße. Wird ein Insekt von 18 mm Länge formatfüllend auf einem Kleinbildnegativ (von 36 mm Länge) wiedergegeben, so wird es zweifach vergrößert, der Abbildungsmaßstab beträgt 2 : 1. Es gilt die Gleichung:

$$\text{Abbildungsmaßstab} = \frac{\text{Bildgröße}}{\text{Objektgröße}} = \frac{36\ \text{mm}}{18\ \text{mm}} = 2 : 1$$

Zweckmäßigerweise hält man dazu ein Lineal in den Schärfebereich. Da der Sucher das Filmformat (beinahe vollständig) wiedergibt und damit die Bildgröße bekannt ist, braucht der in der gesamten Sucherlänge abgebildete Teil der Linealskala nur abgelesen und durch die Längsseite des Filmformats geteilt zu werden. Diese Methode ist natürlich nur bei einäugigen Spiegelreflexkameras und bei Großformatkameras möglich (Abb. 109).

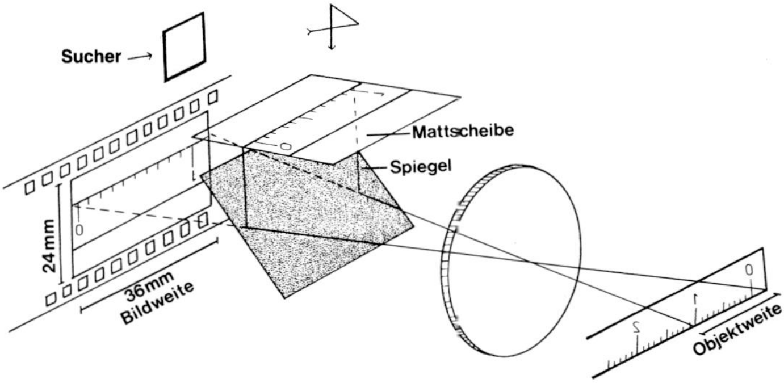


109 Indem man die Negativlänge (Bildweite) durch die Motivlänge (Objektweite) teilt, erhält man den Abbildungsmaßstab (hier 3:1). Natürlich kann statt der Länge auch die Höhe oder die Fläche gemessen werden.

Gerade bei Nahaufnahmen, die nicht in rein künstlerischer Absicht gemacht sind – also besonders in der wissenschaftlichen und dokumentierenden Fotografie –, ist die Kenntnis des Abbildungsmaßstabes wichtig. Ohne ihn können keine Rückschlüsse auf die natürliche Größe des Bildobjekts gezogen werden. Zugleich beeinflußt er die Wahl des Zubehörs, und der Schärfebereich ist von ihm ebenso abhängig wie eine gegebenenfalls notwendige Belichtungskorrektur.

## *b) Zubehör*

*Vorsatzlinsen (Menisken):*
Sie sind eigentlich nichts anderes als Brillengläser für Weitsichtige. Es gibt sie in verschiedenen festen Stärken, sogar als variable Zoomvorsätze, die in Dioptrien angegeben werden. (Dioptrien sind Meßeinheiten, die die Brechkraft von Linsen oder Linsensystemen angeben.) Vorsatzlinsen können auch bei Sucherkameras ohne Wechselobjektiv eingesetzt werden; Probleme können dann allerdings mit der Paralaxe (angestrebte Übereinstimmung von Sucher- und Bildfeld) auftreten. Zur modifizierten Entfernungseinstellung

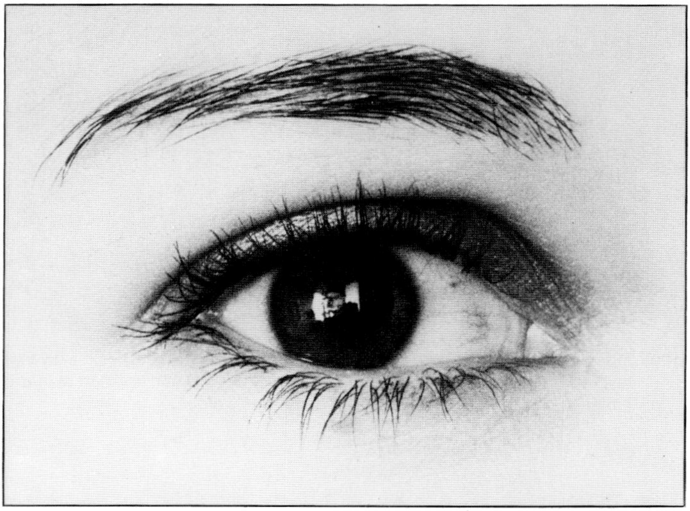

110 Nahaufnahme. Maßstab 1:1,5, Zwischenring mit 50 mm-Objektiv.

liegt den Menisken eine Tabelle bei. Bei Spiegelreflexkameras kann die Schärfe natürlich im Sucher kontrolliert werden. Vorsatzlinsen vor einem Normalobjektiv erlauben einen Abbildungsmaßstab bis ca. 1 : 1. Eine Belichtungskorrektur ist nicht notwendig. Um entstehende Randunschärfen auszugleichen, sollte bis mindestens Blende 5,6 abgeblendet werden. Die Schärfeleistung kann dann erstaunlich gut sein.

*Objektivkopplung:*
Um ohne viel Zubehör in den Makrobereich vorzustoßen, kann man zwei Objektive unterschiedlicher Brennweite an den Filtergewinden mit Kopplungsringen verbinden und das Objektiv mit der längeren Brennweite an die Kamera anschließen. Man erhält zwar nur einen, aber dafür unter Umständen einen ganz ansehnlichen Abbildungsmaßstab. Dieser wird errechnet, indem man die längere durch die kürzere Brennweite teilt (die Kopplung z. B. eines 200 mm-Tele- und eines 50 mm-Normalobjektivs ergibt: 200 : 50 = 4 : 1).

*Zwischenringe (Tuben):*
Die Ringe unterschiedlicher Stärke werden zwischen Kamera und Objektiv eingesetzt und verlängern so den Auszug des Objektivs. Es gibt sie ohne und mit Übertragungseinrichtungen von Blenden- und Automatikfunktionen. Zwischenringe erlauben je nach Ringkombination verschiedene starre Abbildungsmaßstäbe.

*Balgengeräte:*
Im Gegensatz zu den starren Tuben erlauben diese Geräte kontinuierliche und feinste Übergänge zwischen den verschiedenen Abbildungsmaßstäben (vgl. Abb. 111). Wie bei den Zwischenringen ist die Übertragung von Objektivfunktionen möglich. Ebenso notwendig ist aber auch eine Belichtungskorrektur, die bei TTL-Messung automatisch mitgemessen wird. Ab Abbildungsmaßstäben von 1 : 1 empfiehlt es sich, das Objektiv in Retrostellung (also mit der Frontseite zur Kamera hin) über einen Umkehrring an das Balgengerät anzuschließen, um die optische Qualität zu erhalten. Allerdings ändert sich durch die Umkehrung ebenfalls der Abbildungsmaßstab geringfügig. An Balgengeräten und Zwischentuben können Objektive sämtlicher Brennweiten angeschlossen werden, mit Ausnahme kürzerer Weitwinkelobjektive. Eine hohe Schärfe bieten auch Vergrößerungsobjektive aus der Dunkelkammer.

Bei gleichem Abbildungsmaßstab verändert sich mit Variation der Brennweite die Aufnahmedistanz (genauer gesagt: die Gegenstandsweite; sie reicht vom Motivobjekt bis zu der sogenannten Hauptebene, einer Ebene innerhalb des Objektivs):

*Veränderungen der Gegenstandsweite (Aufnahmedistanz) bei verschiedenen Brennweiten in Millimeter:*

| | | | *Brennweite* | | |
|---|---|---|---|---|---|
| *Maßstab* | 35 mm | 50 mm | 80 mm | 135 mm | 200 mm |
| 1 : 5 | 210 | 300 | 480 | 810 | 1200 |
| 1 : 2 | 105 | 150 | 240 | 405 | 600 |
| 1 : 1 | 70 | 100 | 160 | 270 | 400 |
| 2 : 1 | 52 | 75 | 120 | 202 | 300 |
| 5 : 1 | 42 | 60 | 96 | 162 | 240 |

a

111 a–d Die Fotos der Schreibmaschinentypen zeigen jeweils das volle 24 × 36 mm-Negativformat: a) Maßstab 1 : 3, Balgengerät, 180 mm-Objektiv, 1/8 s, Bl. 8 – b) Maßstab 1:1, Balgengerät, 50 mm-Objektiv, 1/4 s, Bl. 8 – c) Maßstab 3:1, Balgengerät, 35 mm-Objektiv in Retrostellung, 1 s, Bl. 8 – d) Maßstab 6:1, Balgengerät, 35 mm-Objektiv in Retrostellung, 3 s, Bl. 8.

c

b

d

Die größere Aufnahmedistanz bei Teleobjektiven macht man sich z. B. bei Nahaufnahmen von Kleintieren zunutze, die die Kameranähe nicht vertragen würden. Die Aufnahmedistanz wird auch als Arbeitsabstand oder Fluchtdistanz bezeichnet.

*Makroobjektive:*
Während die üblichen Aufnahmeobjektive für große Aufnahmeentfernungen optimiert sind, bringen Makroobjektive ihre beste Leistung bei Abbildungsmaßstäben im Nahbereich. Dabei ist zu unterscheiden zwischen echten Makroobjektiven und Objektiven mit zusätzlicher Makro-Einstellmöglichkeit. Bei den letztgenannten ist im ungünstigsten Fall nur die Einstellschnecke des Objektivs verlängert. Eine bessere Leistung im Nahbereich zeigen die echten Makroobjektive, die genau auf den Nahbereich berechnet sind. Aufnahmen von 1 : 10 bis 1 : 1 sind *stufenlos* unter Beibehaltung sämtlicher Automatikfunktionen der Kamera möglich. Makroobjektive können mit Balgengeräten oder Zwischenringen kombiniert werden.

*Lupenobjektive:*
Um bei Vergrößerungsmaßstäben von 8 : 1 und größer noch einwandfrei scharfe Fotos zu bekommen, werden spezielle kurzbrennweitige Lupenobjektive angeboten, die für kurze Aufnahmedistanzen und lange Auszüge (Balgengerät) berechnet sind. Vielfach sind sie in einem schlanken Stutzen montiert, um ausreichend Spielraum für das Aufnahmelicht zu lassen.

### *c) Aufnahmeprobleme*

Die Wiedergabe kleiner und kleinster Dinge in großen Maßstäben macht zweifelsohne ein enormes Vergnügen, doch leider werden mit zunehmendem Eindringen in die Makrowelt die Aufnahmeprobleme immer größer. Hier kann nur auf einige Schwierigkeiten hingewiesen werden, die aber durchaus zu bewältigen sind.

*Schärfebereich:*
Schon bei der Diskussion der Schärfe (Kap. II 2 d) war auf den kleiner werdenden Schärfebereich bei abnehmender Aufnahmedistanz hingewiesen worden. Dies wird im Nahbereich deshalb zum

wirklichen Problem, weil der Schärfebereich hier unter Umständen nur noch Bruchteile von Millimetern beträgt. Wichtig ist, daß bei Nahaufnahmen durch Verlängerung des Objektivauszugs der Bereich der Schärfe unabhängig von der angesetzten Brennweite ist, er wird lediglich durch Blende und Abbildungsmaßstab bestimmt. Die nachfolgende Tabelle gibt über die entsprechenden Schärfebereiche in Millimeter Auskunft:

| | *Blende* | | | | | |
|---|---|---|---|---|---|---|
| *Maßstab* | 5,6 | 8 | 11 | 16 | 22 | 32 |
| 1 : 8 | 26,6 | 38 | 52 | 76 | 105 | 152 |
| 1 : 6 | 15,5 | 22,2 | 30,5 | 44 | 61 | 89 |
| 1 : 4 | 7,4 | 10,6 | 14,6 | 21,1 | 29 | 42 |
| 1 : 3 | 4,4 | 6,3 | 8,7 | 12,7 | 17,4 | 25,3 |
| 1 : 2 | 2,3 | 3,3 | 4,4 | 6,3 | 8,7 | 12,7 |
| 1 : 1 | 0,74 | 1,06 | 1,46 | 2,11 | 2,90 | 4,22 |
| 2 : 1 | 0,28 | 0,40 | 0,54 | 0,79 | 1,09 | 1,58 |
| 3 : 1 | 0,16 | 0,23 | 0,32 | 0,40 | 0,65 | 0,95 |
| 4 : 1 | 0,12 | 0,16 | 0,23 | 0,34 | 0,45 | 0,66 |
| 6 : 1 | 0,07 | 0,10 | 0,14 | 0,21 | 0,28 | 0,41 |
| 8 : 1 | 0,05 | 0,07 | 0,10 | 0,15 | 0,20 | 0,30 |

Dabei wird offensichtlich, wie schnell ein Objekt aus der Schärfeebene geraten kann. Ein Luftzug oder ein winziges Verrücken der Kamera reichen aus, um das Motiv in völliger Unschärfe versinken zu lassen.

*Blende:*
Mit der Blende läßt sich zwar der Schärfebereich erweitern, aber ein allzu starkes Abblenden kann sich durch Zunahme der allgemeinen Unschärfe als ungünstig erweisen. So sollte z. B. beim Maßstab von 2 : 1 nicht weiter als bis Blende 11, bei 8 : 1 sogar nicht weiter als bis Blende 4 abgeblendet werden.

*Verwacklungsgefahr:*
Winzige Bewegungen reichen aus, um im Nahbereich die Motive verwackelt wiederzugeben. Es ist darum notwendig, die kürzest-

112 Tiere sind ein besonders lohnenswertes Objekt für Nahaufnahmen. Bei den meisten Kleintieren kann man auch ohne Bedenken blitzen. Maßstab 1:3, Zwischenring, 105mm-Objektiv.

mögliche Verschlußzeit zu wählen, zu blitzen oder aber starre Motive auf einem Objektträger zu befestigen, der mit Kamera und Objektiv zu einer Einheit verbunden ist. Notwendig ist jedenfalls ein wirklich stabiles Stativ und ein Drahtauslöser.

*Belichtungskorrektur:*
Da sich mit zunehmender Auszugsverlängerung die effektive Lichtintensität verringert, ist eine entsprechende Belichtungszugabe notwendig. Diese wird natürlich bei TTL-Messung automatisch berücksichtigt.

Für andere Belichtungsmeßmethoden hier eine entsprechende (vereinfachte) Rechenformel:

$$\text{Verlängerungsfaktor} = (\text{Abbildungsmaßstab} + 1)^2$$

Die mit dem externen Belichtungsmesser gemessene Zeit ist mit diesem Faktor zu multiplizieren (zur Umrechnung von Verlängerungsfaktoren in Blendenwerte vgl. Kap. II 4 g).

## *d) Blitzen*

Um Bewegungen festzuhalten (z. B. von Insekten) oder dem Verlust an Lichtintensität entgegenzuwirken, wird man im Nahbereich häufig blitzen müssen. Auch in diesem Fall gelten andere Gesetze. Die Arbeitsweise der Blitzgeräte ist nur bis auf ca. 1 m berechnet, bei geringeren Blitzentfernungen stimmt der beschriebene Zusammenhang von Blende, Leitzahl und Entfernung nicht mehr (vgl. Kap. II 4 f). Um aufwendige Rechnereien zu vermeiden, hat es sich bewährt, entweder den Blitz mindestens 1 m vom Objekt entfernt aufzustellen oder aber den Blitz über einen kleinen Neiger direkt am Objektivkopf zu befestigen (Zubehör: Novoflex Blitzhalter). Bei der letzteren Methode wird die Blende eingestellt, die über die

113 Das Foto zeigt einen älteren Computerchip, wie er ähnlich auch in Kameras verwendet wird. Dieser Mikrocomputer ist nur 1 × 1 mm groß. Mit bloßem Auge sind die Schaltbahnen nicht zu erkennen. Balgengerät plus Zwischenringe, 35 mm-Objektiv in Retrostellung. Schärfebereich und Verwackelung werden bei solchen Vergrößerungen zum schwierigen Problem.

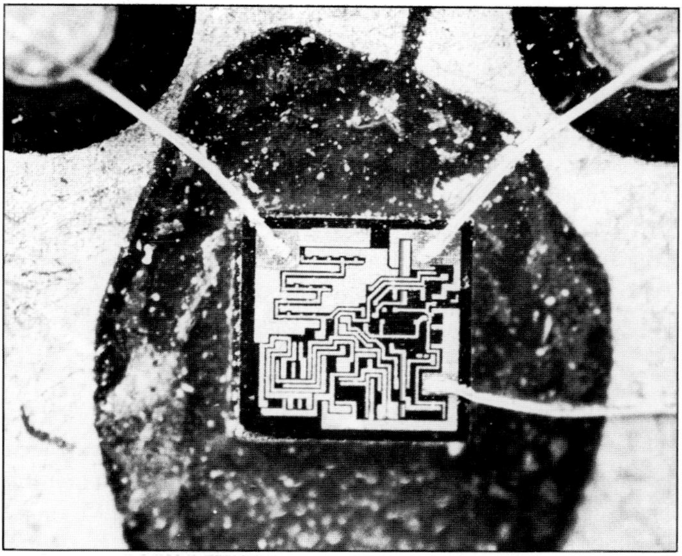

114 Computerblitze eignen sich für Nahaufnahmen besonders dann, wenn sie einen externen Sensor besitzen, der direkt auf das Motiv ausgerichtet werden kann. Das Kameraobjektiv auf dem Foto befindet sich in Retrostellung.

Leitzahlformel (Einstellscheibe des Blitzgerätes) für 1 m Entfernung ermittelt wurde. Bei zunehmender Auszugsverlängerung kommt auch der Blitz immer näher an das Objekt. Die notwendige Belichtungskorrektur wird durch die mit geringer werdender Blitzentfernung zunehmende Lichtintensität kompensiert. Nachteil: Die Methode ist nur bis etwa 10 cm Fluchtdistanz brauchbar, die Leitzahl des Blitzgerätes darf nicht zu hoch sein, die Objektivbrennweite muß 50–100 mm betragen. Ähnliches funktioniert auch, wenn das Blitzgerät auf der Kamera sitzt. Um eigene Versuche kommt man aber nicht herum.

*Computerblitz:*
Bei Verwendung eines Computerblitzes und der obigen Methode ist das Gerät auf »manuell« umzuschalten. Will man die Computersteuerung des Blitzgerätes nutzen, bestehen zwei Möglichkeiten. Bei einigen der modernsten Blitzgeräte und Kameras mit Blitzauto-

matik wird die Leuchtzeit des Blitzes über die Belichtungsmessung der Kamera gesteuert (vgl. Kap. II 4f.). Da »durch das Objektiv« (TTL) gemessen wird, ist die Auszugsverlängerung automatisch mitberücksichtigt. Im übrigen gibt es zu verschiedenen komfortableren Blitzgeräten auch externe Makrosensoren als Zubehör, die vorne auf die Objektivfassung gesteckt werden (vgl. Abb. 114).

Ist diese TTL-Messung nicht möglich, kommt man um ein wenig Rechnerei nicht herum. Da der Sensor des Computerblitzgerätes die richtige Lichtmenge immer nur für die normale Objektivblende ohne Auszugsverlängerung ausmißt, muß er für den Nahbereich überlistet werden. Dazu folgendes Beispiel: Unser Motiv hat eine Objektlänge von 36 mm, das ergibt einen Abbildungsmaßstab von 1 : 1 und damit einen Verlängerungsfaktor von 4. (Multipliziert man eine Belichtungszeit mit 4, so entspricht dies einer Verlängerung von 2 Zeitstufen oder einer zusätzlichen Objektivöffnung um 2 Blendenstufen.) Da die Verschlußzeit wegen der Kamerasynchronisation feststeht, bleibt nur die Veränderung über die Blende. Wenn Sie durch einen Probeblitz nach der Blitzkontrollanzeige feststellen, daß Sie ohne Auszugsverlängerung das Motiv mit Blende 11 fotografieren könnten, muß folglich bei obiger Auszugsverlängerung die Blende der Kamera um die erforderlichen zwei Stufen geöffnet werden, also auf Kamerablende 5,6. Die Einstellung auf der Steuerungsscheibe des Blitzes bleibt aber auf Blende 11. (Auch hier empfiehlt es sich – nicht nur wegen möglicher Auswirkungen des Ultrakurzzeiteffektes – Kontrollbelichtungen von ± 1 Blende durchzuführen.)

Um die kleine Kamerablende des großen Schärfebereichs wegen zu erhalten, kann alternativ zur ersten Methode der Blitz natürlich auch manipuliert werden, für zwei Blenden zusätzliches Licht zu geben. Da zwei Blendenstufen einer Veränderung der Filmempfindlichkeit um 6 DIN entsprechen, wird dem Computer vorgegaukelt, der Film sei um 6 DIN weniger empfindlich, so daß die abzustrahlende Leuchtintensität entsprechend höher sein muß. Unter der Annahme, daß sich bei unserem Beispiel ein Film von ISO 100/21° in der Kamera befindet, bleiben Kamera- und Blitzeinstellung auf Blende 11 bestehen. Die zwei Blendenstufen für die Auszugsverlängerung werden durch eine Veränderung der Einstel-

115 Tropfen, der auf die Wasseroberfläche fällt. Scharfe Abbildungen sind nur mit der Kurzzeit des Computerblitzes möglich. Allerdings benötigt man außerdem eine Portion Glück, um den richtigen Moment zu treffen.

lung der Filmempfindlichkeit am Blitzgerät auf ISO 25/15° kompensiert. Voraussetzung ist natürlich ein Computerblitzgerät, das über mehrere Arbeitsblenden verfügt. Dabei ist darauf zu achten, daß bei der Manipulation der Filmempfindlichkeit sich die Arbeitsblende (hier Blende 11) nicht gleichzeitig verstellt.

Bei Blitzgeräten mit nicht variablem Reflektor besteht bei Aufnahmen im Nahbereich die Gefahr, daß das Meßfeld des Sensors nicht mehr mit dem Bereich, den der Blitzwinkel ausleuchtet, übereinstimmt. Manchmal hilft dann eine Streuscheibe. Generell ist beim Blitzen im Nahbereich eine sehr genaue Ausrichtung von Blitz und Sensor notwendig.

### *e) Vergrößerungsmaßstab*

Die Abbildungsmaßstäbe, wie sie bisher angeführt worden sind, beziehen sich selbstverständlich immer nur auf die Abbildung des Objekts auf dem Film. Dies bedeutet, daß bei entsprechend vergrößerten Abzügen oder Leinwandprojektionen der effektive Abbildungsmaßstab beinahe beliebig zu vergrößern ist. Ein Beispiel: Die Struktur eines Blattes wird im Maßstab 1 : 1 auf einem Kleinbildnegativ abgebildet. Bei einem Papierabzug auf das Format 10 × 15 cm erweitert sich der effektive Abbildungsmaßstab auf ca. 4 : 1, bei 30 × 40 cm auf 11 : 1, und bei der Projektion auf eine Bildlänge von ca. 1,50 m sogar auf 42 : 1.

Folgende Objekte und Bereiche eignen sich für die Nahbereichsfotografie besonders: Insekten, Blumen (Farbabb. 33), Blätter (Farbabb. 14), Wassertropfen (Abb. 125), Schnee- und Eiskristalle, Details, Strukturen, Reproduktionen kleiner Vorlagen.

### *f) Beispiel: Dias duplizieren*

Das Herstellen von Diakopien verbindet Methoden der Makrofotografie und der Reproduktionstechnik. Im Regelfall wird man Duplikate im Maßstab 1 : 1 herstellen. Die Möglichkeit, auch aus Dias Ausschnitte zu gewinnen, wird leider zu häufig gar nicht genutzt.

Allerdings bedeutet eine Beschränkung auf Diavorlagen und Diaaufnahmematerial eine unnötige Einschränkung. Von Dias lassen sich Color-, aber auch ausgezeichnete Schwarzweißnegative herstellen. Andersherum lassen sich Schwarzweißnegative als Originale mit Filtern in farbig interessante Dias umwandeln. Indem zwei oder mehr Vorlagen nacheinander auf denselben Film kopiert werden, entstehen raffinierte Doppel- oder Dreifachbelichtungen. Durch Korrekturfilter beim Duplizieren lassen sich auch leichte Farbstiche beseitigen.

Neben dieser Vielfalt von Möglichkeiten soll der ursprüngliche Gedanke, Kopien von den – immerhin einmaligen Dias zu erhalten – nicht vergessen werden. Von einem Negativ können beliebig viele Abzüge erstellt werden. Das einmalige Dia aber wird projiziert, in Magazine umgefüllt, eventuell verschickt und geht dabei durch viele Hände. Eine Beschädigung bei dieser großen Beanspruchung ist praktisch nicht rückgängig zu machen. Es gibt daneben aber sicher noch zahlreiche weitere Gründe, von seinen wichtigsten Dias Kopien herzustellen.

Weil mindestens der Maßstab 1 : 1 erreicht werden muß, ist für das Duplizieren entsprechendes Makrozubehör notwendig. Einige unterschiedliche Methoden sollen im folgenden vorgestellt werden.

*Konstruktionen im Eigenbau:*
Das Originaldia wird dabei mit Klebestreifen an einer Fensterscheibe befestigt und rundherum mit mindestens 10 cm breiten schwarzen Papierstreifen abgeklebt, um Streulicht zu vermeiden (Abb. 116). Der Hintergrund sollte farblich neutral sein; er liegt zwar außerhalb des Schärfebereiches, doch kann eine Farbdominante – etwa eine grüne Wiese – zu einem Farbstich im Duplikat führen.

Es gibt zahlreiche Amateure, die einen vergleichbaren Aufbau mit einer Glasscheibe auf zwei Bücherstapeln und einer darunter angebrachten Lampe erreichen. Das durchleuchtete Dia kann dann mit Kamera, Zwischenring oder Balgengerät und Objektiv z B. bei einer Gegenstandsweite von 100 mm (bei 50 mm Brennweite) vom Stativ aufgenommen werden. Beim Einstellen ist zu beachten, daß der Kamerasucher nur etwa 90 % des Motivs zeigt.

116
Wer selten Dias kopiert, kann sich mit geringem Aufwand selbst helfen. Auf ein dunkles Passepartout geklebt, wird das Dia kurzerhand an der Fensterscheibe befestigt.

*Diakopiergerät:*
Wer häufiger Dias duplizieren will, hat es mit einem der zahlreich angebotenen Diakopiergeräte einfacher (Abb. 117). Es gibt sie in den verschiedensten Ausführungen. Häufig ist ein Balgengerät Voraussetzung. Entscheidendes Auswahlkriterium sollte neben Handhabung und Preis die Möglichkeit sein, Ausschnittvergröße-

117 Ein Diakopiergerät (rechts) wird meistens im Zusammenhang mit einem Balgengerät benutzt (Foto: Novoflex, Memmingen).

rungen herzustellen. Der Kopieransatz wird mit einer Seite am Objektiv befestigt, am anderen Ende befindet sich eine Diahalterung mit Mattscheibe; so ist in jedem Fall für diffuses Licht gesorgt. Der wesentliche Vorteil: Kamera und Dia bilden eine Einheit; Verwakkelungen sind praktisch nicht möglich. Außerdem ist der Einfluß von Streulicht so gut wie ausgeschaltet. Die gesamte Vorrichtung wird durch Tageslicht, Glühlampen oder Blitzlicht durchleuchtet.

*Diaduplikator:*
Mit diesem Gerät ist die Einfachstmethode mit den Bücherstapeln perfektioniert worden. Der Diaduplikator (Abb. 118) ist ein kleiner Leuchtkasten mit eingebautem Dauer- bzw. Einstellicht und Blitzlicht (z. B. Gerät von Multiblitz). Dazu empfiehlt sich eine Stativsäule mit Grundbrett. Die Halterung für den Diarahmen besitzt Aussparungen für einzelne Farbfolienfilter. Mit stufenlos eindreh-

118 Für die regelmäßige Kopierung von Dias lohnt sich die aufwendigere Anschaffung eines Diaduplikators.

baren Filtern und Meßsonde sind Geräte für den professionellen Bereich ausgerüstet, die aber auch mehr als eine komplette hochwertige Kameraausrüstung kosten. Der Vorteil des Diaduplikators liegt in seinem konstanten Licht und der stationären Einrichtung auf einem Tisch.

*Beleuchtung und Belichtung:*
Sicherlich gibt es zahlreiche weitere Möglichkeiten, u. a. mit einem Vergrößerungsgerät, auf die hier nicht näher eingegangen werden soll, aber das Prinzip ist bei allen Methoden gleich: Eine diffus durchleuchtete Vorlage wird in Originalgröße reproduziert. Wenn mit Tages- oder Blitzlicht gearbeitet wird, ist ein Tageslichtfilm, bei Glühlampen ein Kunstlichtfilm zu verwenden. Die korrekte Farbtemperatur des Lichtes spielt dabei eine nicht unwesentliche Rolle. Alle drei Lichtarten besitzen für unsere Aufgabe Vor- und Nachteile. Beim Tageslicht sind wechselnde Farbtemperaturen zu berücksichtigen, Glühlampen (man sollte spezielle Fotolampen oder Opallampen verwenden) strahlen sehr viel Hitze ab, die bei geringer Beleuchtungsdistanz bei den Dias Verformungen und beim Fotografen Schweißtropfen verursachen können. Bei beiden Lichtarten läßt sich aber die Belichtung gut mit dem kameraseitigen Belichtungsmesser ermitteln. Das Blitzlicht schaltet zwar die Nachteile aus, doch reicht die Leuchtzeit weder zum Scharfstellen noch für die Belichtungsmessung (es sei denn, man besitzt eine Kamera mit spezieller Blitzautomatik). Das Scharfstellen könnte mit einer zusätzlichen Lampe als Einstellicht ermöglicht werden. Ohne Blitzautomatik kommt man bei der Belichtungsmessung um einen Probefilm nicht herum. Als Probedia sollte eine durchschnittliche, einwandfrei belichtete Durchsichtsvorlage genommen werden. Bei den handelsüblichen Amateurblitzgeräten liegt die Blitzentfernung je nach Filmempfindlichkeit, Blitzleitzahl, Lichtdurchlässigkeit der Mattscheibe und des Probedias zwischen 20 und 60 cm. Der Blitzcomputer ist dabei abzuschalten.

*Filmmaterial:*
Es soll nicht verschwiegen werden, daß beim Kopieren von Diavorlagen häufig das Problem der Kontraststeigerung auftritt. Da ein Dia

für den Projektionszweck leuchtende Brillanz besitzen muß, ist es sehr kontrastreich. Beim Duplikat wird dieser Kontrastreichtum dann nochmals verstärkt. Die Lichter werden dann möglicherweise aufgefressen, die Schatten laufen zu. Dementsprechend sollten eher weich arbeitende Diafilme verwendet werden. Verbreitet ist auch die Meinung, daß Aufnahmefilm und Originalfilm nicht von demselben Hersteller stammen sollten. Die Begründung liegt in den unterschiedlichen Farbverfahren. Es gibt aber auch Spezialfilme von Kodak, die extra für das Diakopieren hergestellt sind. Diese Ektachrome Slide Duplicating Filme sind je nach Typ für die Belichtung mit Kunstlicht bzw. mit Elektronenblitz ausgelegt. Diakopierfilme arbeiten sehr weich, um die hohen Kontraste des Originaldias aufzufangen. Außerdem ist ihre Empfindlichkeit äußerst gering und liegt unter ISO 12/12°. Für eine farbstichfreie Wiedergabe müssen beim Kopieren Korrekturfilter eingesetzt werden. Solche Filter gibt es im Fachhandel in verschiedenen Abstufungen. Auch der Farbkopf eines Farbvergrößerungsgerätes hilft hier. Man sollte allerdings einen Testfilm einkalkulieren. Dieser etwas aufwendigere Weg rechtfertigt sich aber dadurch, daß man mit etwas Routine Diaduplikate erhält, die vom Original nicht mehr zu unterscheiden sind.

# 8 Die Reproduktion

Unter Reproduktion versteht man im fototechnischen Sinne möglichst originalgetreue Wiedergabe von bereits fertigen Bildvorlagen wie Gemälden, Zeichnungen und Druckgrafiken, Fotos, Briefmarken oder geschriebenen Texten. Durch die fotografische Reproduktion besteht die Möglichkeit, die Bilder von Malern der verschiedensten Epochen und Stilrichtungen nebeneinander zu Hause zu betrachten. Es lassen sich aber auch von Fotos, von denen wir keine Negative besitzen, über die Reproduktion beliebig viele Abzüge herstellen. Dies gewinnt bei vielen Fotografien unserer Großväter ebenso Bedeutung wie bei Sofortbildaufnahmen. In diesem Sinne gehört in den Bereich der Reproduktionsverfahren auch das Duplizieren von Dias, das im vorigen Kapitel detailliert geschildert wurde. Endlich ist nicht zu vergessen, daß die Beherrschung der Reproduktionstechnik auch für künstlerische Fotos wichtig ist, z. B. für die Herstellung von Collagen und Montagen, ebenso für die nachträgliche Verfremdung eines Bildes durch Trickvorsätze oder Filter.

### *a) Geräte und Hilfsmittel*

Prinzipiell eignet sich jeder *Kameratyp,* doch sollte, der originalgetreuen Wiedergabe wegen, das Negativformat möglichst groß sein. Als *Objektive* empfehlen sich besonders Standardbrennweiten und mittlere Teleobjektive; Weitwinkelobjektive führen zu Verzeichnungen. Unerläßlich ist auch hier ein stabiles *Stativ,* ein *Drahtauslöser* und eventuell eine *Wasserwaage.* Zusätzlich benötigt man noch zwei oder vier *Lampen* zum Ausleuchten der Vorlage. Bei besonders kleinen Originalen ist gegebenenfalls *Makrozubehör* notwendig. Ein Reproständer mit stufenloser Höhenverstellung über einen Friktionstrieb und einem Grundbrett mit aufgedrucktem Raster erleichtert die Arbeit ganz erheblich. Bei Kameras mit Autofocus ist das Scharfstellen natürlich kein Thema. Bei der manuellen Scharfeinstellung hilft ein Focussierlicht, das man auf den Sucher setzt. Dieses Hilfsmittel projiziert die Kameramattscheibe mit dem Mikroprisma/Schnittbildindikator auf das Grundbrett. (Einen abgeschwächten Effekt erreicht man auch mit einer Taschenlampe.)

Es sei an dieser Stelle auch erwähnt, daß man sehr gut mit einem *Vergrößerungsgerät* Reproduktionen erstellen kann, sofern man eine entsprechende Reprokassette hat.

Für Reproduktionen hat das *Filmmaterial* sehr feinkörnig zu sein. Sie sollten also keine Filme über ISO 100/21° verwenden. Für Vorlagen nur in Schwarz und Weiß (sogenannte »Strichvorlagen«) ist der Agfaortho 25 als Dokumentenfilm zu empfehlen. Eine Besonderheit ist die Reproduktion von alten braunen Fotos aus Omas Bilderalbum. Zumeist besitzen wir ja keine Negative dieser einmaligen Stücke mehr. Die Fotos können mit Colorfilm, aber auch mit Schwarzweißmaterial reproduziert werden. Die letztere Methode hat den Vorteil, daß durch Vorsetzen eines Orangefilters störende

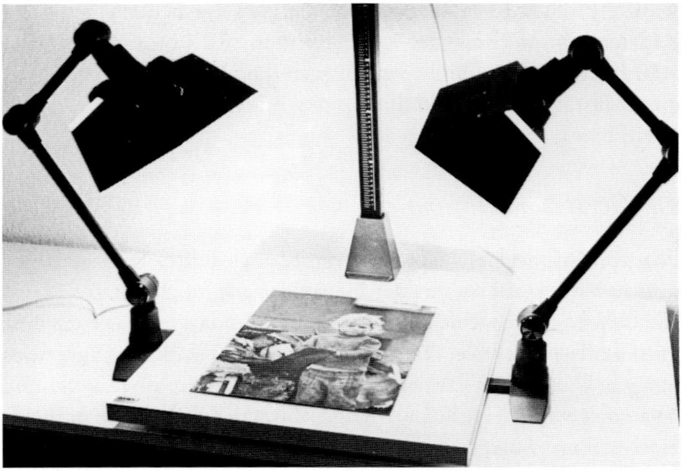

a

119 a und b Die Reprobeleuchtung wird rechts und links vom Grundbrett angebracht (a). Man reproduziert dann entweder mit Glühlampen- oder Blitzlicht oder mit dem Licht genormter Leuchtstoffröhren. Als Focussierhilfe dient eine kleine Lampe, die auf den Kamerasucher gesteckt wird (b). Sie projiziert den Sucherausschnitt samt Scharfeinstellhilfen auf das Grundbrett des Reproständers (Foto: Hama).

b

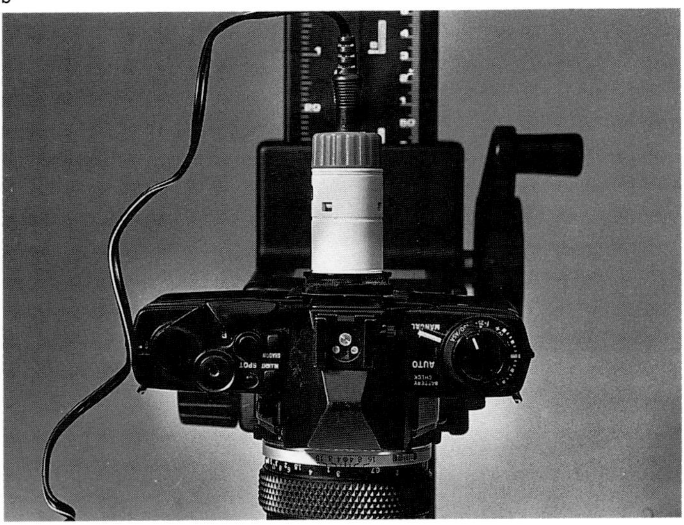

gelbliche Flecken auf den Originalen beseitigt werden. Die schwarzweiße Reproduktion wird anschließend in einer der verschiedenen auf dem Markt befindlichen Brauntonerlösungen wieder braun eingefärbt (vgl. Farbabb. 11).

### *b) Aufbau*

Ob die Vorlage klein oder groß ist, ist vom Arbeitsvorgang her gesehen relativ unbedeutend. Große Vorlagen werden an die Wand gehängt, kleine Originale legt man auf den Tisch oder das Grundbrett des Reprogerätes. Die Kamera wird auf dem Stativ oder an der Säule der Reproeinrichtung befestigt und anschließend auf die Vorlage ausgerichtet. Bei richtiger Anordnung muß der Film in der Kamera ganz exakt parallel zur Ebene der Vorlage liegen. Ist dies nicht der Fall, wird ein rechteckiges oder quadratisches Original

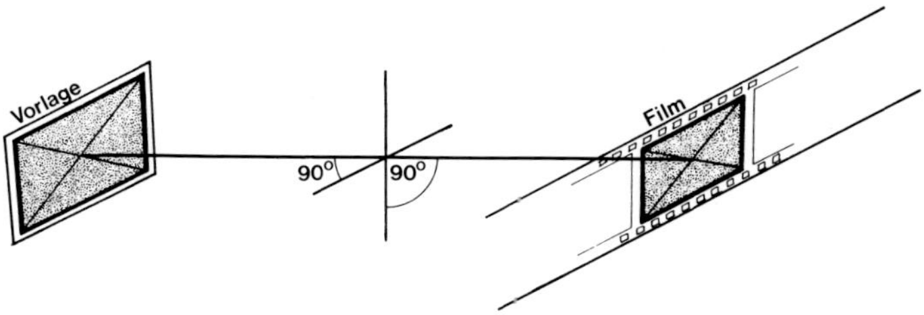


120 Zum nicht zu unterschätzenden Problem kann die genaue Ausrichtung der Kamera auf die Vorlage werden. Die Aufnahmeachse steht senkrecht (im Winkel von 90°) auf dem aufzunehmenden Objekt. Nur dann liegen alle vier Seiten der Vorlage parallel zum Rand des Filmbildes. Im Idealfall ist die Mitte der Vorlage genau im Suchermittelpunkt zu sehen.

zum Trapez (Prinzip der konvergierenden Linien). Eine Kontrolle kann an den Rändern des Sucherbildes durchgeführt werden. Die Ränder der Vorlage müssen parallel zum Sucherrand liegen. Anschließend ist die Vorlage oder die Kamera so zu verschieben, daß das Originalformat auch vollständig auf dem Film abgebildet wird. (Orientierungsmöglichkeit: Der Mittelpunkt der Vorlage soll genau im Mittelpunkt des Suchers liegen; Abb. 120.) Hilfreich bei der sorgfältigen Ausrichtung ist eine Mattscheibe mit Gitterstruktur. Brauchbar sind auch hier die bei der Architekturfotografie erwähnten PC-Objektive, wie überhaupt die Reproduktionstechnik zahlreiche Ähnlichkeiten mit der Aufnahmetechnik der Architekturfotografie aufweist. Bei beiden ist größte Sorgfalt auf das Ausrichten der Kamera zu verwenden.

Da die Vorlagen mit Sicherheit nicht alle dasselbe Seitenverhältnis wie die Negativformate besitzen, bleibt meist ein ungenutzter Rand auf dem Film. Bei Dias wirkt dies natürlich störend. Man kann diesen Rand zwar abkleben, aber besser ist es, bereits bei der Aufnahme Ränder, Kanten und Schriften – etwa bei der Reproduktion aus einem Buch – mit mattschwarzem Karton abzudecken.

*Reprobeleuchtung:*
Bei der Beleuchtung ist ein gewisser Aufwand unerläßlich, denn die gleichmäßige Ausleuchtung ist Voraussetzung für eine gute Reproduktion. Da das gleichmäßigste Licht aber das Tageslicht ist, hat man es draußen bei leicht bewölktem Himmel meist am einfachsten. Oft werden aber Reproduktionen in Innenräumen bei künstlichem Licht hergestellt. Dabei sind rechts und links von der Kamera Beleuchtungen anzubringen, die die Vorlage etwa im Winkel von 20–45° ausleuchten. Die Lichtquellen müssen bei gleicher Wattleistung gleich weit von der Vorlage entfernt sein. Arbeitet man mit Glühlampen, sind Mattglaslampen zu verwenden, da Klarglaslampen Muster erzeugen. Auch Halogenspots sind nur selten geeignet. Neonlampen geben ein gutes, diffuses Licht, auch Blitzgeräte sind möglich. Um zu kontrollieren, ob die Ausleuchtung wirklich gleichmäßig ist, hilft ein Bleistifttrick: Ein Bleistift o. ä. wird mit seinem stumpfen Ende senkrecht auf die Mitte der Vorlage gestellt oder gehalten (Abb. 121). Die Schatten nach beiden Seiten müssen nun gleichlang und gleichdunkel sein. Genau hinschauen, das Auge neigt dazu, Helligkeitsunterschiede auszugleichen! Eine Alternative ist die sogenannte Telelichtbeleuchtung. Dabei reicht auch eine einzige kräftige Lampe aus, die in großer Entfernung im Winkel von etwa 45° zur Aufnahmeachse aufgestellt wird und auf den am weitesten entfernten Punkt der Vorlage auszurichten ist. Somit entspricht das Telelicht vom Beleuchtungsprinzip her dem Sonnenlicht.

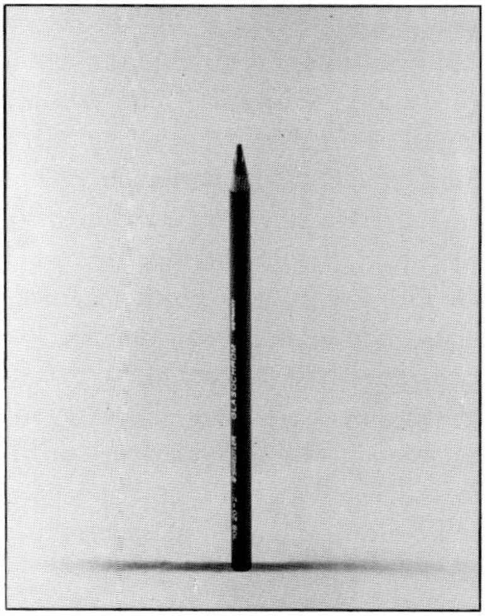

121 Mit der Bleistiftprobe läßt sich feststellen, ob die Vorlage gleichmäßig ausgeleuchtet ist. Die Schatten des Schreibgerätes müssen auf beiden Seiten gleich sein.

Bei Reproduktionen auf Farbfilm ist die Farbtemperatur der Reprobeleuchtung zu berücksichtigen (s. S. 134ff.). Glühlampenlicht erfordert Kunstlichtfilm oder Tageslichtfilm mit abgestimmtem Konversionsfilter. Blitzlicht hat Tageslicht-Farbtemperatur ebenso wie besonders genormte Spezial-Leuchtstoffröhren. Die Wiedergabe einzelner Farbtöne ist bei Colorfilmen nicht immer exakt. Für hochwertige Farbreproduktionen sind daher Film- und Belichtungstests unerläßlich.

Gerade wegen der Schwierigkeit von Colorreproduktionen sei an dieser Stelle nochmals auf die Methode hingewiesen, eine Farbskala und/oder Graukarte gleichzeitig aufzunehmen (vgl. Kap. IV 1 d). Es ist dann wesentlich einfacher, Farbverschiebungen nachzuweisen und zu kontrollieren. Dabei sollte unbedingt das Raumlicht ausgeschaltet sein, denn die Einflüsse von gemischtem Licht lassen sich kaum korrigieren; die ausschließliche Beleuchtung durch bewußt eingesetzte Reprolampen ist aber für den Schwarzweißbereich genauso wichtig. Die durch einfallendes Tageslicht oder helles Raumlicht erzeugten Beleuchtungsverschiebungen und Reflexe übersieht das Auge beim Reproduzieren leicht.

*Belichtungsmessung:*
Zur Ermittlung der richtigen Belichtung sollten Sie sich nicht nur auf eine bloße Objektmessung beschränken. Genauere Ergebnisse bringt häufig die Lichtmessung oder eine Ersatzobjektmessung. Im übrigen empfiehlt sich auch hier die Methode, die Belichtung einzukreisen. Bei Reproduktionen von Texten in Schwarzweiß oder Zeichnungen muß die Blende um 1–3 Stufen, zusätzlich zum Wert der Objektmessung, geöffnet werden. Da bei der Reproduktion mit Stativ und starren Objekten als Vorlage gearbeitet wird, ist die Belichtungszeit variabel. Außerdem handelt es sich bei den Vorlagen in der Regel um plane Objekte, so daß vom Gesichtspunkt des Schärfebereichs auch die Blende beliebig offen sein kann. Weil jedoch bei Reproduktionen höchste Detailschärfe erwartet wird, sollte die Belichtung auf einen mittleren Blendenwert abgestimmt sein.

*Reflexe:*
Bei Bildern hinter Glas, glänzenden Fotos oder Kunstdrucken auf Hochglanzpapier wird Sie das Problem der Reflexion beschäftigen. Es kann geschehen, daß sich die Aufnahmekamera, der Fotograf, ja sogar der gesamte Raum auf der glänzenden Vorlage spiegeln und so ein Doppelbild entsteht. Diese Spiegelungen werden immer dann auftreten, wenn der Aufnahmeraum nicht abgedunkelt ist. Es spiegeln sich nämlich nur jene Dinge z. B. im Glas eines Bilderrahmens, die selbst hell, also beleuchtet sind. Aber selbst bei dunkler Umgebung kann die Kamera im Glas widergespiegelt werden. Entweder befinden sich dann Kamera und Lampen auf gleicher Höhe, so daß die Randstrahlen der Scheinwerfer die Kamera noch beleuchten, oder die Reflexion von der Vorlage ist so stark, daß zuviel Licht in den Raum abgestrahlt wird (Abb. 122).

Was ist dagegen zu tun? Eine Möglichkeit besteht darin, den Aufnahmeabstand entscheidend zu vergrößern. Entsprechend dazu muß eine längere Brennweite eingesetzt werden. Diese Methode führt in der Regel zu gutem Erfolg. Häufig läßt sich aber das Raumlicht nicht ganz ausschalten (etwa bei Aufnahmen in Museen). Dann gilt es, die Spiegelungen auf das Minimalste zu reduzieren. Dazu schneidet man aus einem sehr großen schwarzen Karton in der

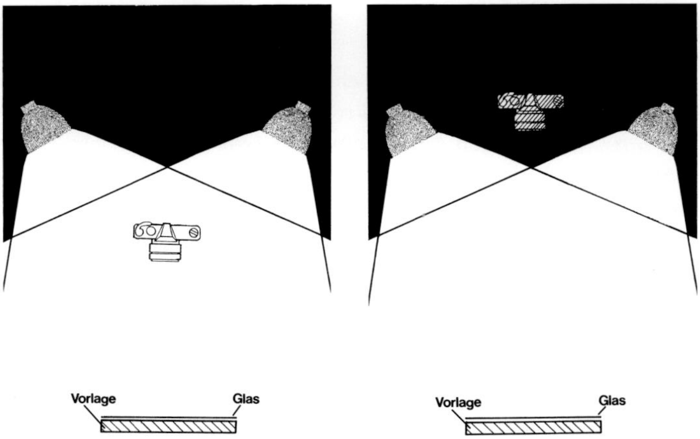


122 Befindet sich die Kamera im Lichtfeld, kann sie unter Umständen soviel Licht reflektieren, daß sie sich in der Glasscheibe, die auf der Vorlage liegt, spiegelt. Besser ist es, die Kamera hinter den Scheinwerfern anzuordnen.

Mitte ein kleines Loch für das Objektiv heraus. Der Karton wird vor die Kamera gehalten, und durch die Öffnung wird fotografiert. Die Schwärze des Kartons absorbiert sämtliche Reflexionsstrahlen. Einzig die hellen Stellen auf dem Objektiv könnten sich jetzt noch widerspiegeln. Ein Polfilter läßt sich hier nicht anwenden, da dieser Filter ja kein senkrecht reflektiertes Licht verschwinden läßt.

Während Spiegelungen noch einfach zu beseitigen sind, sind Reflexionen, die beispielsweise durch glänzende, nicht völlig plan liegende Vorlagen entstehen, schwieriger zu vermeiden. Versuchen Sie zunächst, durch eine aufgelegte reflexschluckende Glasscheibe (Antireflex-Glas) eine Planlage zu erreichen. Zusätzlich können Sie auch den Beleuchtungswinkel verändern. Hier hilft häufig ein Polfilter, zahlreiche Lichtreflexe abzuschwächen. Eine weitere Überlegung soll hier nur angedeutet werden: Sowohl vor das Aufnahmelicht wie vor die Kamera ist jeweils ein Polarisationsfilter zu schalten. Stehen diese in bestimmter Stellung zueinander, wird das Licht soweit polarisiert, daß fast sämtliche Reflexe verschwinden. Mögliche Nebenwirkung: Die Farben der Vorlage leuchten in übertriebener Brillanz auf.

### *c) Beispiel: Bildschirmfotos*

Das Abfotografieren eines Fernsehbildschirms oder eines Computermonitors ist zwar ein wenig kreativer Vorgang, es mag aber für den einen oder anderen Anlaß notwendig sein:

Stellen Sie dazu die Kamera auf ein Stativ; die Aufnahmeachse *muß senkrecht* auf die Mitte des Bildschirms gerichtet sein. Hier ist große Sorgfalt angebracht, da es ansonsten sehr leicht zu Verzeichnungen kommt. Mindern Sie den Bildkontrast etwas, sonst werden die Fotos später zu kontrastreich. Bei der Aufnahme ist der Raum völlig abzudunkeln, sonst sind Spiegelbilder und Reflexe auf der Scheibe des Bildschirms unvermeidlich. Da der Bildschirm eine Wölbung besitzt, ist soweit abzublenden, daß der Schärfebereich auch für die Bildränder ausreicht, empfehlenswert ist mindestens Blende 4.

Die Belichtungszeit wird durch die Bildfrequenz des Gerätes vorgegeben. Je nach Gerätestandard (Hertz-Frequenz) zeichnet ein Elektronenstrahl ein vollständiges Bild in der Zeit 1/25 s (bei älteren oder einfacheren Geräten) oder kürzer auf den Bildschirm auf, so daß die Belichtungszeit 1/25 s oder länger betragen muß. Bei zu kurzen Belichtungszeiten erscheint ein dunkler Querbalken auf dem Foto (Abb. 123). Bewährt hat sich eine Belichtungszeit von 1/15 s bei TV-Geräten und 1/8 s bei Computermonitoren; dabei sind kaum Fotos von schnellen Vorgängen möglich. Es lassen sich mit akzeptabler »Trefferquote« brauchbare Bildschirmaufnahmen aber auch bei kürzerer Verschlußzeit (1/60 s) machen, wenn man die Kamera so aufbaut, daß der Schlitzverschluß senkrecht nach oben (!) abläuft. Aber wie gesagt: Mit einigen Fehlaufnahmen ist zu rechnen.

Bei farbigen TV-Aufnahmen ist die Farbtemperatur des Colorgerätes mit zu berücksichtigen. Optimal eingestellt beträgt sie etwa

123 a und b Wird bei Fernsehaufnahmen zu kurz belichtet, bleibt ein schwarzer Balken auf der Fernsehbildaufnahme bestehen (a); erst bei einer Belichtungszeit von mindestens 1/25 s verschwindet der Balken (b). Wenn Sie genau hinschauen, stellen Sie fest, daß das Fernsehbild nicht aus Grautönen, sondern nur aus schwarzen und weißen Linien besteht. ▷

a

b

6800 bis 7500 Kelvin. Die Wiedergabe des Tageslichtfilms gäbe demnach einen leichten Blaustich, der durch rötliche Filter aufgehoben werden kann. Versuche am eigenen Farbfernsehgerät sind notwendig. Abschließend soll nicht versäumt werden, darauf hinzuweisen, daß Fernsehaufnahmen urheberrechtlich geschützt sind.

## 9 Der Schritt in die Öffentlichkeit

Ich meine, daß ich (mit dem Mut zur Lücke) die wichtigsten Bereiche, die auch für den Fotoamateur interessant sein könnten, angesprochen habe. Versuchen Sie, die Vorschläge, Anregungen und praktischen Hinweise zu berücksichtigen sowie die Informationen in die praktische Fotoarbeit mit einfließen zu lassen, selbst wenn Sie unter ganz anderen Themen als den beschriebenen fotografieren. Fotos etwa zum Thema »Behinderte in der Stadt« oder ein Reisebericht über den vergangenen Urlaub verlangen aufnahmetechnische Kenntnisse in den verschiedensten Motivgebieten. Gemeinsam ist allen Bereichen, daß Sie für ausdrucksstarke Fotos das Instrumentarium der Kamera beherrschen müssen. Was nützt die beste Bildidee, wenn eine zu lange Verschlußzeit ein verwackeltes Foto zur Folge hat oder die falsche Objektivbrennweite eine winzige und daher wirkungslose Abbildung erzeugt. Andererseits dürfte auch deutlich geworden sein, daß selbst bei perfektem fototechnischem Wissen ohne eine packende Bildidee das Foto nur ein fader Abklatsch des Ereignisses ist.

Zur Bildidee und zum Auffinden von Motiven gelangt man durch Übung. So muß man lernen zu sehen, was die Umwelt von sich aus anbietet. Mit der Kreativität eines Fotografen lassen sich diese Vorgaben anschließend weiterentwickeln. Unerläßlich ist es dabei, sich für alle Sinneseindrücke von außen zu öffnen; die besondere Berücksichtigung der visuellen Wahrnehmung ist dabei selbstverständlich.

Für beinahe alle Fotoamateure ist die Fotografie ein Feierabend-Vergnügen oder auch eine Wochenendbeschäftigung. Längere Muße, sich mit fotografischen Themen zu beschäftigen, bietet möglicherweise noch der Urlaub. Gelegentlich aber sollte sich jeder Fotoamateur die Zeit nehmen, sich ein paar Tage (vielleicht ein verlängertes Wochenende) ganz sich selbst und der Fotografie zu widmen. Verlassen Sie Ihre gewohnte Umwelt, und gehen Sie mit der Fotoausrüstung »in Klausur«. Betrachten Sie das Ganze als Fotoexkursion, bei der man sich vollständig auf sein Hobby konzentrieren kann. Ideal, wenn Sie die Möglichkeit besitzen, in eine andere Stadt oder eine andere Landschaft zu fahren. (Vermeiden Sie aber das Abklappern von Sehenswürdigkeiten.) In einer neuen Umgebung bieten sich die verschiedensten Eindrücke. Neue Ideen lassen sich entwickeln, und ungewöhnliche Bilder können entstehen. Die unbekannte Umgebung mit ihren unterschiedlichen visuellen Reizen fordert die Kreativität heraus und verlangt nach spielerischer Entfaltung unzähliger fotografischer Möglichkeiten. Der Vorteil solcher »Klausur-Exkursionen« ist darin zu sehen, daß man sich über längere Zeit ohne Leistungsdruck mit der Fotografie auseinandersetzen kann. Auch hier sei der Rat wiederholt, sich mit einigen Fotofreunden zusammenzutun und gemeinsam eine Fotoexkursion zu veranstalten. Mit etwas Vorbereitung und bei sorgfältiger Nachbereitung bleiben mit Sicherheit einige Fotos, die sich sehen lassen können.

### *a) Ausstellungen*

Zunehmend sind nicht nur in den größeren Städten, sondern auch auf dem Lande Bilderschauen zu sehen, die keineswegs nur von renommierten Fotokünstlern stammen. Auch Halbprofis und Amateure zeigen immer häufiger einer staunenden Öffentlichkeit, was sie geschaffen haben.

Tatsächlich sollte sich jeder engagierte Amateurfotograf, sofern er der Meinung ist, daß seine Arbeiten wirklich gut sind, an der Bereicherung unserer Kulturlandschaft beteiligen. Es gibt dafür sogar eine Anzahl von Gründen.

So verlangt die Realisation einer eigenen Ausstellung eine streng konzipierte und geplante Arbeit, die möglicherweise bis zur letzten organisatorischen Konsequenz (Rahmen bzw. Aufblocken der Fotos, Einladen von Leuten, Plakate verteilen usw.) selbst ausgeführt werden muß. Obwohl es eine Menge Arbeit ist, Fotos für eine Bilderschau zusammenzustellen, zu sortieren und in eine Reihenfolge zu bringen, macht diese Tätigkeit doch immensen Spaß – wohl deshalb, weil am Ende ein abgeschlossenes Werk sichtbar wird. Dieses »fertige Werk« kann ganz maßgeblich das Selbstbewußtsein stärken und das Vertrauen zur eigenen schöpferischen Leistung weiter entwickeln. Gleichzeitig muß man natürlich wissen, daß durch eine Ausstellung die eigenen Ideen, Konzeptionen und Fotos einer nicht nur bewundernden, sondern auch kritischen Öffentlichkeit vorgeführt werden. Auch mit Buh-Rufen und unfairer Kritik muß also gerechnet werden.

Eine Fotogruppe sollte sich in jedem Fall eine Ausstellung zum Ziel setzen, da auf diese Weise die gemeinsame Arbeit an der Fotografie und ihren Themen entscheidend gefördert wird.

Es gibt auch gesellschafts- und kulturpolitische Gründe, die für die Durchführung von Ausstellungen an den verschiedensten Orten sprechen. So gilt es, wie bereits angesprochen, die Kulturlandschaften unserer Städte und Gemeinden neu zu beleben. Dazu gehört unter anderem, vorherrschende Kulturformen im Hinblick auf eine Beteiligung *aller* Bürger zu verändern. Praktisch bedeutet dies auch eine Veränderung des Kunstbegriffes sowie seines Verständnisses. Je mehr Ausstellungen an den verschiedensten Orten es gibt, desto mehr werden die Menschen dazu angehalten, sich mit kreativen Arbeiten der unterschiedlichsten Art auseinanderzusetzen; eine Möglichkeit, die Menschen für die Umwelt und ihre Erscheinungen zu sensibilisieren. – Auch das ist »Sehen lernen«: sein Hobby nicht nur vordergründig zu betreiben, sondern über den Sinn und Zweck dessen, was man tut, nachzudenken.

*Aufbau und Konzeption:*
Wie ist eine Ausstellung vorzubereiten? Wichtig, aber leider nicht immer selbstverständlich, ist ein klar definiertes Thema, das die Bilderschau zusammenhält. Sie kann Bilder eines Motivgebietes oder einen Querschnitt durch die Arbeit des Fotografen präsentieren. Die Gestaltung sollte sich nicht nur an den Ambitionen des

124 Katze am Fenster. Auch unkonventionell gestaltete Tierbilder dürften ihre Wirkung nicht verfehlen.

Autors orientieren (was möchte dieser alles zeigen!), sondern vor allem auch den Betrachter berücksichtigen. (Was gewinnt dieser durch die Ausstellung bzw. was muß der Autor zeigen, damit er beim Betrachter etwas bewirkt.) Selbstverständliches Ziel sollte es also sein; die Ausstellung für das Publikum und nicht nur für sich selbst zu machen.

Beim Aufbau stellen Sie sich vor, in welcher Richtung und Reihenfolge der Betrachter die Fotos ansehen wird bzw. ansehen soll. Geben Sie diese Richtung, wenn nötig sogar durch Richtungspfeile vor (unauffällig, aber markant). Unter den ersten Fotos der Ausstellung müssen sich einige »Blickfänger« befinden, die durch ihre Ausdrucksstärke den Betrachter fesseln und in den Bann ziehen.

Am häufigsten wird der Schluß der Bilderschau vernachlässigt. Dort hängen dann all jene Fotos, die man nicht einigermaßen sinnvoll in die Bilderfolge einordnen konnte. Natürlich muß der Betrachter den Abschluß einer solchen Ausstellung als langweilig und fade empfinden. Unglücklicherweise wird dieser letzte Eindruck auch der nachhaltigste sein. Setzen Sie also mit den abschließenden Bildern noch einmal einen Höhepunkt. Das letzte Foto sollte ein wirkliches Schlußbild sein, das den Spannungsbogen der Ausstellung abrundet; der obligatorische Sonnenuntergang ist allerdings schon ein ziemlich abgegriffenes Motiv. Statt dessen kann auch ein Foto gezeigt werden, das interessante Alternativen und neue Perspektiven des Ausstellungsthemas andeutet und den Betrachter zur gedanklichen und praktischen Weiterentwicklung anregt.

Immer wieder wird die Frage diskutiert, ob ein erklärender, informierender Text die Ausstellungsfotos und die Konzeption ihrer Zusammenstellung ergänzen sollte. Da über eine Ausstellung Inhalte vermittelt werden, meine ich, daß der Betrachter tatsächlich ein Anrecht auf »Sehhilfen« in Form von Textbeiträgen hat. Schließlich kann nicht bei jedem Besucher die Vorkenntnis und Seherfahrung des Fotografen vorausgesetzt werden, der zudem Tage, Wochen oder Monate über seine Konzeption nachgedacht hat. Es ist vermessen zu verlangen, daß der Betrachter dies in einigen Viertelstunden leisten soll.

125 Sachaufnahme.

Der Umfang und die Wichtigkeit solcher Textbeiträge ist natürlich von Ausstellungsthema zu Ausstellungsthema verschieden. Zur Klärung sei nochmals betont, daß damit nicht irgendwelche nichtssagenden Bildunterschriften wie »Hund« bei einem Hundefoto oder »Porträt« bei einem Porträtfoto gemeint sind; auch die Angabe von Kameratyp, Blende, Zeit und Filmmarke ist in den meisten Fällen völlig überflüssig. Viel informativer sind Texttafeln, die über das Ausstellungsziel in wenigen Sätzen Auskunft geben bzw. die Informationen der Bilder maßgeblich ergänzen. Solche Schrifttafeln lassen sich heute sehr einfach mit der Textverarbeitung eines Computers herstellen. Wählen Sie eine schnörkellose Schriftart und bemühen Sie sich, den Text so zu gestalten, daß er bereits mit den Augen, losgelöst vom Inhalt, mühelos erfasst werden kann.

Abschließende Frage: Wo soll und kann der Fotoamateur seine Arbeiten ausstellen? Es muß ja nicht unbedingt das Städtische Museum oder eine große Galerie sein. Freizeitheime, Jugendzentren und Bürgerhäuser, ebenso wie Banken und Sparkassen, Kneipen und Geschäfte stellen ihre Räume meist gern für Ausstellungen zur Verfügung. Sie werden ohnehin feststellen, daß es gar nicht so schwierig ist, Räumlichkeiten für eine Ausstellung mit guten Fotos zu finden.

### *b) Wettbewerbe*

Wettbewerbe sind häufig – aber keineswegs immer – mit einer Ausstellung verbunden. Die Entscheidung über die besten Fotos wird von einer Jury getroffen, deren Auswahlkriterien nur in den seltensten Fällen nachvollziehbar offengelegt werden. Zugegebenermaßen ist es auch sehr schwierig, eindeutige Bewertungskriterien für Fotografien zu entwickeln.

Zum besseren Verständnis sollen drei Wettbewerbstypen vorgestellt werden:

1. *Interne Wettbewerbe:* Fotovereine, -clubs oder -gruppen veranstalten solche Vergleiche gelegentlich, um auf das Leistungsniveau der gesamten Gruppe hinzuweisen. Selbst wenn ein »Erster« ausgewählt und gekürt wird, geht es eher um Motivation und Ansporn für alle als um einen Leistungsvergleich zwischen einzelnen. Ein solcher interner Vergleich kann als Jahresabschluß organisiert werden oder auch als ein- oder zweimonatiger Vergleich (»Foto des Monats«) konzipiert sein.
2. *Öffentliche Salon-Wettbewerbe:* Dies sind öffentlich ausgeschriebene Leistungsschauen gegenwärtiger Amateurfotografie. Solche häufig internationalen Wettbewerbe schreiben die Anzahl der einzusendenden Fotos vor. Man erfährt von solchen Wettbewerben z. B. über den DVF (Deutscher Verband für Fotografie) oder aus den Fotozeitschriften. Ziel der Teilnahme an einem Fotosalon ist es, daß die eigenen Fotos in einer renommierten Ausstellung aufgehängt, gezeigt und möglichst noch mit einer Plakette als besonderer Auszeichnung versehen werden. Über Annahme oder Auszeichnungen bei solchen Bilderschauen erhält man Urkunden. Erfolgreiche Ausstellungsfotografen sind

auf die Anzahl ihrer Hängungen genauso stolz wie Fußballer auf die Zahl ihrer Tore.

3. *Werbe-Wettbewerbe:* Diese Wettbewerbe, von fotobranchenfremden Industrieunternehmen (Zigarettenherstellern, Möbelfirmen usw.) und kommunalen Verwaltungen veranstaltet, verfolgen werbestrategische Ziele, die u. a. von folgenden Vorüberlegungen ausgehen: Wodurch kommt das Unternehmen mit seinen Produkten positiv ins Gespräch (Imagepflege und Verkaufsförderung)? – Wie sieht die Öffentlichkeit, sprich der Fotoamateur, den Veranstalter und sein Image (Image-Untersuchung)? – Wie kommt man möglicherweise an originelle Fotos für die eigene Öffentlichkeitsarbeit? Es mag als böswillige Unterstellung angesehen werden, daß es den meisten Veranstaltern solcher Fotowettbewerbe gar nicht um die Fotografie geht. Die Ausschreibungen aber, die den Fotografen häufig sämtlicher Rechte an seinen eingeschickten Bildern berauben, lassen nichts anderes vermuten.

Bei allen Wettbewerben informieren Sie sich bitte frühzeitig und ausführlich über die Teilnahmebedingungen. Vergessen Sie nicht, daß Sie auch als Bildautor gewisse Rechte und Pflichten haben; immerhin schicken Sie Ihre wertvollsten Bilder an den Veranstalter. Beachten Sie Wettbewerbsthema, Zusammensetzung der Jury, Einsendeschluß und Verpackungsmodalitäten; fragen Sie an, was mit Ihren Fotos geschieht; verlangen Sie, daß sie ordnungsgemäß zurückgeschickt (Rückporto!) oder angekauft werden. Vor geplanten Veröffentlichungen, die nicht in zweifelsfreiem Zusammenhang mit dem Wettbewerb stehen, hat man Sie zu fragen. Auch wenn all diese Hinweise auf Vorsichtsmaßnahmen auf eine unfaire Wettbewerbsszene hinzudeuten scheinen, so sind die Veranstalter in der Regel doch seriös. Nur können die wenigen schwarzen Schafe dem Amateur den Spaß an weiteren Wettbewerbsbeteiligungen nehmen.

### *c) Rechtsgrundsätze*

Allein aus menschlichen Gründen sollte der Fotoamateur ein Gefühl dafür entwickeln, wann und in welchen Situationen das Fotografieren geduldet oder sogar erwünscht und bei welchen Gelegenheiten das Auslösen des Fotoapparates mißbilligt wird. Die entsprechenden rechtlichen Grundlagen sollte man jedenfalls kennen, um sich vor unliebsamem Ärger zu schützen. Hauptsächlich kommen folgende Problemgebiete in Betracht: Personenaufnahmen, Fotografieren auf fremdem Grund und Fotografierverbote in fremden Ländern. Zunächst gilt, daß Sie alles fotografieren dürfen (vorausgesetzt, Sie verletzen nicht die Grundrechte anderer). Rechtlich interessant wird es, wenn es darum geht, was Sie mit der fertigen Aufnahme anfangen.

*Das Recht am eigenen Bild:*
»Bildnisse dürfen nur mit Einwilligung des Abgebildeten verbreitet oder öffentlich zur Schau gestellt werden. Die Einwilligung gilt im Zweifel als erteilt, wenn der Abgebildete dafür, daß er sich abbilden ließ, eine Entlohnung erhielt«, heißt es im § 22 des Kunst-Urhebergesetzes. § 23 nennt folgende Ausnahmen: Eine Genehmigung zur Verbreitung ist nicht notwendig bei

- Fotos von Personen aus dem Bereich der Zeitgeschichte, also Bundeskanzler, Bürgermeister, Redner einer öffentlichen Versammlung u. a. Das bedeutet, daß Sie Personengruppen ungefragt ablichten dürfen, sofern nicht eine einzelne Person außerordentlich herausragt.
- »Bildern, auf denen die Personen nur als Beiwerk neben einer Landschaft oder sonstigen Örtlichkeiten erscheinen«,
- »Bildern von Versammlungen, Aufzügen und ähnlichen Vorgängen, an denen die dargestellten Personen teilgenommen haben«,
- Personenfotos, von denen Sie glaubhaft machen können, daß »die Verbreitung und Schaustellung einem höheren Interesse der Kunst dient«.

Was unter Verbreitung und Schaustellung verstanden wird, ist im Urhebergesetz nicht klar definiert. Bereits das Einkleben in ein Fotoalbum kann unter Umständen als Schaustellung betrachtet werden, eine Veröffentlichung in einer Zeitung oder in einer Ausstellung ist es sicherlich.

Wenn sich jemand unbemerkt fotografiert fühlt und möglicherweise ärgerlich von Ihnen die Herausgabe des Films (oder gar der Kamera) verlangt, brauchen Sie natürlich keineswegs darauf einzugehen. Der Film ist Ihr Eigentum, woran allenfalls die Strafrechtsbehörden durch Beschlagnahme etwas ändern können. Diese ist dann aber auch dem Filmeigentümer zu begründen. In diesem Zusammenhang soll es vorgekommen sein, daß Filme mit Aufnahmen von sicherheitspolitisch brisanten Situationen (Demonstrationen, Atomkraftwerke, Auseinandersetzung mit der Staatsgewalt u. a.) beschlagnahmt worden sind. Dabei galt die Annahme, die Bilder würden rechtswidrig eingesetzt, für Polizei und Gerichte als ausreichende Begründung.

*Hausrecht:*
Wenn aber eigentlich nur die Verbreitung zum Rechtsproblem werden kann, warum liest man dann gelegentlich in Museen, Kirchen, Zoos, Galerien, Theatern usw. »Fotografieren verboten«? Die Antwort ist einfach: Jeder Mieter und Grundbesitzer, der genauso wie ein Theater- oder Zirkuschef Hausrecht auf seinem Terrain besitzt, darf im Rahmen dieses Hausrechtes das Fotografieren verbieten oder an bestimmte Bedingungen knüpfen (z. B. gegen Gebühr, ohne Blitz, zu bestimmten Zeiten usw.). Wenn Sie trotzdem fotografieren, kann man Sie hinauswerfen und Schadensersatzansprüche an Sie stellen, falls ein Schaden entstanden ist. Aber auch hier kann man Ihnen nicht etwa den Film wegnehmen. Dennoch sollten Sie gerade auf Privatgrundstücken immer den Eigentümer fragen, wenn Sie fotografieren wollen. In der Regel wird er nichts dagegen haben. In Museen oder Kirchen beispielsweise ist ein Blitzverbot auch oft einsichtig. Das Blitzen würde die Konzentration und Andacht der anderen Besucher doch sehr stören.

*Fotografierverbote im Ausland:*
Durch entsprechende Gesetze und Gepflogenheiten in den verschiedenen Ländern geraten Urlaubsfotografen immer wieder in Schwierigkeiten. In jedem Fall sollte man seine Reiseunterlagen studieren, gegebenenfalls die Konsulate der Zielländer anschreiben und um Auskunft bitten oder sogar Sondergenehmigungen beantragen.

Die meisten Länder untersagen das Fotografieren von militärischen Anlagen oder Einrichtungen, die strategische Bedeutung besitzen. Neben Flughäfen, Brücken, Eisenbahnen und wichtigen Industrieanlagen kann aber auch die Aufnahme von Slums und Bettlern unerwünscht sein und zu hohen Geldstrafen, eventuell sogar Gefängnis führen. Gerade totalitäre Staaten stehen in dem Ruf, besonders empfindlich auf fotografierende westliche Touristen zu reagieren. Daß diese sich aber auch nicht immer gerade besonders zurückhaltend im Ausland verhalten, ist bekannt. Bei einer Reise in die arabischen Länder sollte man z. B. schon wissen, daß man Einheimische und besonders Frauen nicht ohne deren ausdrückliche Genehmigung ablichten sollte. Ein böses Handgemenge könnte die Folge sein. Vergessen Sie nie, daß Sie im anderen Land nur Gast sind.

# VI Aufbewahrung, Präsentation, Verwendung

## 1 Was geschieht nach der Belichtung?

Wer seine Bilder nicht selbst entwickelt, hat mit überlegter Gestaltung und richtiger Belichtung des Negativs seine eigentliche Fotografenarbeit hinter sich gebracht. Der Film wird beim Fotohändler abgegeben oder an eine Entwicklungsanstalt geschickt. Kein Fotohändler wird heute noch selbst Farbbilder entwickeln, selbst in Schwarzweiß tun es nur noch die wenigsten. So kann man davon ausgehen, daß die mühsam belichteten Filme in einem anonymen Großlabor unter genormten und nicht nach individuellen Bedingungen entwickelt werden. Gelegentlich wird es allenfalls möglich sein, den Film gegen Aufpreis auf eine höhere Empfindlichkeit verarbeiten zu lassen. Man sollte jedoch wissen, daß es auch bei den Großlabors Qualitätsunterschiede gibt, und es ist kein Fehler, seinen Fotohändler nach der Entwicklungsanstalt zu fragen. Berücksichtigen Sie, daß das billigste Labor nur selten ein hohes Maß an Qualität und Zuverlässigkeit gewährleistet. Wenn Sie absolut sicher sein wollen, daß Ihr Film auch wieder bei Ihnen und nicht etwa am anderen Ende der Bundesrepublik landet – was bei dem Massenbetrieb der Großlabors selten, aber immer noch oft genug vorkommt –, sollten Sie auf das erste oder letzte Bild des Films eine Karte mit Ihrer Anschrift fotografieren.

Haben Sie Ihre Negative wohlbehalten zurückbekommen, seien Sie bitte ganz vorsichtig damit. Es ist schon schlimm genug, daß die Großlabors zunehmend auf schützende Negativhüllen aus Plastik verzichten und statt dessen die empfindlichen Streifen ungeschützt zusammen in eine Papiertasche stecken. Noch schlimmer aber ist es, den entwickelten Film unzerschnitten aufzurollen (und dann möglicherweise diese Rolle nochmals straff zu ziehen.) Denken Sie stets daran: Kratzer im Negativ sind kaum noch, Fingerabdrücke höchstens von der glänzenden Seite (vorsichtig mit einem weichen, sauberen Tuch) zu entfernen. Deshalb werden Negativstreifen nur zwischen den Fingern am Rand festgehalten; aufzubewahren sind sie in speziellen Ablageblättern bzw. Archivhüllen, die man in einem Ordner abheften kann (vgl. Abb. 126). Eine Systematik für sein Negativarchiv sollte sich jeder engagierte Fotoamateur in jedem Fall überlegen, sonst lassen sich bestimmte Negative nach einiger Zeit gewiß nicht mehr wiederfinden. Ob er sie chronologisch oder themenorientiert, nach Nummern oder alphabetisch ordnet, bleibt jedem selbst überlassen. Das perfekte System, nach dem man jedes Negativ oder Dia auf Anhieb wiederfindet, scheint noch nicht entdeckt zu sein. Es gibt also kein perfektes Rezept, nur einen abschließenden Rat: Beginnen Sie mit Ihrem Archiv möglichst frühzeitig und nicht erst dann, wenn die Negative von 200 belichteten Filmen in Schubladen verstreut herumliegen.

## 2 Papierabzüge und Bildaufmachung

Ebenso wie die Filmentwicklung wird die Herstellung der Abzüge von Großlabors nach ebensolchen genormten Bedingungen durchgeführt. Es ist schon manchmal katastrophal, was die Labors an den Kunden weitergeben. Im Kapitel über das Farbmaterial wurde bereits über das Problem der Farbstiche (vgl. Kap. II 5b) gesprochen. Sorgfältiger ausgearbeitete Fotos erhalten Sie, wenn Sie (für einen höheren Preis) Handabzüge bestellen. Auch Ausschnittvergrößerungen werden auf Wunsch angefertigt.

Gehen wir einmal davon aus, die Abzüge sind so gut geworden, wie Sie es sich vorgestellt haben, wohin dann mit den Fotos? Urlaubs- und Familienbilder, die zur Erinnerung aufgenommen wurden, werden Sie in Kartons oder besser in Fotoalben einordnen. Berücksichtigen Sie dabei, daß diese Alben irgendwann auch einmal voll sein werden. Es ist dann gut, wenn man ein zweites, drittes oder viertes in gleicher Größe mit gleichem Rücken zur Verfügung hat.

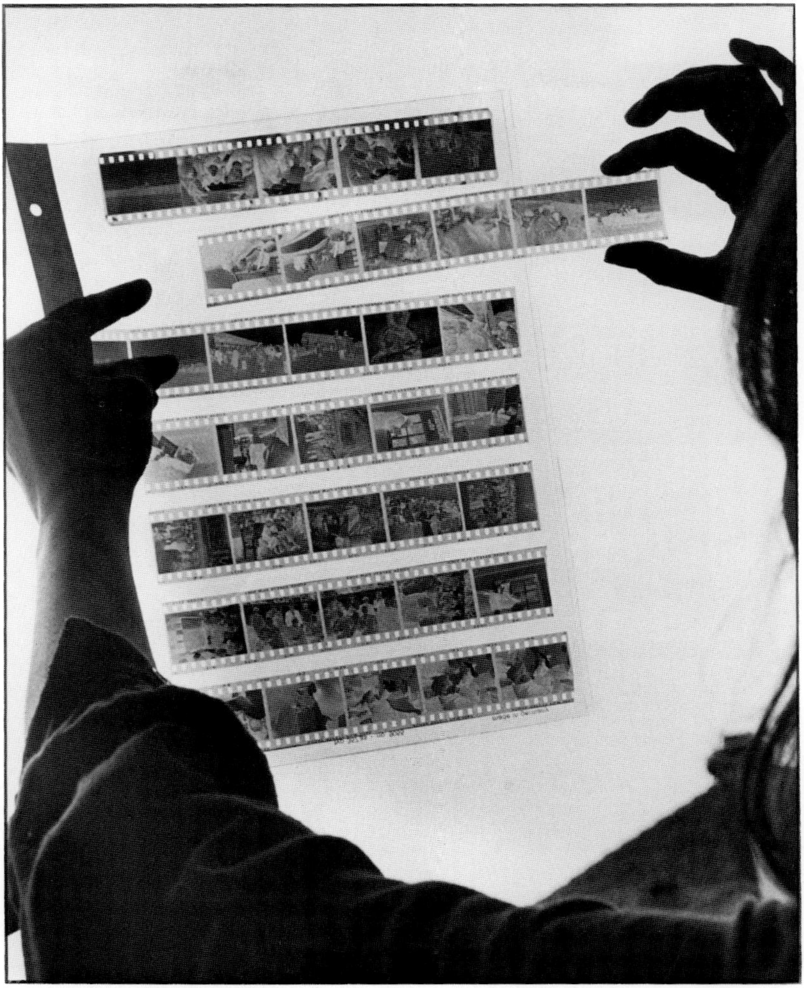

126 Negative sollten in dafür vorgesehenen Hüllen aufbewahrt werden, um Kratzer und Fingerabdrücke zu vermeiden. Die Klarsichthüllen im DIN-A4-Format lassen sich gut abheften und in ein Archivierungssystem einordnen. Nimmt man einzelne Negativstreifen heraus, so sind diese nur an den Kanten anzufassen.

127 Die Bildaufmachung gibt vielen Fotos den letzten »Schliff«.

Alternativ zu den käuflichen Fotoalben lassen sich auch Büroordner mit Stoff oder ähnlichem Material beziehen und mit gelochten speziellen Kartonbögen bestücken. Statt Klebstoff oder Fotoecken werden übrigens zunehmend selbstklebende Kartonblätter mit durchsichtiger Acetat-Folie verwendet. Dadurch wird bei einem Wechsel der Fotos weder das Album noch das Foto beschädigt.

Eine immer wieder diskutierte Frage ist die Entscheidung über den Bildrand bzw. -rahmen. Es ist noch gar nicht so lange her, da zierte ein gezackter weißer Büttenrand die Fotos. Später wurde der Rand weiß und glatt, noch später verschwand er vollständig. Heute sind die Gestaltungsmöglichkeiten hier freier geworden. Zwar liefert der Fotohändler in der Regel immer noch »randlos«, aber durch Unterkleben eines etwas größeren farbigen, weißen oder schwarzen Kartons läßt sich ein Rand von beliebiger Breite herstellen (wobei sich eine dünne schwarze Bildbegrenzung auch mit einem Tuschestift ziehen läßt).

Der schmale schwarze Rand ist noch sehr jung. Angewandt haben ihn erstmals sehr eigenwillig arbeitende Fotografen, als Zeichen dafür, daß das Negativ formatfüllend vergrößert wurde (was als Qualitätskriterium an sich galt) und dem Betrachter kein Bildausschnitt präsentiert wurde. Viele tun den schwarzen Rand als »Trauerrand« ab. Beachten Sie aber bitte, wie dieser immer einen klaren Rahmen um das Bildmotiv setzt und so gewährleistet, daß sich selbst helle Motive eindeutig vor hellem Hintergrund abheben. (Aus diesem Grund wurden auch viele Fotos in diesem Buch mit einem schwarzen Rand versehen.)

Alle Ränder können aber auch schließlich so breit werden, daß sie den Charakter von Passepartouts bekommen; Fotos mit oder ohne Rand lassen sich wirkungsvoll auf große Kartonbögen aufkleben, so daß um das Foto herum unterschiedliche Leerflächen bleiben (Abb. 127). Solche Leerflächen sind meist rechts und links des Fotos gleich breit und können unterhalb des Bildes am größten sein. Für eine wirkungsvolle Präsentation gefallen mir Fotoecken zur Befestigung weniger gut. Es gibt unterschiedlich aufwendige Methoden, größere Bilder aufzuziehen. Auf Holz und dicker Pappe leisten Spezialkleister, verdünnter Weißleim oder auch Sprühkleber gute Dienste. Daneben sind Fotos absolut fest mit Klebefolien sauber aufzuziehen. Es gibt auch doppelseitig klebende Folien, die zunächst auf das Foto und dann mit der anderen Seite auf Holz oder Karton aufgezogen werden. Diese saubere haltbare Klebeverbindung hat den Nachteil, daß Korrekturen im Nachhinein nicht mehr möglich sind. Man sollte vorher den Umgang mit solchem Material üben. Verwendet werden außerdem sogenannte Heißklebefolien, ein Material, das sich erst durch Erhitzen auflöst und das Foto mit dem Träger verbindet. Das Heiß-Aufziehen ist zwar die sauberste Methode, aber man benötigt eine beheizte Presse dazu.

Warum betreibt man überhaupt diesen ganzen Aufwand? Sagt denn nicht das Bild allein genug aus? Die Frage, ob es für den Amateurfotografen denn wirklich ratsam und notwendig ist, den Wert seiner Bilder durch die »Verpackung« zu erhöhen, würde ich bejahen. Zu einem guten Foto gehört eine entsprechende Präsentation und eine angemessene Umgebung. Es ist hingegen unangebracht, ein inhaltsleeres Bild mit ausgklügelter Aufmachung, Randbegrenzung und Passepartout künstlich aufzuwerten. Aber führen Sie diese Diskussion mit Ihren Fotofreunden. Sie ist übrigens unausweichlich, wenn man eine Ausstellung vorbereitet.

## 3 Der Umgang mit Dias

Dias werden in fast allen Fällen für die Projektion fotografiert. Dazu müssen sie gerahmt werden, eine Arbeit, die nicht nur den Amateur beansprucht. Selbst Profis, die Dias meist für die Reproduktion in Zeitschriften und anderen Druckerzeugnissen herstellen, kommen um die Rahmung nur selten herum.

### *a) Rahmung*

Ob man nun diese kleinen Originale besser in Glas oder glaslos rahmt, ist ein Problem, das die Fototechnik bisher noch nicht lösen konnte. Deshalb hier die Vor- und Nachteile der beiden unterschiedlichen Wege:

*Glasrahmen:*

1. Sie erfordern eine sorgfältigste Reinigung der Glasscheiben. Jede Fluse wird ständig mitprojiziert.
2. Das Glas in den Diarahmen ist oft so dünn, daß es bereits bei leichten Erschütterungen zerbricht;
3. Die Hitze der Projektionslampen bewirkt einen hohen Wärmestau zwischen den Glasscheiben.
4. Bereits geringste Feuchtigkeitsspuren können bei der Projektion sogenannte Newtonringe hervorrufen, also jene farbigen Ringe, die sich bei der Projektion zunehmend konzentrisch vergrößern.
5. Ausscheidungen von Feuchtigkeit sammeln sich an der Innenseite der Gläser und verursachen langfristig Flecken und Farbausbleichungen an den wervollen Originalen.

All diesen Nachteilen steht bei Verwendung von Glasrahmen ein *wichtiger Vorteil* gegenüber: Die Dias sind gegen mechanische Beschädigungen geschützt.

*Rahmen ohne Glas:*

Die Nachteile der Glasrahmen besitzen die glaslosen Diarahmen nicht. Die Dias sind einfacher und schneller einzufassen, ja, man erhält sogar von fast allen Entwicklungsanstalten gegen Aufpreis fertigt gerahmte Dias zurück. Allerdings handelt es sich dabei nur um einfache Papp- bzw. Kunststoffslides (= Diarahmen), die nicht in jedem Fall eine genaue Planlage der Dias garantieren und zudem für die Projektion äußerst dünn sind. In allen glaslosen Rahmen werden die empfindlichen Originale ausreichend belüftet, und keine Feuchtigkeit kann die Dias langsam vernichten. Dafür haben aber auch ungeglaste Dias Nachteile:

1. Sie sind ungeschützt, was ein großes Risiko bedeutet, wenn sie häufig umgepackt, sortiert und projiziert werden. Mechanische Beschädigungen lassen sich nicht wieder ausbessern.
2. Sie sind dem Staub und den schädlichen Bestandteilen der Luft direkt ausgesetzt.
3. Sie biegen sich ruckartig bei Erhitzung im Projektor durch, so daß bei der Vorführung die Schärfe ständig nachgestellt werden muß.

Leider ist ein Diarähmchen, das alle Vorteile auf sich vereinigt, noch nicht erfunden. Bei Mittelformatdias wird man sowieso nicht um das Glas herumkommen, weil Dias dieser Größe anders gar nicht plan gehalten werden können. Diarahmen gibt es übrigens für fast alle Formate bis herunter zu Kleinstbildmaßen. Eigentlich verändert sich dabei nur der Innenausschnitt. Das Außenformat bleibt gleich. Für Originalformate über 4 × 4 cm werden Diarahmen mit dem Außenformat 7 × 7 cm eingesetzt, für Formate, die kleiner als 4 × 4 cm sind bis herunter zum Pocketformat, besitzen alle Diarahmen die Außenmaße 5 × 5 cm. Nur für die Kleinstbildformate gibt es Spezialrahmen. So kommt man schließlich bei all den verschiedenen Kameratypen mit zwei (bzw. drei) Projektortypen aus.

### *b) Projektion*

Schon lange vor der Erfindung der Fotografie wurden kleine durchsichtige, handgemalte Bilder mit Hilfe von Öl- oder Petroleumlampen stark vergrößert in abgedunkelten Räumen auf eine weiße Wand geworfen. Stehbildwerfer oder Laterna magica (Abb. 128 a) nannten sich diese Vorläufer der heutigen Diaprojektoren. Ein solches Gerät ist nichts anderes als eine Kamera, die statt einer Rückwand eine Lichtquelle besitzt. Da das Bild im Fotoapparat – wie anfangs festgestellt wurde – immer auf dem Kopf steht, erklärt sich auch, warum Dias ebenfalls auf dem Kopf in den Projektor bzw. seine Magazine geschoben werden. Nur so erscheinen sie bei der Projektion richtig.

Neben der klassischen Leinwandprojektion ist eine Diabetrachtung auch auf einem Tageslichtbildschirm oder einem TV-Gerät möglich. Für letzteres ist ein Projektor mit einem Videoempfänger notwendig. Neben der Betrachtung via Bildschirm kann man seine Diaschau dann natürlich auch auf Videoband aufzeichnen.

Unabhängig von dieser grundsätzlichen Unterscheidung differenziert man zwischen verschiedenen Projektortypen:

1. Manuelle, nicht automatische Projektoren erfordern die Bedienung eines Wechselschiebers per Hand. Der fehlende Bedienungskomfort ließ sie vom Markt verschwinden.

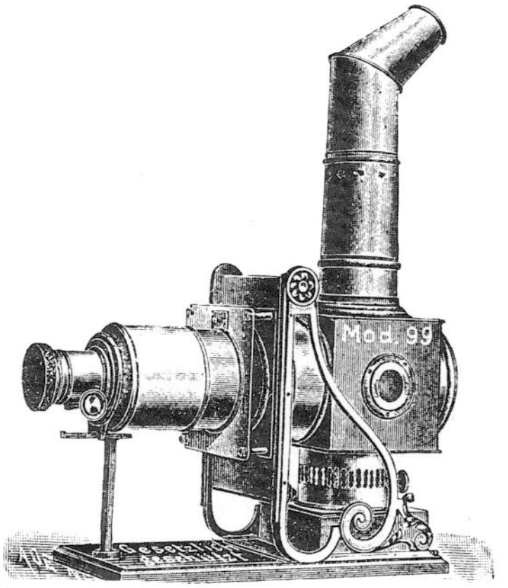


a

128 a Alte Laterna magica (auch als Vergrößerungsgerät genutzt) (Foto: Liesegang, Düsseldorf).

128 b Einige Diaprojektoren sind als normale Leinwandprojektoren und über ein Zubehörteil als Bildschirmprojektor zu verwenden. Ein spezieller Kassettenrecorder ergänzt die Anlage für die automatische Tonbildschau.

128 c Projektoren mit einem Videomodul erlauben eine Präsentation der Dias auf dem Fernsehschirm, eine Speicherung der Bilder auf dem Videorecorder und – mit entsprechendem Anschluß an einen Computer – eine Bildverarbeitung über Computergrafikprogramme (Fotos b/c: Kindermann, Ochsenfurt).

b

c

d

128 d Diarahmungsgerät: Für die Schnellrahmung von Dias in glaslosen Rahmen gibt es verschiedene Rahmungsgeräte. Das Bild zeigt eine Version mit Schneidemesser und Leuchtfläche.

128 e Ein Leuchtpult erleichtert eine erste Beurteilung und das Sortieren der Dias ganz erheblich (Foto: Hama, Mohnheim).

e

2. *Vollautomatische Magazin-Projektoren* müssen heute mindestens eine Halogenlampe und eine Fernbedienung per Kabel oder Infrarot-Sensor besitzen. Auch sollte eine Kontaktbuchse zu einem Tonbandgerät bzw. Kassettenrecorder für eine Tonbildschau vorhanden sein. Folgende technische Raffinessen haben sich außerdem bewährt: ferngesteuerte Schärfeeinstellung – automatische Schärfeeinstellung (Autofocus; vgl. Abb. 129) –

129 Die automatische Scharfeinstellung bei Diaprojektoren funktioniert nach einem einfachen Prinzip: Ein Lichtstrahl wird auf das im Projektionsstrahl befindliche Dia gelenkt und von da auf zwei Fotozellen reflektiert. Liegt das Dia nicht exakt in der Schärfenebene, wird der Abtaststrahl falsch reflektiert und löst über einen elektrischen Impuls einen Motorantrieb aus, der die Objektiveinstellung korrigiert (schematische Darstellung: Paximat/C. Braun, Nürnberg).

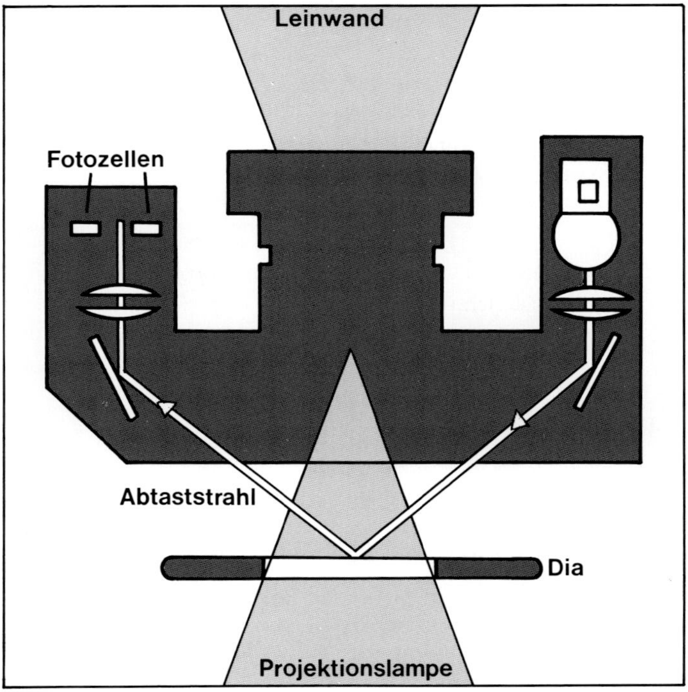

Diawechsel rückwärts – Zeitschaltuhr für permanenten Diawechsel (alle 10, 20 der 30 s) – Möglichkeit für Endlosprojektionen – kurze Dunkelphase – Leuchtfenster für Diavorbetrachtung usw.

3. *AV-Projektoren* (AV = Audiovision) sind besonders für die Überblendung bzw. Multivision gedacht. Dazu benötigt man allerdings (mindestens) zwei Projektionssysteme, entweder über zwei Objektive in *einem* Projektor oder als Projektionseinheit mit mehreren Projektoren. Durch wechselnde Steuerung der Lampenhelligkeit fließen die Bilder schnell oder langsam ineinander über. Dafür ist allerdings eine spezielle Steuereinheit notwendig, die in einige AV-Projektoren bereits eingebaut ist.

Für eine normale Projektion von Dias im Wohnzimmer reicht eine *Lampenstärke* von 150 Watt völlig aus. Für Vorträge und Schulungszwecke in großen Räumen sollte das Gerät schon 250 oder mehr Watt vertragen können.

Unterschiedlich sind Projektionsbrennweiten und die *Qualität der Objektive,* was meist beim Gerätekauf vergessen wird. Besonders der Objektivqualität wird in der Regel zu wenig Beachtung geschenkt. So ist es unverständlich, daß sich selbst Besitzer hochwertigster Kameraobjektive mit einem »gefaßten Flaschenboden« bei der Projektion begnügen. Selbst die beste Schärfeleistung der Kamera wird so wieder zunichte gemacht. Das eigentliche Problem der Projektionsobjektive liegt darin, daß sie praktisch bei offener Blende (eine Blende ist ja gar nicht vorhanden) bereits hervorragende Abbildungsqualität zeigen müssen, die sich nicht noch durch Abblenden (wie beim Kameraobjektiv) steigern läßt.

Daneben gilt es, die *Brennweite* des Objektivs am Projektor zu berücksichtigen. Die notwendige Brennweite hängt vom Projektionsabstand (Leinwand – Projektor) bzw. von der geplanten Bildgröße ab. Ein gewisses Maß von Raumillusion im Projektionsbild ist nur dann gewährleistet, wenn der Betrachtungsabstand etwa das Drei- bis Sechsfache der Projektionsbreite beträgt. Andererseits sollte das Projektionsbild so groß wie möglich sein – man denke an die überwältigende Wirkung der riesigen Kinoleinwand. Letztlich wird der Amateur aber von der Größe seiner Wohnräume und dem

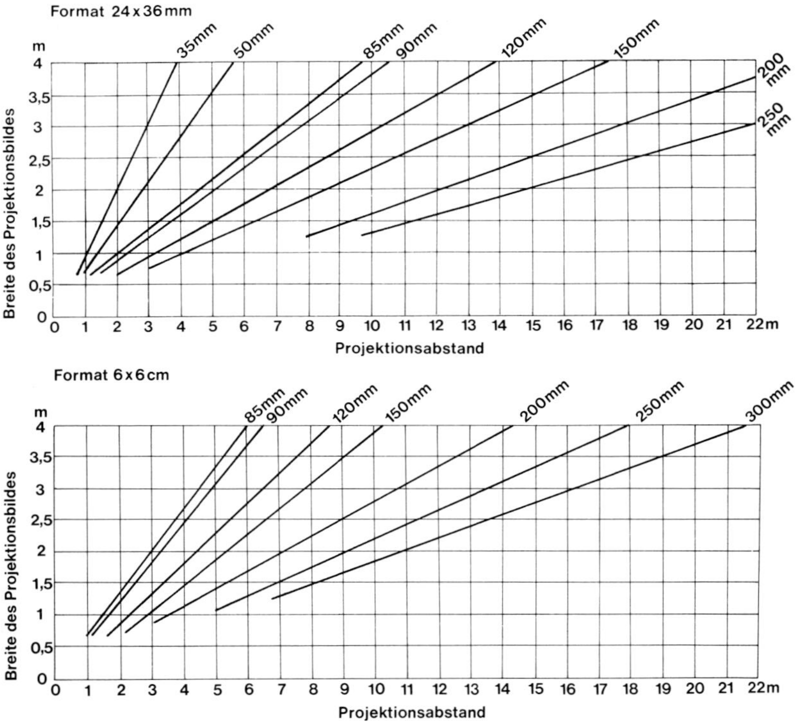


130 a und b Die verschiedenen Brennweiten des Projektorobjektivs ermöglichen unterschiedlich große Abbildungen auf der Leinwand. Die beiden Diagramme zeigen die Abhängigkeiten zwischen Brennweite, Projektionsabstand und Breite des Projektionsbildes bei der Projektion von Kleinbilddias im Format 24 × 36 mm (a) und Mittelformaten (6 × 6 cm usw.) mit effektiver Diabreite von 5,6 cm.

Format der Leinwand ausgehen müssen. Um Kompromisse kommt man jedenfalls nur selten herum. Das Diagramm verdeutlicht die Abhängigkeit zwischen Bildbreite, Abstand und Brennweite (Abb. 130). Dabei ist zu erkennen, daß man selbst in kleinen Räumen mit einem Weitwinkelobjektiv auf ansehnliche Projektionsgrößen kommt. Es gibt übrigens auch für einige Projektoren Zoomobjektive. Für normale Kleinbildprojektoren gehört in der Regel ein Objektiv mit einer Brennweite um 85 mm zum Lieferumfang des Gerätes.

Für Mittelformatdias benötigt man natürlich andere Projektoren als für Dias im Kleinbildformat. Bei letzteren hat man sich zwischen verschiedenen Magazinsystemen zu entscheiden. Auf dem Fotomarkt gibt es das traditionelle Universalmagazin, das Paximatsystem und die ausschüttungsgesicherten »Compact«-Magazine (in diese passen nur sehr dünne Diarahmen). Für einige Projektoren bieten die Hersteller auch Rundmagazine (vgl. Abb. 128c) an, die besonders für die Endlosprojektion (z. B. in Öffentlichkeitsarbeit oderWerbung) Bedeutung haben. Neue Projektoren lassen sich auf mehrere Systeme umschalten. Wer auf einen solchen umschaltbaren Projektor verzichtet, legt sich auf ein System fest und kann bereits vorhandene alte oder fremde Magazine nicht mehr benutzen.

*Leinwände:*

Allen Einwänden zum Trotz: Eine weiß gekalkte Wand tut es auch; und wenn diese auch noch schön glatt und sauber ist, können Sie sich eine Leinwand wirklich sparen.

Wollen Sie sich dennoch eine Leinwand zulegen, ist folgendes zu berücksichtigen:

1. Ob *transportabel* oder *stationär,* wird sich aus dem Verwendungszweck ergeben. Die mechanische Ausführung bestimmt weitgehend den Preis. Eine transportable Leinwand sollte schnell, einfach und sicher (!) von einer Person aufgebaut werden können.
2. In breiten Räumen, in denen die Zuschauer in Reihen nebeneinander sitzen, hat eine *streuende,* einfache Leinwand Vorteile; in einem langen schlauchartigen Raum, in dem die Zuschauer nahe der Projektionsachse sitzen, wäre eine *Kristallperlwand* oder eine *metallbeschichtete* Wand vorzuziehen.
3. Für die Hellraumprojektion ist die gekalkte Wand unbrauchbar. *Metallisierte* Wände haben die besten Reflexionseigenschaften und eignen sich daher in diesem Fall viel besser.

*Vorführung:*

Alle Aspekte einer perfekten Diaschau zu beschreiben, erforderte fast ein eigenes Buch, denn die wirkungsvolle Projektion ist noch aufwendiger als die Präsentation von Papierbildern. Da vieles, was

131 Die Eignung von speziellen Motiven für Titeldias sollten Sie bereits bei der Aufnahme bedenken. Die Schrift kommt natürlich nur an den hellen Stellen des Dias durch.

es zu berücksichtigen gibt, schon angesprochen wurde, sollen hier nur schlagwortartig die wichtigsten Gesichtspunkte erwähnt werden:

1. Auch wenn Sie vom letzten Urlaub 500 Dias mitgebracht haben, suchen Sie (höchstens!) 100 bis 150 Stück aus. Da die Standzeit pro Dia 15–30 Sekunden nicht übersteigen sollte, dauert eine entsprechende Vorführung ca. eine Stunde. (Einzelne Dias als Anschauungsmaterial im Unterricht können natürlich länger projiziert bleiben.) Denken Sie stets daran, daß die Konzentrationsfähigkeit der Betrachter begrenzt ist.
2. Ein ständiger Wechsel von Querformat und Hochformat macht dem Betrachter bei einer Diareihe weit mehr zu schaffen als bei Papierbildern. Bleiben Sie also entweder bei einem Format oder fassen Sie Formate zu Gruppen zusammen.

3. Wenn Sie für eine geplante Diareihe fotografieren, wechseln Sie zwischendurch weder Filmtyp noch Filmmarke. Wie schon erwähnt, hat jeder Diafilm seine eigene Farbtendenz. Die Unterschiede fallen bei der Projektion möglicherweise störend auf.
4. Nicht nur die Aufeinanderfolge im inhaltlichen Sinne (logischer Ablauf usw.) ist wichtig. Führen Sie auch Farbregie, indem Sie Dias mit verwandten Farben hintereinandersetzen, Komplementärkontraste oder Kalt/Warmkontraste für Szenenwechsel verwenden usw.
5. Allmähliche Übergänge von Kalt nach Warm sind viel wirkungsvoller als umgekehrt. Selbst ein farbstichiges Bild läßt sich häufig auf diese Weise effektvoll in eine Diareihe einbauen.
6. Nachträgliche Farbstichkorrekturen bei Dias sind nur begrenzt möglich: a) Einfärben mit verdünnten Eiweißlasurfarben im Komplementärfarbton; b) Unterlegen mit einer komplementärfarbigen Folie; c) Behandlung mit sogenannten Farbabschwächern (Tetenal).
7. An den Anfang einer Diaserie gehört in der Regel ein Titel, der originell und wirkungsvoll sein sollte (»Unser Urlaub« oder »Spanien – Sommer '80« ist ziemlich abgegriffen). Ortsschilder, Reklameschilder u. a. lassen sich ins Bild einbeziehen, aber auch eine eigene phantasievolle Gestaltung mit den Möglichkeiten des Computers ist empfehlenswert. Die Schriftzüge werden fotografiert und mit einem passenden Bilddia zusammen eingerahmt (Abb. 131).
8. Die einmal im Magazin sortierten Dias können Sie durch einen Diagonalstrich über die Oberseite der Rahmen in ihrer Reihenfolge kennzeichnen. So finden aussortierte Dias immer wieder an ihren alten Platz zurück (Abb. 132).
9. Bereiten Sie möglichst alles (Dias, Projektor, Leinwand, eventuell Tonband, Stromanschlüsse usw.) *vor* Beginn der Vorführung vor.
10. Das Raumlicht sollte einige Zeit vor dem Beginn langsam (stufenweise) abgedunkelt werden, damit die ersten Dias brillanter erscheinen. Nach der Vorführung sollten Sie auch nur langsam wieder aufhellen – den Augen ihrer Gäste zuliebe.

132
Die Reihenfolge der Dias einer Serie kann man markieren, indem man einen Querstrich (wasserfester farbiger Filzstift) über alle Dias eines Magazins zieht. Sondert man aus irgendwelchen Gründen vorübergehend einige Dias aus, so lassen sich diese später mühelos wieder an der richtigen Stelle einordnen.

11. Probieren Sie einmal die simulierte Breitwandprojektion: Von den normalen Diaformaten wird oben und unten jeweils ein Stück abgeklebt, so daß nur noch ein schmaler querformatiger Bildausschnitt übrigbleibt. Projizieren Sie diesen Streifen möglichst groß auf eine Wand. Der faszinierende Breitwandeffekt (gerade bei Übersichten mit einem Weitwinkelobjektiv) wird die Betrachter verblüffen.

*Tonbildschau:*
Zu einer Diavorführung gehört eigentlich eine verbale Erklärung oder musikalische Untermalung der Bilder. Dies läßt sich zwar sehr spontan und ungeplant bewerkstelligen, wirkt aber bei wiederholter Vorführung recht mühsam und dilettantisch. Statt dessen spricht man besser einen wohlüberlegten Text, eventuell mit entsprechender Musikbegleitung, auf ein Tonband oder einen Kassettenrecorder, läßt entsprechende Pausen zwischen den Bildern und markiert die Schaltstellen durch ein leichtes Geräusch, das dem Gast kaum auffällt, der Person am Fernbedienungskabel aber den Zeitpunkt für

133 a Für die Überblendung sind im Regelfall zwei AV-Projektoren erforderlich; mit einem Steuergerät gestaltet man die Überblendschritte nach Belieben. Mit dem begleitenden Ton (Text/Musik) werden alle Schaltsignale auf einem AV-Recorder gespeichert (Foto: Kindermann, Ochsenfurt).

133 b Eine Alternative dazu ist ein Doppelprojektor mit integriertem Steuerteil (Foto: Rollei, Braunschweig).

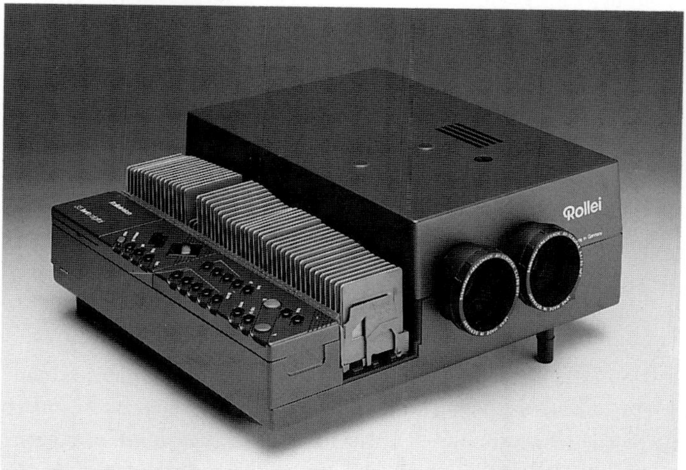

den jeweiligen Diawechsel angibt (leichtes Anschlagen eines Glases o. ä.). Jetzt braucht man nur noch Projektor und Tonband einzuschalten und bei den Signalen den Transportknopf zu betätigen. Man kann natürlich auch den automatischen Diawechsel (falls am Projektor vorhanden) einsetzen. Nur muß der Text dann auf gleichbleibende Zeitintervalle abgestimmt sein.

Die eigentliche Tonbildschau aber läuft vollautomatisch ab. Jeder Projektor, an den sich ein Fernbedienungskabel anschließen läßt, kann statt dessen auch an ein Tonbandgerät bzw. einen Kassettenrecorder gekoppelt werden. Auf eine Spur des Tonbandes wird dann der Ton (Sprache, Musik) aufgezeichnet, und anschließend werden auf die zweite Spur mit einem Impulsgeber (Diapilot) elektrische Signale aufgesetzt. Bei der Vorführung laufen beide Spuren gleichzeitig ab und übermitteln per Kabel die Impulse zum Diawechsel an den Projektor und den Ton an einen Lautsprecher. Dazu ist ein Stereogerät notwendig, bei dem beide Spuren getrennt und nacheinander aufzuzeichnen und gleichzeitig wiederzugeben sind. Nicht alle Stereo-Kompakt-Kassettenrekorder erlauben diese getrennte Aufzeichnung. (Um den Ton sogar stereophon aufnehmen zu können, brauchen Sie dann entsprechend ein Vierspur-Stereo-Bandgerät.) In jedem Fall muß das Aufnahmegerät über einen gesonderten Tonkopf – einen sogenannten »Freehead« – verfügen oder eine irgendwie schaltbare Playback-Möglichkeit besitzen. Als Zubehör für Bandgeräte ist so etwas auch als sogenannter »Diapilot« im Handel. Wichtig ist auch der dazugehörende Impulsgeber, mit dem die Signale zum Bildwechsel auf das Band programmiert werden können. Er ist nur bei einigen speziellen von der Industrie angebotenen AV-Tonbandgeräten bzw. Kassettenrekordern eingebaut bzw. als Zubehör erhältlich. (Abb. 133a). Wenn eine solche automatische Tonbildschau einmal steht, kann sie beliebig oft mit gleichbleibender Perfektion gezeigt werden.

*Überblendung:*

Selbst in der perfektesten Diaschau sind die störenden Dunkelpausen beim Bildwechsel nicht zu vermeiden (Abb. 134a). Der ständige An-Aus-Effekt ermüdet die Augen. Doch technisch und wahrnehmungsphysiologisch läßt sich diese Phase offensichtlich nur

a

d

b

e

c

f

134 a–f Während bei konventionellen Diavorträgen beim Diawechsel kurze Dunkelphasen entstehen (a–c), ist bei der Überblendung ein weicher Übergang möglich (d–f).

begrenzt verkürzen. Grundsätzlich neue Möglichkeiten ergeben sich eigentlich erst durch die Überblendprojektion mit zwei oder gar mehr Diaprojektoren (Abb. 134b). Ein solches System ist ausbaubar bis hin zur Multivisionswand mit sechs, neun und mehr Einzelbildern.

Fairerweise sei folgendes nicht verschwiegen: Zwar machen Sie mit einem gelungenen Überblendvortrag den letzten Zweifler mundtot, doch rechnen Sie für die Realisation mit großem zeitlichen und finanziellen Aufwand (Abb. 133b): Notwendig sind mindestens zwei entsprechend ausgerüstete Projektoren, ein Steuergerät mit Reglern für die Bildhelligkeit, Stereobandgerät mit Impulsgeber – Geräte, bei deren Anschaffung man sich nicht auf billige Kompromisse einlassen sollte. Wegen des Aufwandes halte ich die Über-

135 Da beide Projektoren auf den gleichen Leinwandausschnitt ausgerichtet sein müssen, um die Fotos deckungsgleich zu projizieren, stehen sie gezwungenermaßen leicht schräg. Durch diese Winkelstellung wird das Projektionsbild nicht mehr exakt rechteckig. Es ist daher besser, die Projektoren möglichst übereinander anzuordnen, da dann der Abstand zwischen den Projektionsobjektiven geringer ist.

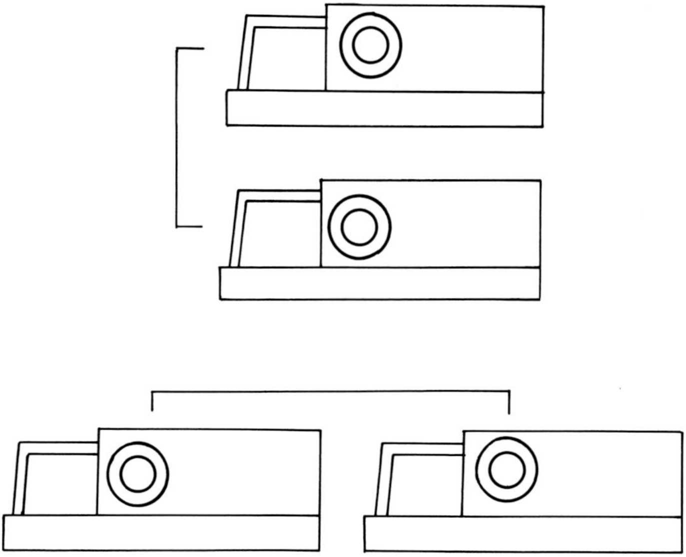

blendprojektion für eine ideale Gruppenaufgabe, bei der sich jeder einzelne eines Teams mit seinen speziellen technischen, bildnerischen und sprachlichen Fähigkeiten beteiligen kann.

Es ist schwierig, eine Überblendtonbildschau mit Worten zu beschreiben. Nutzen Sie in jedem Fall eine Gelegenheit bei großen Wettbewerben, Ausstellungen und Messen, sich so etwas einmal anzusehen. Den möglichen Beginn einer solchen Vorführung, z. B. zum Thema »Stadtsanierung«, könnte man sich wie folgt vorstellen: Musik – erstes Bild: Totale einer Stadt – (weicher Übergang) Ausschnitt aus der Totalen – (weicher Übergang) erneuter Ausschnitt – (weicher Übergang) das Motivfeld umfaßt nur noch den Blick auf ein Haus – (weicher Übergang) Foto: ältere Person in einem Garten – dazu kurzer gesprochener Text – Textpause; auf das noch stehende Bild wird ein Titel projiziert – Titel verschwindet, Untertitel erscheint – einige Fotos, die die Person bei ihrem Tun zeigen, wechseln sich schnell ab, leise Musik – harter Bildwechsel; Fotos: Stadtplan, Musik gestoppt, gesprochener Text beginnt – zusätzlich aufprojiziertes Foto: Im Stadtplan sind einige Bezirke mit farbiger Schraffur belegt, auf die sich der gesprochene Text konkret bezieht – usw.

# VII Schluß

## 1 Der Weg zum eigenen Stil

Bei jedem guten Fotografen heben sich mit der Zeit einige individuelle Arbeitsweisen hervor. Der eine wird Szenen und Bilder vom alltäglichen oder ungewöhnlichen Geschehen reportagenhaft im Foto festhalten, ein anderer wird seine Motive mit kühler Distanz und höchster aufnahmetechnischer Sorgfalt vor großen monochromen Hintergründen millimetergenau arrangieren, ein dritter wird feststellen, daß er besondere Freude an Landschaftsfotos hat, und ein vierter wird die Stadt, in der er lebt, fotografisch dokumentieren. Die Entscheidung für einen solchen Schwerpunkt der fotografischen Aktivität wird kein Zufall sein. Für jedes ausdrucksstarke Foto ist immenses Interesse für das Motiv notwendig, ja mehr noch: Ohne intensive Auseinandersetzung mit dem Fotoobjekt werden die Bilder über das Niveau von (zugegebenermaßen vielleicht recht ansehnlichen) Durchschnittsfotos nicht hinauskommen.

Schauen Sie sich die Arbeiten berühmter Fotografen an. Ihre Werke sind entstanden aus einem Gefühl der Liebe oder des Hasses, der intimen Vertrautheit oder einer unbedingten Solidarität; sie erwuchsen aus dem Streben nach absoluter Objektivität oder dem Bekenntnis einer aktiven, zielgerichteten Parteilichkeit. All den großen fotografischen Werken gemeinsam ist das Interesse, das Engagement und der Einsatz des Fotografen; das wird der Betrachter – mehr oder weniger bewußt – in den Fotos spüren. Die Sichtweisen eines guten Fotografen werden sich in seinen Fotos und Fotothemen spiegeln. Sie sind Bestandteil seines persönlichen Stils.

Auch der Amateur sollte langfristig versuchen, eigene Haltungen und Denkweisen dem Motiv gegenüber in Bildsprache umzusetzen und diese für den Betrachter nachempfindbar und erfahrbar zu machen. Ähnlich wie die Sprache, die aus Worten und Buchstaben besteht, läßt sich auch die Sprache der Bilder individuell gestalten. Wie wir sahen, gibt es einige Regeln für ansprechendere Fotos; sie bewußt anzuwenden und/oder zielgerichtet zu verändern, das technische Handwerkszeug den eigenen Vorstellungen dienstbar zu machen, ist die kreative Leistung des Fotografen. Allerdings schließt selbst der beste Wille nicht aus, daß man sich gelegentlich in eine Sackgasse begibt. Was vorschnell als stilistische Eigenart empfunden wird, entpuppt sich häufig später als modische Masche, der man – vielleicht unbewußt – nachläuft. Es ist nicht immer einfach, konkret am einzelnen Bild zwischen persönlichem Stil und zeitlich begrenzter Modeerscheinung zu unterscheiden. Was gegenwärtig noch als künstlerische Avantgarde hochgelobt wird, kann in künftiger Sicht leicht als modischer Fehltritt der Vergangenheit bezeichnet werden. Und noch später ist es vielleicht doch wieder Kunst. Die Geschichte der Kunst hat sich in ihren Beurteilungen gelegentlich als sehr wechselhaft erwiesen.

Die individuelle Art und Weise, die Umwelt mit der Kamera zu sehen, ist natürlich nur bei *den* Bildern eines Fotografen erkennbar, mit denen dieser sich identifiziert. Von beiläufigen Schnappschüssen, Zufallstreffern und zahlreichen Auftragsarbeiten kann man eine solche Identifikation nicht erwarten (so gut das Einzelbild an sich auch sein mag). Typische Bilder sind jene Aufnahmen, die man – weil sie ein Spiegel des Autors sind – aufgrund ihrer »Handschrift« einem bestimmten Fotografen zuschreiben wird: Die Art und Weise zu sehen, die Wirklichkeit wahrzunehmen und zu interpretieren ist ein Kennzeichen wie Sprache und Schrift. Gute Fotos zeigen diese besondere Einstellung zur Wirklichkeit. Sie gilt es für sich selbst zu finden. Das geht über das Fotografierenkönnen hinaus: Das fertige Bild ist ein Beispiel erprobter Kreativität und ästhetischen Bewußtseins.

## 2 Zehn zusammenfassende Ratschläge

1. Beschränken Sie sich in Ihrer Fotoausrüstung. Eine qualitativ hochwertige Kamera macht allein noch keine guten Bilder, sie eröffnet lediglich bessere und zahlreichere Möglichkeiten, das Gesehene im Foto festzuhalten. – Die Kamera ist ein Gebrauchsgegenstand und kein Luxusobjekt. Wählen Sie daher den Fotoapparat nach Ihren fotografischen Neigungen und nicht die Fotomotive nach der vorhandenen Kamera.
2. Der erfolgreiche Umgang mit Kamera und Filmmaterial verlangt Training und Routine. Gewöhnen Sie sich an Ihre Ausrüstung, damit Sie sie »wie im Schlaf« beherrschen. Gleiches gilt für das Filmmaterial. Ständiger Filmtypwechsel erschwert beispielsweise dieses Vertrautwerden mit dem technischen Instrument.
3. Lernen Sie aus den Fotos anderer Fotografen. Bildbände und Ausstellungen bieten die Möglichkeit, an hervorragende Fotos die Frage zu stellen: Warum so und nicht anders? – Ahmen Sie Bilder nach, wohl wissend, daß es sich dabei um eine Übung, nicht um eigenständiges schöpferisches Tun handelt. Doch lassen Sie sich auch von den Fotos anderer inspirieren, um die eigene Kreativität zu aktivieren.
4. Machen Sie Ihren Fotoapparat zum ständigen Begleiter, da man die besten Motive gerade dann entdeckt, wenn man es am wenigsten erwartet. Doch fotografieren Sie parallel dazu intensiv themenorientiert. Sie lernen dabei, das Foto weniger als Einzelbild, sondern mehr als Teil einer Bilderreihe oder -geschichte zu sehen und damit in seiner Ausschnitthaftigkeit zu erkennen.
5. Schulen Sie Ihr Auge, indem Sie selbstgestellte Gestaltungsaufgaben und Motivprobleme lösen. Sehen Sie jedes Motiv von verschiedenen Seiten, in unterschiedlichen Entfernungen und Lichtverhältnissen. »Suchen« Sie Motive, und machen Sie sich auf zu zielgerichteten Fotoexkursionen.
6. Jedes Foto präsentiert sich in einem bestimmten Format. Dieses Format ist für das Motiv vollständig auszunutzen. Sie sollten sich also angewöhnen, jeden Quadratmillimeter des Fotos

bewußt auszufüllen, zu gestalten und begründen zu können. Dabei ist möglichst »formatfüllend« zu fotografieren. Gehen Sie dazu so nah wie möglich an Ihr Motiv heran.

7. Der Hintergrund verdient einen nicht unerheblichen Teil Ihrer Aufmerksamkeit. Er ist stets so ruhig zu halten, daß sich das zentrale Motiv eindeutig von ihm abhebt. Ein zergliederter, unruhiger Hintergrund läßt sich durch eine offene Blende (minimaler Schärfebereich) auflösen.
8. Betrachten Sie 1/125 s (allenfalls 1/60 s) bei Kleinbildkameras für Aufnahmen aus der Hand als längste Verschlußzeit. Beim Einsatz hochempfindlicher Filme dürfte das keine Schwierigkeiten bereiten. Damit lassen sich Schnappschüsse reaktionsschnell festhalten, ohne daß die Aufnahme verwackelt.
9. Halten Sie die Kamera möglichst gerade. Bereits ein bei der Aufnahme leicht verkanteter Fotoapparat führt bei Vergrößerungen zu deutlich erkennbaren schiefen Horizonten und schrägen Hauswänden. Ein sorgfältig ausgerichtetes Foto erhalten Sie, wenn die Aufnahmeachse senkrecht auf der Motivebene steht und die Bildkante parallel zum sichtbaren oder nicht sichtbaren Horizont verläuft.
10. Tauschen Sie mit anderen Fotofreunden Erfahrungen aus, und zwar nicht nur auf den Gebieten der Kamerakunde und Aufnahmetechnik, sondern ebenso über Gestaltungsprobleme und inhaltliche Fragen der Fotografie. Hinterfragen Sie Ihr eigenes Tun, und nehmen Sie Kritik zum Anlaß, über Verbesserungsmöglichkeiten nachzudenken und sich neuen Lernzielen zuzuwenden.

# Anhang: Die Arbeit in der Dunkelkammer

Im bisherigen Verlauf des Buches wurde ausdrücklich versucht zu zeigen, wie man auch *ohne* eigene Dunkelkammer zu besseren Fotos kommt. Ergänzend wollen wir hier jedoch die Laborverarbeitung wenigstens kurz ansprechen und andeuten, wie man selbst Filme entwickelt und Fotos vergrößert. Vielleicht sind diese Hinweise eine Entscheidungshilfe, das Foto-Hobby zu erweitern, zumal die Herstellung des positiven Bildes in der Dunkelkammer zum Gesamtkomplex »Fotografie« gehört.

Wenn Sie allerdings nur zweimal im Jahr die Fotos von Urlaubsfilmen selbst auf 9 × 13 cm für das Fotoalbum vergrößern wollen, können Sie auf ein eigenes Fotolabor verzichten. Falls Sie aber eine gewisse Leidenschaft für die Fotografie entwickelt haben, Fotos auf 18 × 24 cm und größer abziehen möchten und Ihnen die Arbeit des Fotohändlers und der Großlabors einfach nicht gut genug ist, dann sollten Sie die eigene Laborverarbeitung ins Auge fassen.

Wie Filme entwickelt und Fotos vergrößert werden, muß man lernen. Der technische Ablauf ist zwar kinderleicht, doch braucht man etwas Routine, um auch von weniger guten Negativen gute Abzüge zu erhalten. So ist für den Anfänger in der Dunkelkammer das selbstvergrößerte Foto kaum billiger als das des Händlers. Der Ausschuß kann groß sein, und bei den ersten Bildern läßt die technische Qualität meist noch zu wünschen übrig. Außerdem spielt die Zeitfrage eine Rolle. Wenn man neben dem Beruf und der Fotografie noch weitere Hobbies betreibt, bleibt für die Dunkelkammer zuwenig Zeit; gelegentliche kurzzeitige Arbeit im Fotolabor lohnt sich eigentlich nicht – jedenfalls dann nicht, wenn Sie die Fotografie als ein intensives, kreatives und schöpferisches Hobby

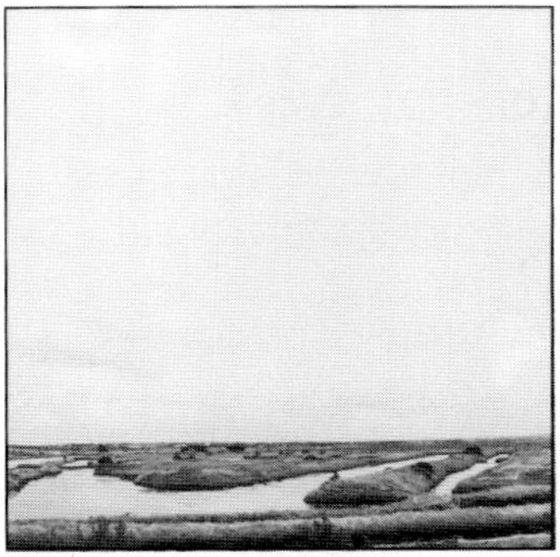

a

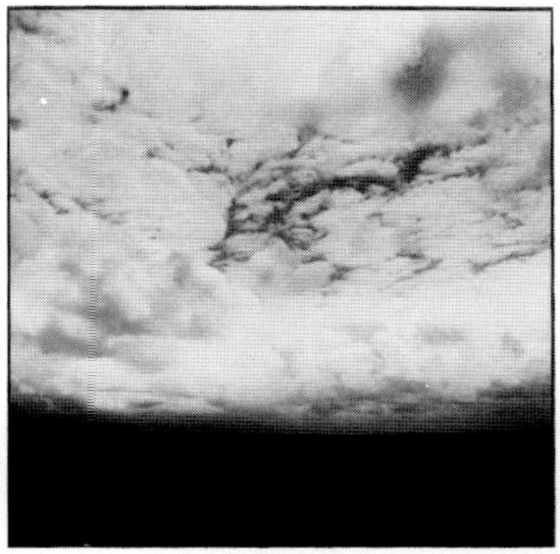

b

c

136 a–c Wenn Sie Ihre Fotos selbst verarbeiten, können Sie aus Ihren Negativen wesentlich mehr herausholen. Für Abzug (a) wurde das Fotopapier 10 s belichtet. Die Landschaft ist gut wiedergegeben. Allerdings hatte der Himmel im Negativ eine sehr ausgeprägte Zeichnung. Der zweite Abzug (b) wurde 30 s belichtet und zeigt deutlich die Struktur des Himmels. Allerdings war die Belichtung für den unteren Teil nunmehr zu lang. Er ist zu dunkel. Erst Abzug (c) verbindet die Vorteile von (a) und (b): Das Fotopapier wurde zunächst 10 s belichtet, der untere Teil anschließend abgedeckt und die Himmelspartie nochmals 20 s dem Licht ausgesetzt.

betrachten und an ihre Arbeit hohe Ansprüche stellen. Wenn Sie gar eine Dunkelkammerausrüstung Ihr eigen nennen wollen, haben Sie sich überlegt, wohin damit? Sie brauchen einen vollständig abzudunkelnden Raum, möglichst mit Wasseranschluß, wo die Ausrüstung ihren festen Platz hat. Alles andere kann nur eine provisorische Lösung sein.

Andererseits können Sie nur in der eigenen Dunkelkammer die Fotos nach Ihren eigenen Vorstellungen und Wünschen gestalten: Sie haben Einfluß auf den Kontrastumfang und die Korngröße des Films, steigern bei der Filmentwicklung die angegebene Empfindlichkeit bis zu zusätzlichen 10 DIN, bestimmen auch das außergewöhnlichste Fotoformat und den notwendigen Bildausschnitt, entscheiden über die Helligkeit und den Kontrast des Bildes, kurzum, das fertige Bild entspricht von der Aufnahme bis zur Präsentation Ihren Vorstellungen (vgl. Abb. 136). Ihr erstes gelungenes, selbst vergrößertes Bild wird Ihnen zeigen, daß sich die Mühe lohnt!

## 1 Die Dunkelkammerausrüstung

Notwendig ist vor allem ein *Vergrößerungsgerät*, technisch nichts anderes als ein Diaprojektor mit einem Balgen für den Nahbereich. (Zur Zeit unserer Großväter, als die Negative noch Formate ab 6 × 9 cm besaßen, reichte ein sogenannter Kontaktkopierrahmen. Damit entstanden Positive, die die gleiche Größe wie die Negative besaßen.) Es gibt unzählige Modelle von Vergrößerungsgeräten (Abb. 137) in verschiedenen Ausführungen, Formaten und Preisklassen von ca. 100 DM ohne Objektiv an aufwärts. Die meisten Vergrößerer sind für das Kleinbildformat ausgerichtet; für Kleinstbildformate

137 a und b Fast alle Vergrößerungsgeräte gehorchen dem gleichen Bauprinzip. Wichtig ist eine stabile Ausführung (a) (Foto: Dunco, Berlin) – b) Querschnitt eines Vergrößerungsgerätes (Abb. Leitz, Wetzlar).

a

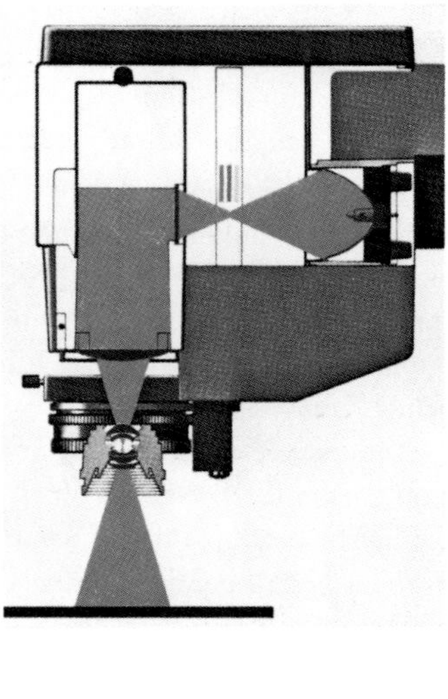

b

gibt es Spezialgeräte, für Pocketnegative Spezialzubehör. Für den Bereich des Mittelformates sind zahlreiche Amateurgeräte auf dem Markt, deren Kauf Sie dann erwägen sollten, wenn Sie trotz Kleinbildausrüstung sich auf dem Gebiet der Fotografik betätigen möchten.

Unbestritten ist, daß ein modernes Vergrößerungsgerät die *Umrüstung auf Farbe* ermöglichen sollte. Für Colorabzüge benötigt man nämlich farbige *Filter*, um Farbstiche herauszufiltern. Diese Filter gab es früher (und gibt es wohl noch) als Folien, für die das Gerät eine Filterschublade besitzen sollte. Viel perfekter läßt sich aber mit sogenannten *Farbmischköpfen* arbeiten, in denen die benötigten eingebauten Filter in den Strahlengang eingedreht werden (andere Arbeitsweisen bei Farbmischköpfen sind möglich). Ein solcher Farbmischkopf sollte bei einem Preisvergleich zwischen verschiedenen Modellen immer mit einbezogen werden.

Aber kehren wir zur Grundausstattung – und das heißt zur *Schwarzweißausstattung* – zurück. Zum Vergrößerungsgerät wird noch ein *Objektiv* benötigt. Für das Kleinbildformat ist ein 50 mm-Objektiv und für das 6 × 6 cm-Mittelformat eine 80 mm-Brennweite erforderlich. Genausowenig wie man ein Kleinbildobjektiv vor eine Mittelformatkamera setzen kann (u. a. wegen des Bildkreises, vgl. Abb. 11), läßt sich ein 6 × 6 cm-Negativ auch nicht mit einem 50 mm-Vergrößerungsobjektiv ausleuchten. Bei der Wahl des Vergrößerungsobjektivs berücksichtigen Sie bitte seine Leistungsfähigkeit. Auch hier gilt, ähnlich wie bei der Projektion, daß die Negative einer hochwertigen Kamera auch mit einem hochwertigen Vergrößerungsobjektiv (Schneider, Rodenstock, Nikon) verarbeitet werden sollten. Allerdings spielt auch der *Vergrößerungsmaßstab* eine Rolle. Für Postkartenformate reicht eine einfache Ausführung völlig aus.

Zum kompletten Labor gehören noch

1. eine Belichtungsschaltuhr für das Vergrößerungsgerät, mit der sich auch Zehntelsekunden (möglichst 1/10–60s) einstellen lassen;
2. ein Vergrößerungsrahmen;
3. Trichter, Mensuren, Schere, Antistatiktuch, Thermometer;

4. einige Kunststoffflaschen zum Aufbewahren der Chemikalien;
5. eine kleinere Schneidemaschine;
6. eine mittelgroße Schale oder ein Becken zum Wässern;
   Speziell für den Schwarzweißbereich:
7. ein oder zwei Dunkelkammerlampen in Beige oder Rot;
8. drei Schalen für Entwickler, Unterbrecher und Fixierbad;
9. Laborzangen, damit man nicht ständig mit den Händen in die Chemikalien greifen muß.

Das alles reicht zunächst einmal für die Positivverarbeitung von Schwarzweißbildern und kostet in sinnvoller, stabiler Ausführung zwischen 800 und 1800 DM. Um *Farbfotos* verarbeiten zu können, ist zusätzlich oben erwähnter Farbmischkopf (oder Filtersatz) notwendig sowie eine spezielle Entwicklungstrommel. Wer Abzüge vom Colornegativ erstellen will, kann langfristig mit einem Color-Analyser, einer Art Farbmeßgerät, einfacher zu farbstichfreien Bildern kommen; bei Abzügen vom Dia kann man darauf verzichten. Für alles zusammen ist noch einmal mit einem finanziellen Aufwand ab etwa 400 DM zu rechnen (wenn man nicht bereits ein Vergrößerungsgerät mit Farbmischkopf besitzt).

Dazu kommt noch die vergleichsweise preiswerte Anschaffung einer *Filmentwicklungsdose* (ab 40 DM) für die Selbstverarbeitung von Filmen. Empfehlenswert ist die Anschaffung einer Dose, in der möglichst zwei Filme gleichzeitig entwickelt werden können. Ob man zuerst erlernen sollte, Schwarzweißbilder zu entwickeln, bevor man sich im Colorbereich umtut, ist umstritten. Viele Materialien der Colorprozesse sind mittlerweile so einfach zu verarbeiten, daß ein Einstieg in das Farblabor (dann allerdings mit Abzügen vom Dia, nicht vom Farbnegativ!) durchaus erfolgversprechend sein kann. Auch läßt sich das Prinzip der Entstehung und Verarbeitung eines fotografischen Farbbildes durchaus vom Schwarzweißbereich ableiten. Allerdings ist die Verarbeitung von Schwarzweißbildern für den Laboranten beobachtbarer, während bei der Colorverarbeitung für viele Arbeitsschritte absolute Dunkelheit im Labor herrschen muß bzw. aufgrund der Geräte keine Sichtkontrolle möglich ist. Deshalb soll im folgenden am Schwarzweißprozeß die Entstehung eines fotografischen Papierbildes erläutert werden.

## 2 Der Schwarzweißprozeß (Positivverarbeitung)

Auch hier zunächst zum *Material:* Benötigt werden Fotopapier, Chemikalien, Wasser und ein Negativ. *Fotopapier* gibt es in Formaten ab 7,4 × 10,5 cm bis 50,8 × 61 cm und darüber hinaus als Rollenware in riesigen Formaten. Anbieter sind hauptsächlich Agfa, Ilford, Kodak und Tetenal. Gelegentlich finden sich bei den Fotohändlern auch gute Papiere von amerikanischen Kleinherstellern.

Weitere Unterscheidungsmerkmale sind:
- der Papiertyp (1. einfach zu handhabende, kunststoffbeschichtete RC-Materialien [RC = raisin coated], bis vor kurzer Zeit als PE-Papier bekannt und 2. traditionell gefertigte Barytbeschichtete Papiere [Fotopapier als ursprünglicher dünner Karton]);
- die Oberfläche (glänzend, halbmatt/pearl und matt [selten]);
- der Kontrastumfang/die Gradation (Festgradation oder Mehr-Gradationen-Papier [vgl. S. 360]).

*Fotochemikalien* gibt es von den verschiedenen Herstellern in Pulverform oder als Flüssigkonzentrat.

Im einzelnen benötigen Sie:
1. *Entwickler:* Man unterscheidet zwischen Negativ- und Positiventwicklern; hier geht es zunächst nur um letztere. In der wässerigen Entwicklerlösung wird die Molekularstruktur der belichteten Silberverbindungen (Silberhalogenide), die im Fotopapier eingelagert sind, stark verändert und die Verbindung in metallisches Silber überführt. Dieses metallische Silber erscheint auf dem Foto schwarz.
2. *Unterbrecherbad/Stopbad:* 2%ige Essigsäure, in der der Entwicklungsprozeß sofort abgebrochen wird, da die Substanz des Entwicklers neutralisiert wird.
3. *Fixierbad:* Hauptbestandteil ist das Natriumthiosulfat, das die verbliebenen unbelichteten Silberhalogenide aus der Schicht des Fotomaterials herauslöst. Erst jetzt wird das Bild lichtstabil, d. h., nach der Fixage sind keine Silbersubstanzen mehr im Papier, die vom Licht geschwärzt werden können.

a

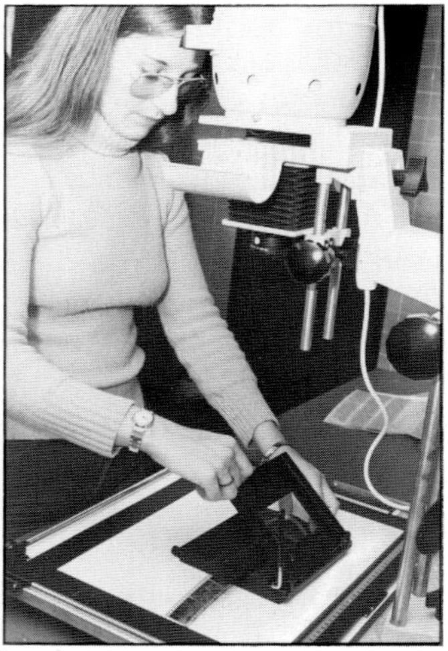

b

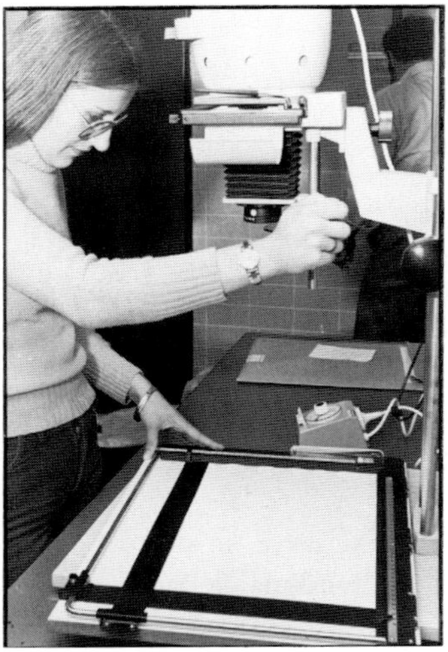

c

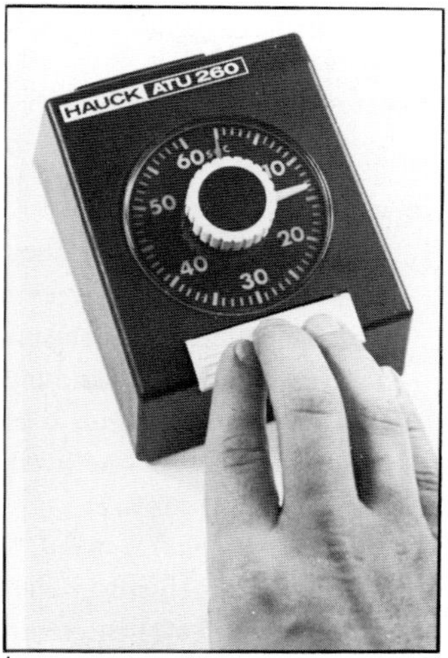


d

138 a–h Ablauf der Verarbeitung beim Schwarzweißprozeß: a) Aussuchen geeigneter Negative – b) Der Negativstreifen wird in die Negativbühne des Vergrößerungsgerätes eingelegt. Die folgenden Arbeiten müssen bei Dunkelkammerbeleuchtung geschehen: c) Das projizierte Negativ wird im gewünschten Ausschnitt scharfgestellt; Fotopapier ist in den Vergrößerungsrahmen zu legen – d) Die notwendige Belichtungszeit wird ermittelt und die Vergrößerung durch

e

f

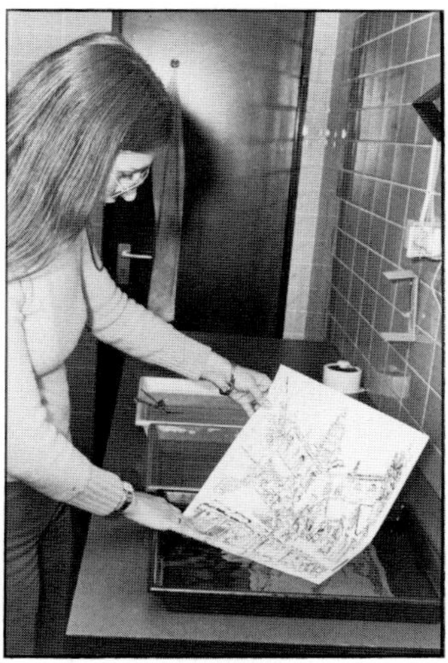

g

h

die Belichtungsschaltuhr belichtet – e) Zügig wird das Papier in das erste der vier Verarbeitungsbäder getaucht, den Entwickler – f) Nach kurzer Zeit erscheinen die ersten Konturen des Bildes – g) Nach dem Entwicklerbad folgt das Unterbrecherbad. Anschließend wird in der dritten Schale fixiert. Danach kann bei Raumlicht gewässert werden – h) Barytpapier muß in einer speziellen Trockenpresse getrocknet werden (oben) Kunststoffpapier kann an der Luft oder in einem entsprechenden Trockner trocknen (unten).

*a) Ablauf* (Abb. 138):

1. Legen Sie das Negativ in die dafür vorgesehene Führung des Vergrößerungsgerätes. Das Raumlicht ist ausgeschaltet, und nur die Dunkelkammerleuchte spendet spärliches Licht. Schalten Sie das Vergrößerungsgerät auf Dauerlicht, bestimmen Sie Ausschnitt und Bildformat, und kontrollieren Sie die Scharfeinstellung. Schalten Sie das Vergrößerungsgerät aus.
2. Das lichtempfindliche Fotopapier wird in den Vergrößerungsrahmen unter das Gerät gelegt. Das Vergrößerungsgerät wird nun für einige Sekunden eingeschaltet (über Handschalter oder besser eine Belichtungsschaltuhr) und das Fotopapier auf diese Weise belichtet.
3. Nach Abschalten des Vergrößerungsgerätes nimmt man das Papier aus dem Rahmen und schiebt es zügig in die erste, mit Entwickler gefüllte Schale. (Der Entwickler muß vor Arbeitsbeginn zunächst angesetzt werden, kann aber dann wiederholt verwendet werden.) Unter ständiger leichter Bewegung sieht man das *positive* Bild nach wenigen Sekunden entstehen. Die Entwicklungszeit sollte man unbedingt bei allen Laborarbeiten konstant einhalten, um gleichbleibende und reproduzierbare Ergebnisse zu gewährleisten. Die notwendige Entwicklungszeit ist abhängig von der Temperatur des Entwicklers (Sollwert: 20° Celsius), seiner Konzentration, Marke und Typ sowie der verwendeten Papiersorte. Sie liegt um 60 Sekunden bei RC-Papier und 2 1/2 Minuten bei Barytpapier.
4. Nach Ende der Entwicklungszeit wird das Foto aus der Entwicklungsschale genommen und nach dem Abtropfen in die danebenstehende zweite Schale mit dem Stopbad geschoben. Hier bleibt es ca. 30 Sekunden.
5. Anschließend kommt das Foto in eine dritte Schale mit Fixierbad. Die Lösung hat man zuvor aus einem Flüssigkonzentrat oder Fixiersalz in Pulverform angesetzt. Bei den Fixierzeiten gelten die gleichen Abhängigkeiten wie bei der Entwicklungszeit. Genauere Angaben entnehmen Sie bitte den Richtlinien der Hersteller, deren Fixierzeiten Sie keineswegs *unter*schreiten sollten. (Die Angaben liegen zwischen 30 Sekunden und 15

Minuten). Etwa nach 2/3 der Fixierzeit können Sie das Raumlicht wieder einschalten.

6. Nach diesem Dreibadprozeß ist das Bild zu wässern. Bei den PE-Papieren reicht ein intensives Abspülen, Barytpapiere sollen mindestens 20 Minuten in fließendem Wasser bleiben, damit alle Chemikalienreste, insbesondere die Fixierbadsubstanzen, aus dem Bild herausgelöst werden.
7. Die restliche Arbeit besteht im Trocknen. RC-Papiere können an der Luft, mit einem Föhn oder einer entsprechenden Trokkenmaschine getrocknet werden; für Barytpapiere ist eine spezielle Trockenpresse notwendig.

## *b) Belichtung*

In der Vergrößerungstechnik gibt es zwei Problembereiche: die Belichtungsdauer und die Wahl des Fotopapiers. Wie lange muß das Fotopapier belichtet werden, um zu einem optimalen Bild zu kommen? Die notwendige Zeit dazu ist abhängig vom Vergröße-

139 Stufenweise wird ein Stück Fotopapier mit unterschiedlichen Zeiten belichtet. Der hellste Streifen zeigt die kürzeste, der dunkelste die längste Belichtung.

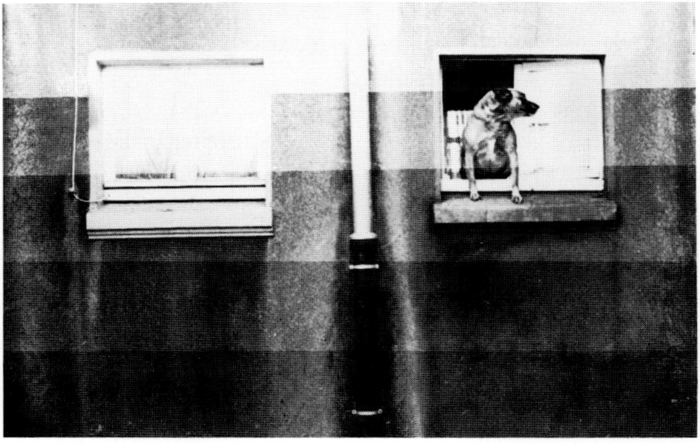

rungsmaßstab, der Lichtstärke der Vergrößerungslampe und der eingestellten Blende des Vergrößerungsobjektivs, vor allem aber vom Negativ. Wird sie zu kurz gewählt, wird das positive Bild zu hell, ist sie zu lang, wird es zu dunkel. Auf der Suche nach der richtigen Zeit kommt man um einige *Probeversuche* nicht herum:

Zunächst belichtet man einen schmalen Streifen Fotopapier stückchenweise mit beispielsweise 3, 6, 9, 12, 15 Sekunden. Mit einiger Wahrscheinlichkeit ist darunter die richtige Belichtungszeit (Abb. 139), wenn nicht, so hat man zumindest einen Anhaltswert gewonnen für einen erneuten Probestreifen, der dann entsprechend länger oder kürzer zu belichten ist. Bei etwas Routine vereinfacht sich diese »Versuch- und Irrtum«-Methode. Man kann diesen einmal so erhaltenen Wert in einen Laborbelichtungsmesser eingeben und die Belichtungszeit für alle weiteren Negative mit diesem Gerät messen. (Allerdings müssen Sie für jede Papierpackung den so eingespeicherten Wert überprüfen.)

Bitte fangen Sie aber gar nicht erst damit an, eine zu lang gewählte Belichtungszeit durch eine zu kurze Entwicklungszeit ausgleichen zu wollen (da das Bild zu dunkel würde, neigt man dazu, das Foto

a

140 a–c Gradation: a) weich – b) normal – c) extrahart.

bereits vor Beendigung des Schwärzungsprozesses aus dem Entwicklerbad zu nehmen). Da solche Bilder kein richtiges Schwarz zeigen, fehlt ihnen völlig die notwendige Brillanz.

### c) *Fotopapier*

Im Abschnitt über das Filmmaterial (Kap. II 5) ist darauf hingewiesen worden, daß es Filme mit unterschiedlichem Kontrastumfang (Gradation) gibt. Vergleichbares gilt für das Fotopapier. Man unterscheidet zwischen den Papiergradationen weich, spezial, normal, hart und extra hart. »Weich« gibt ein Negativ mit mittlerem Kontrast als Positiv in sehr vielen Grautönen wieder, »extra hart« in sehr wenigen (vgl. Abb. 140). Für jedes Negativ kann man also die geeignete Gradation wählen. Bei Nebelaufnahmen mit sehr diffusem Licht wird man eher auf ein Papier härterer Gradation vergrößern, bei Sonnenaufnahmen mit harten Schlagschatten wird die Entscheidung zugunsten eines Papiers mit weicher Gradation fallen. Zur Wahl der richtigen Gradation gehört ein wenig Übung, die am

b

c

sichersten zu erhalten ist, indem man selbst einmal mit verschiedenen Negativen Probereihen mit den verschiedenen Gradationen erstellt. Über viele Jahrzehnte benötigte man für jede Gradation eine eigene Packung Fotopapier. Die Alternative dazu heißt »Mehr-Gradationen-Papier« (Kodak Polycontrast, Ilford-Multigrade, Agfa-Multicontrast usw.), die es als Baryt- und als RC-Variante gibt. Das Material hat eine weich arbeitende und eine hart arbeitende Schicht mit unterschiedlicher Farbempfindlichkeit. Mit gelben und violetten Farbfiltern im Strahlengang des Vergrößerungsgerätes wird der gewünschte Kontrast gesteuert. So sind sogar Zwischengradationen möglich. Für Fortgeschrittene liegt eine Besonderheit darin, daß auf diese Weise auf *einem* Abzug einzelne Bereiche kontrastreich, andere Bereiche eher weich wiedergegeben werden können und sich so ein enormer Tonwertreichtum erzielen läßt.

Mehr-Gradationen-Papiere gelten heute als Standard und üblicherweise wird das einfach zu handhabende RC-Papier verwendet. Allerdings gibt es viele engagierte Schwarzweißlaboranten, die nach wie vor ihre besonders guten Bilder als größere Formate sorgsam auf Barytpapier ausarbeiten. Begründet wird dies mit einer angenehmeren Materialhandhabung, noch besseren Bildqualität, mehr Muße bei der Verarbeitung und höheren Archivfestigkeit.

## 3 Die Negativverarbeitung (Filmentwicklung)

Die Filmentwicklung lohnt sich auch für jemanden, der kein eigenes Fotolabor besitzt. Dazu reicht ein noch so kleiner, kurzzeitig abzudunkelnder Raum und ein Spülbecken. Sie benötigen eine Entwicklungsdose mit einer speziellen Spirale darin, auf die der Film (bei völliger Dunkelheit!) aufgespult wird und in der sich auch der gesamte Verarbeitungsprozeß vollzieht. Da die Dose lichtdicht verschlossen ist, kann nach Einsetzen der Spirale in die Dose und Aufsetzen des Deckels im Hellen weitergearbeitet werden. Die Flüssigkeiten – Entwickler, Stopbad, Fixierbad und Wasser –

werden nacheinander ein- bzw. ausgeschüttet, wobei folgende Unterschiede zum Positivprozeß bestehen:

*Entwicklung:*
Negativentwickler besitzen spezielle Zusammensetzungen und Verdünnungen, sie sind daher von Positiventwicklern zu unterscheiden. Besondere Beachtung verdient die jeweilige Kombination Film – Negativentwickler (von denen es übrigens sehr viele gibt). Bei jedem Film rufen verschiedene Entwickler auch verschiedene Ergebnisse hervor. Unterschiede ergeben sich u. a. in Kornstruktur, Detailschärfe, Gradation, Empfindlichkeitsausnutzung usw. Die Verarbeitungszeiten liegen bei 20° Celsius je nach Kombination zwischen 2 und 20 Minuten. Während dieser Zeit muß die Dose bzw. der Film ständig bewegt werden (vgl. dazu die Angaben auf der Entwicklerpackung). Um ausführliche Informationen über die richtige Entwicklerwahl zu erhalten, wendet man sich am besten an die Herstellerfirmen oder laborerfahrene Bekannte.

*Unterbrecherbad / Stopbad:*
Man kann auf die verdünnte Essigsäure verzichten und statt dessen nur mit temperiertem (!) Wasser die Entwicklung abbrechen.
*Fixage:*
Gleicher Vorgang wie bei der Positivverarbeitung.
*Wässerung:*
Dose und Film (bei Licht) abspülen; Dose mit eingesetzter Spirale mit Wasser füllen, fünfmal kippen und das Wasser ausgießen; Vorgang wiederholen; Vorgang noch zweimal wiederholen, aber jeweils 10mal kippen, und noch zweimal wiederholen, dabei 20mal kippen. Das Ganze hört sich aufwendiger an, als es ist, und ist sinnvoller als die endlos langen Wässerungen alter Anleitungen. Beachten Sie, daß der Film mit seiner aufgequollenen Schicht jetzt sehr empfindlich ist gegen mechanische Beschädigungen.
*Netzmittelbad:*
Vor dem Trocknen wird der Film etwa 30 Sek. in ein Bad mit entspanntem Wasser getaucht, um Trockenflecken zu verhindern.
*Trocknung:*
In einem möglichst staubfreien Raum wird der Film an der Luft getrocknet. Es gibt auch spezielle Trockenschränke.

# 4 Hinweise zur Colorverarbeitung

Die Verarbeitung von Farbbildern läßt sich vom Schwarzweißprozeß durchaus ableiten. Im Unterschied zum einschichtigen Schwarzweißmaterial weisen Colorfilme und -papiere drei Schichten auf, die, in den Farben Gelb, Purpur und Blaugrün eingefärbt, schließlich das farbige Bild ergeben. Für die Verarbeitung der belichteten Bilder benötigt man nur bei wenigen Prozessen eine größere Anzahl von Verarbeitungslösungen als beim Schwarzweißprozeß. Es gibt allerdings ganz unterschiedliche Verarbeitungsprozesse, die man nicht verwechseln darf. Daneben sollen folgende Unterschiede zumindest erwähnt werden, ohne an dieser Stelle eine komplette Anleitung für die Praxis geben zu können:

1. Das benötigte Material ist etwa dreimal (Negativprozeß) bzw. sechs- bis achtmal (Umkehrprozeß) so teuer wie bei der Schwarzweißverarbeitung.

141 Farbbilder werden auch vom Amateur nicht mehr in Schalen verarbeitet, sondern in Trommeln, die gerollt werden müssen. Die Rotation kann mit einem Gerät automatisiert werden, das gleichzeitig für die notwendige Temperierung sorgt. Ein solches Gerät nennt man Colorprozessor (Foto: Jobo, Gummersbach).

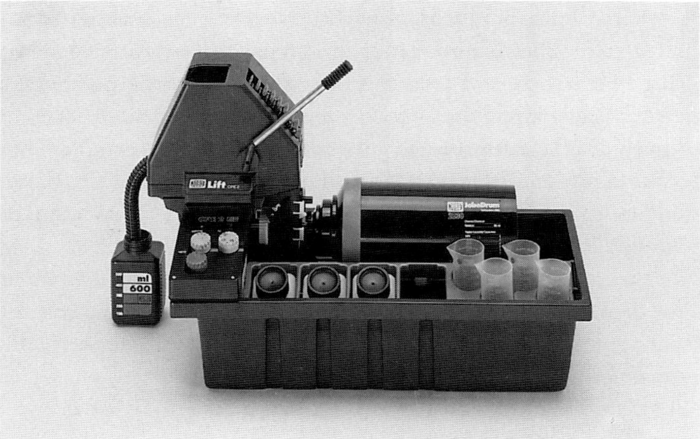

2. Statt in Schalen werden die Fotopapiere in Entwicklungstrommeln verarbeitet (Abb. 141).
3. Die Temperaturtoleranzen der Bäder sind, wenn es schnell gehen soll, äußerst gering (bis zum Bruchteil von 1° Celsius).

Hinzu kommt – hauptsächlich im Negativprozeß – die Ermittlung der richtigen Farbfilterwerte, eine Arbeit, die durch den Coloranalyser, der die eventuellen Farbstiche mißt und die notwendige Korrekturfilterung angibt, vereinfacht werden kann. Diese Unbequemlichkeiten werden jedoch durch den Vorteil aufgewogen, den Farbton und die Wiedergabe seiner Colorbilder bis ins letzte Detail mit den individuellen Vorstellungen in Einklang zu bringen. Beginnen sollten Sie (ggf. unter Anleitung!) mit einem Verarbeitungsverfahren, daß Sie bei Raumtemperatur (also ca. 20°C) durchführen können. Der Handel bietet entsprechende Entwickler-Sets. Nach ersten Filterungsexperimenten werden Sie schnell zu akzeptablen Ergebnissen kommen.

Die gesamte Dunkelkammertechnik vom einfachen Abzug eines Schwarzweißbildes bis zu Feinheiten und Gestaltungstricks im Colorlabor sind von jedem Fotoamateur ohne große Anstrengungen erlernbar. Bevor man mit der Entwicklung von Filmen und Vergrößerungen beginnt, sollte man die Unterstützung von kundigen Freunden suchen oder an einem Kursus der Volkshochschule oder einer ähnlichen Institution teilnehmen. Jedenfalls reicht es nicht aus, den technischen Ablauf einmal geschildert zu bekommen, um zum perfekten Laboranten zu werden. Auch hier eröffnet sich eine lohnenswerte Aufgabe für die Fotogruppe, in der jeder seine Kenntnisse und Erfahrungen an die anderen weitergibt.
Alternativ zu vielen Prozessen im Fotolabor entwickeln sich seit einigen Jahren neue Möglichkeiten, mithilfe der elektronischen Bildverarbeitung zu guten und zu äußerst kreativen Bildergebnissen zu kommen. Statt aus Entwicklerschalen kommen heute hervorragende Bilder aus dem eigenen Computer-Drucker. Bilder, deren Negative vorher in Fotochemie entwickelt wurden, die eingescannt und am Bildschirm raffiniert bearbeitet wurden. Spannende Aussichten!

# Literaturhinweise


## *Theorie – Geschichte*

Amelunxen, H. v. (Hrsg.): Theorie der Fotografie, Bd: 4, München 2000
Arnheim, R.: Kunst und Sehen – Berlin [3]1978
Barthes, R.: Die helle Kammer, Frankfurt 1989
Benjamin, W.: Das Kunstwerk im Zeitalter seiner technischen Reproduzierbarkeit (Aufsatz von 1936), Frankfurt 1973
Flusser, V.: Für eine Philosophie der Fotografie, Göttingen [4]1989 (Frankfurt/M 1973)
Freund, G.: Photographie und Gesellschaft, Hamburg 1979
Frizot, M.: Geschichte der Fotografie. Köln 1998
Gernsheim, H.: Die Fotografie, Wien/München/Zürich/ 1971
Kemp, W. (Hrsg.): Theorie der Fotografie, Bd. 1–3, München [3]1998
Newhall, B.: Geschichte der Photographie, München [4]1989
Schnelle-Schneyder, M.: Photographie und Wahrnehmung, Marburg 1990
Ziegler, U.: Magische Allianzen – Fotografie und Kunst, Regensburg 1996

## *Lexika – allg. Handbücher – Grundlagen*

Deutsche Gesellsch. f. Photographie: FotografieStudium, Köln 1994
Freier, F.: DuMont's Lexikon der Fotografie, Köln [2]1992
Hedgecoe, J.: Neue Fotoschule, Augsburg 1998
Maaßen, W. (Hrsg.): Basiswissen, Stuttgart, BFF 1999
Marchesi, J. J.: Handbuch der Fotografie, Gilch 1999
May, M.: Rechtliche Aspekte der Fotografie und der elektronischen Bildverarbeitung, Braunschweig [2]1994
Rauch, F.: Honorare und Handelsbräuche, Baden-Baden [6]1990
Solf, K. D.: Fotografie – Grundlagen / Technik / Praxis, Frankfurt 1986
Strötzel, K.: Fotografieren in der Jugendarbeit, Tübingen 1991
Teicher, G.: Handbuch der Fototechnik, Leipzig [9]1987

## *Aufnahmetechnik – Gestaltung – Spezialthemen*

Bavista, St.: Glamour perfekt ausgeleuchtet, München 2001
Bircher, A.: Belichtungsmessung, Schaffhausen 1989
Bluth, H.: Verstelltechniken bei Großformatkameras, München [2]1989
Brüggemann, J.: Aktfotografie, 1998
Coe, Ch.: Die Kunst der Landschaftsfotografie, Augsburg 2000
Davies, P. H.: Nah- und Makrofotografie, München 2000

Daye, D.: Fotografieren bei wenig Licht, München 2000
Eisele, R.: Architekturfotografie, Augsburg 1997
Eisele, R.: Reisefotografie, Augsburg 2000
Hamann, H.: Fotografische Reproduktion, Leipzig 1990
Helm, P.: Selbstbau einer Großformat-Fachkamera, Titz [7]1991
Hennings, H.: Gestalten mit Filtern, München 1990
Hillebrand, R.: Infrarot, Schaffhausen 1992
Köhler, A. u. D.: Handbuch der Unterwasserfotografie, Bielefeld
Landt, A.: Beleuchtungstechnik für Profis, Gilching 1994
Lange, H.: Pflanzenfotografie, Leipzig 1990
Larg A.; u. a.: Nachtaufnahmen, München 1999
Mante, H.: Das Foto – Bildaufbau und Farbdesign, Gilch [9]1990
Mante, H.: Motive kreativ nutzen, Bad Bertrich 1996
Marchesi, J. J.: Professionelle Beleuchtungstechnik, Schaffhausen 1993
Maschke, Th.: Sofortbildfotografie, München 1991
Motz, D.: Kreative Bildgestaltung in der Fotografie, München 1999
Nischke, M.: Blitz-Fotoschule, Schaffhausen 1990
Nischke, M.: Studio Fotoschule, Gilch 1995
Sigrist, M.: Die neue Makro Fotoschule, Gilch 1997
Sigrist, M.: Von der Idee zum Bild, München 2000
Tillmanns, U. u. Militz, C.: Schwarzweiß Fotoschule, Gilch 2000

## *Fotolabor – Audivision – Digital-Fotografie*

Adams, A.: Das Negativ, München 1982
Adams, A.: Das Positiv, München 1984
Baumann, W.: Fotochemikalien, Berlin/Heidelberg 1994
Bülow, H.: Grundkurs digitale Fotografie, Augsburg 1999
Eichhorn, D.: Dia-AV-Kompendium, Tiefenbronn-Mühlhausen 1993
Fischer-Piel, P.: Das Zonensystem, Pullenreuth [4]1990
Freier, F. u. Sarrazin, N.: Fotos selbst entwickeln – selbst vergrößern, Köln [5]1995
Götze, H.: Praktische Retusche, Stuttgart [2]1992
Keil, G. u. a.: Diaporama-Handbuch, Schwäbisch-Hall 1990
Kraus, H.: Digitales Fotografieren, München 1998
Martin, M. u. Krinitz, H.: Die perfekte Diaschau, Augsburg 1997
Neumeier, H.: Das digitale Fotolabor, München 1993
Neumann, H.: Perfekt digital fotografieren, Kaarst-Büttgen 2000
Raffey, U.: Sammlung fotografischer Rezepte, Hamburg 1985
Roelfsema, H.: Das Zonensystem, Schaffhausen 1989
Rudman,T.: The Photographer's Master Printing Course, London 1994
Sigrist, M.: Diafotografie, Augsburg 2000

# Firmenanschriften/Internetadressen

Zu beachten ist, daß die Gerätenamen oft nicht mit dem Produzentennamen bzw. dem Namen der jeweiligen Vetriebsagentur identisch sind. Den Internetadressen ist das übliche http://www. voranzustellen.

Agfa-Deutschland, Postfach 100160, 51301 Leverkusen; www.agfaphoto.com
Bässgen AV-Technik GmbH, Hauptstr. 58, 79104 Freiburg; baessgen.de
Braun, Carl, Camera-Werk GmbH, Muggenhoferstr. 122, 90429 Nürnberg; braun-phototechnik.de
Brenner-Foto Spezial-Versand, Mooslohstr. 60, 92637 Weiden; alles-foto.de
Bronica, siehe: Tamron
B+W-Filterfabrik, J.Weber GmbH, Ringstr. 132, 55543 Bad Kreuznach
Canon Euro-Photo GmbH, Siemensring 90-92, 47877 Willich; canon.de
Contax, siehe: Yashica
Cullmann GmbH, Kapell-Leite 2, 90579 Langenzenn; cullmann.de
Durst Phototechnik AG, siehe: Tetenal
Fuji Photo Film (Europa) GmbH, Heesenstr. 31, 40549 Düsseldorf; fuji.de
Gepe c/o GBB-Handels-GmbH, Postfach 45, 4877 Willich; gbb-gmbh.de
Gossen, Lina-Ammon-Str. 22, 90471 Nürnberg
Hama GmbH & Co., Dresdner Str. 9, 86653 Monheim/Bayern; hama.de
Hasselblad Vertriebsges.mbH, Kurt Fischer Str. 47, 22923 Ahrensburg; hasselblad.com
Hensel Studiotechnik GmbH & Co. KG, Florian-Geyer-Str. 3, 97076 Würzburg; hensel.de
Ilford Photo GmbH, Heinrich-Hertz-Str. 1, 63303 Dreieich; ilford.com
Jobo Labortechnik, Kölner Str. 58, 51645 Gummersbach; jobo-labortechnik.de
Kaiser Fototechnik GmbH & Co. KG, Postfach 1262, 74711 Buchen; kaiser-foto.de
Kindermann & Co. GmbH, Kindermannstr. 2, 97199 Ochsenfurt; kindermann.de
Kodak AG, Hedelfinger Str. 54-60, 70327 Stuttgart; kodak.de
Konica Europa GmbH, Friedrich-Bergius-Str. 6, 85662 Hohenbrunn; konica.de
Leica-Camera AG, Oskar-Barnack-Str. 11, 35606 Solms; leica.com
Liesegang, Ed., Volmerswerther Str. 21, 40221 Düsseldorf; liesegang.de
Linhof Präzisions-Kamera-Werke, Postfach 701229, 81312 München; linhof.de
Mamiya Deutschland GmbH, Gollierstr. 70, 80339 München; mamiya.de
Manfrotto s. Multiblitz
Metz-Werke GmbH & Co. KG, Postfach 2035, 90710 Fürth; metz.de
Minolta Europa, Kurt-Fischer-Str. 50, 22923 Ahrensburg; minolta.de
Minox GmbH, Walter-Zapp-Str. 4, 35578 Wetzlar; minox-web.de

Multiblitz, Dr. Mannesmann GmbH & Co.KG, Ferdinand-Porsche-Str. 19, 51149 Köln; multiblitz.de
Neschen AG, Postfach 1340, 31665 Bückeburg; neschen.de
Nikon GmbH, Tiefenbroicher Weg 25, 40472 Düsseldorf; nikon.de
Novoflex Fotogerätebau, Brahmsstr. 7, 87700 Memmingen; novoflex.de
Olympus Optical (Europa) GmbH, Postfach 104908, 20034 Hamburg; olympus-europa.com
Osram GmbH, Hellabrunner Str. 1, 81543 München; osram.de
Panasonic Deutschland GmbH, Winsbergring 15, 22525 Hamburg; panasonic.de
Pentax Handelsges.mbH, Julius-Vosseler-Str. 104, 22527 Hamburg; pentax.de
Plaubel Feinmechanik + Optik, Borsigallee 37, 60388 Frankfurt/M.
Polaroid GmbH, Sprendlinger Landstr. 109, 63069 Offenbach/M.; polaroid.de
Reflecta foto GmbH, Messerschmidtstr. 1, 89231 Neu-Ulm; reflecta.de
Ricoh Europe, Oberrather Str. 6, 40472 Düsseldorf; ricoh.de
Rodenstock, Optische Werke, Isartalstr. 39–43, 80469 München; rodenstockoptics.de
Rollei Fototechnik GmbH, Salzdahlumer Str. 196, 38126 Braunschweig; rollei.de
Rowi International, Postfach 1809, 66623 Neuburg/Donau; rowi-international.com
Schneider, Jos., Optische Werke, Ringstr. 132, 55543 Bad Kreuznach; schneiderkreuznach.com
Sigma GmbH, Carl-Zeiss-Str. 10/2, 63322 Rödermark; sigma-foto.de
Sinar-AG Schaffhausen, Stadtweg 24, CH-8245 Feuerthalen; sinar.ch
Soligor GmbH, Schulze-Delitzsch-Str. 7, 70771 Leinfelden-Echterdingen; soligor.de
Stiftung Warentest, Lützowplatz 11–13, 10785 Berlin; warentest.de
Tamron Vertriebsges.mbH, Robert-Bosch-Str. 9, 50769 Köln; tamron.de
Tetenal VertriebsgmbH, Schützenwall 31–35, 22844 Norderstedt; tetenal.de
Teufel & Cie, Photogerätebau, Rosenbergstr. 113, 70193 Stuttgart
Tura GmbH, An Gut Nazareth 20–24, 52353 Düren; tura-film.de
Voigtländer, Sigmundstr. 182, 90431 Nürnberg; voigtlaender.de
Yashica Kyocera GmbH, Eiffestr. 76, 20537 Hamburg; yashica.de
Zeiss, Carl, Carl-Zeiss-Straße, 73447 Oberkochen; zeiss.de

# Fotonachweis

Sämtliche Schwarzweiß- und Farbfotos stammen, wenn nicht anders angegeben, vom Verfasser.

# Sachregister

*Felix Freier im DuMont Literatur und Kunst Verlag:*

**Fotos: Selbst entwickeln –
selbst vergrößern**

Kreatives Gestalten und praktische Technik
Color und Schwarzweiß

Von Felix Freier und Norbert Sarrazin.
378 Seiten mit 33 farbigen und 108 einfarbigen Abbildungen und Zeichnungen, kartoniert.

ISBN 3-8321-1513-7

*Bitte beachten Sie auch folgende Veröffentlichungen aus unserem Verlag:*

**Jede Fotografie ein Bild**
**Siemens Fotosammlung**

PINAKOTHEK-DUMONT
302 Seiten mit 450 farbigen und etwa 400 Duoton-Abbildungen, gebunden mit Schutzumschlag.

ISBN 3-8321-7346-3

## DUMONT SCHNELLKURSE

EINE AUSWAHL

### Schnellkurs **DESIGN**

Die Entwicklung des Designs vom Biedermeier bis zur Postmoderne, von den Shakern bis zu Philip Starck. Mit Porträts der wichtigsten Designer und einem internationalen Verzeichnis der Design-Museen.

Von Thomas Hauffe.
192 Seiten mit 212 farbigen und 155 einfarbigen Abbildungen.

ISBN 3-8321-3388-7

## DUMONT SCHNELLKURSE

EINE AUSWAHL

Schnellkurs **GESCHICHTE DER FOTOGRAFIE**

Zwischen Kunst und Massenmedium: die Fotografie von ihren Anfängen bis zur zeitgenössischen Fotokunst, von den ersten Daguerreotypien bis zur digitalen Kamera.

Von Wilfried Baatz.
192 Seiten mit 250 farbigen und einfarbigen Abbildungen.

ISBN 3-8321-3616-0

**DUMONT SCHNELLKURSE**

EINE AUSWAHL

Schnellkurs **FILM**

Die Geschichte des Films vom Stummfilm bis zur Computeranimation: technische Entwicklungen, Stars und Studios, Kunst und Kommerz, Skandale und Zensur.

Von Andrea Gronemeyer.
192 Seiten mit 250 farbigen und einfarbigen Abbildungen.

ISBN 3-8321-3844-7